Elke Müller-Mees
Claudia Cleff-Menne

Lebendige Psychosomatik

Lüschertest und Meridiandiagnose
beweisen den Körper-Seele-Dialog

Mit einem Vorwort
von Max Lüscher

Inhalt

Vorwort

Das Leib-Seele-Problem?
Eine falsch gestellte Frage

»Es gibt keine echten Probleme, sondern nur falsch gestellte Fragen«, pflegte mein Philosophielehrer zu sagen.

Die Realität ist letztlich wohl ein und dieselbe, auch wenn wir sie unter zwei so verschiedenen Aspekten wie Seele und Körper oder mit Descartes als res cogitans und res extensa betrachten. Descartes hat in spekulativer Konsequenz die res extensa, die ausgedehnte Welt, quantitativ und mechanistisch interpretiert. Diesem an sich nützlichen Verfahren ist die Naturwissenschaft und mit ihr die Medizin gefolgt. Demgegenüber haben seit Empedokles (495 v. Chr.), der die Systemlehre der vier Elemente aufgestellt hat, Paracelsus (1493) und Hahnemann in seinem »Organon« (1833) wie auch einsichtige Praktiker den »qualitativen« Aspekt der »Psyche«, des »Geistes«, des »Gemüts« für nicht weniger wichtig gehalten. Eine solche Einheit von Seele und Körper wird bekanntlich unter dem Etikett »Psychosomatik« gefordert. Aber schon diese Bezeichnung zeigt die Hilflosigkeit, die uns befällt, wenn wir diese Einheit begrifflich darstellen wollen.

Ich schlage deshalb vor, daß unter »Psyche« die Steuerung der Energie und unter »Körper« der Zustand der Energie zu verstehen sei. Der Zustand der Energie erscheint dem Beobachter als Struktur, als objektives Bild, als ausgedehnter Körper, dessen Gewicht gemessen werden kann. Die Steuerung der Energie hingegen, die man auch als »psychische« Information bezeichnen kann, ist nicht körperhaft und hat kein Gewicht. Zum Vergleich: Wird ein Tonband mit Informationen, zum Beispiel einer Symphonie bespielt, bleibt es dennoch gleich schwer und gleich groß.

Weil die »Psyche« die Energie steuert, haben Suggestion, Hypnose, Amulett- oder Placebotherapie, die als Geistheilung verstanden werden können, ihre zuweilen eindrucksvolle Wirkung. Die Resultate von falsch gesteuerter Energie kennen wir als funktionelle Erkrankungen, als Immunschwäche durch Streß, als Haltungsschäden und schließlich als physikalisch meßbare oder sichtbare organische Erkrankungen.

Das Steuerungssystem der »Psyche«

Die »Psyche« ist ein Regulationssystem von genau bestimmbaren Funktionen. Ich habe das Funktionssystem in »Das Harmoniegesetz in uns« dargestellt und es »Funktionspsychologie« genannt.

Auf dieser Basis wurde der »Klinische Farbtest« entwickelt, um diese Funktionen objektiv messen zu können. Sie werden in 781 tabellarisch genau definierten Texten ausführlich beschrieben. Dem individuellen Meßresultat werden die entsprechenden Texte zugeordnet.

Die Messung der »Psychosomatik«

Mit der Dissertation von M. Austin, Psychiatric Institute Medical School, Yale University, USA, wurde 1980 nachgewiesen,

8

daß der »Klinische Farbtest« als bisher einziges psychologisches Verfahren eine signifikante Korrelation zwischen den psychischen und den physiologischen Meßwerten ergibt.

Daß auch die Meßwerte des Elektroencephalogrammes (EEG) mit den Ergebnissen des Klinischen Farbtests statistisch signifikant übereinstimmen, hat das psychophysiologische Forscherteam von D. Murarasu nachgewiesen (Jurnal de Medicina Preventiva, Vol. 1, Nr. 1, 1993, S. 85-89, Iasi, Rumänien).

Mit der Korrelation von Farbwahl und physiologischen Daten war zwar erwiesen, daß der Farbtest als Meßinstrument der »Psychosomatik« geeignet ist, was auch eine größere Anzahl von Untersuchungen mit signifikanten Resultaten bestätigt haben (z. B. Hypertonie, Ulcus duodeni, Neurodermitis, Psoriasis, Anomalien der Zahnstellung, Bruxismus sowie die Disposition zu zahlreichen anderen funktionellen und psychischen Erkrankungen).

Aber wie kann diese Möglichkeit praktisch genutzt werden?

Zwei Methoden, die sich ergänzen, sind zur psychosomatischen Beurteilung geeignet, weil beides objektive Meßmethoden sind: Die Messung mit der Elektroakupunktur und die Messung mit den Testfarben. Zweck der Elektroakupunktur ist, den Zustand der physiologischen Funktionssysteme (Meridiane) mit einem Leitstrom zu messen.

Zweck der Farbdiagnostik ist, den Zustand der emotionalen Funktionssysteme mit Farben zu messen.

Weil beide Methoden die Steuerung der Energie in definierten Funktionssystemen messen, ist es naheliegend, ihre Ergebnisse zu vergleichen. Es ist das Verdienst von Frau Dr. Claudia Cleff-Menne, dies erstmals an einer Großzahl von Patienten systematisch untersucht zu haben.

Wenn sich dieser Weg als gangbar erwiesen hat, dann ist der

Brückenschlag zu einer »psychosomatischen« Medizin gelungen, die wohl seit wenigstens einem halben Jahrhundert immer wieder gefordert wird, aber bisher nur allzu oft bei banalen Feststellungen wie »psychosozialer Streß« stehengeblieben ist. Der Grund liegt nicht nur in der einseitigen Ausbildung der Ärzte, sondern in den für die »Psychosomatik« wenig tauglichen verbalen Methoden der psychoanalytischen und tiefenpsychologischen Konstrukte.

Einseitig ausgebildeten Schulmedizinern ist der Zugang zu psychosomatischen Meßmethoden auch deshalb erschwert, weil die psychosomatischen Funktionssysteme nicht gelehrt werden und daher vernachlässigt oder nicht einmal geahnt werden.

Das Diagnose- und Therapie-Prinzip

Die Messung der Meridiane mit der Elektroakupunktur und mit der Farbdiagnostik könnte aber der Impuls zu einer echten »Psycho-Somatik« und damit zu einer effizienteren und auch kostensparenden Medizin der Zukunft sein.

Beide Methoden decken psychosomatische Blockierungen und Fixierungen auf, die das Immunsystem schädigen. Fixierungen entstehen entweder durch bakterielle und virale oder durch psychische Traumata.

Die viralen und bakteriellen Symptome können mit Pharmaka bekämpft werden. Bei psychischen Traumata wie Ängsten, Verlusten, Enttäuschungen läßt der Leidensdruck oft allmählich nach oder er wird unterdrückt. Anscheinend bleiben aber beide Arten von Traumata als gelernte Erfahrung und oft als belastende fixierte Informationen bestehen.

Um die fixierte Trauma-Information aufzulösen und um die Fixierung auszuregulieren, bedarf es einer erneuten gleichartigen Information. Das entspricht dem Prinzip der Nosoden und der Homöopathie »Similia similibus curentur« und der Erfahrung einer therapeutischen Erstverschlimmerung.

Auf eine zweite, gleichartige Trauma-Information ist das System vorbereitet und kann deshalb die Fixierung ausregulieren und auflösen. Das ist auch das Prinzip der Impfung. Die Impfung ist eine »Vor-Information«. Durch die therapeutische Zweit-Information ist die traumatische Fixierung und damit die Chronifizierung und das »Terrain« für erneute Erkrankungen beseitigt.

Die Diagnostik mit der Elektroakupunktur und mit den Testfarben zeigt die Fixierung von Funktionssystemen und den Weg zur therapeutischen Ausregulierung und Sanierung.

Luzern, im August 1993   Max Lüscher

Einleitung

Der Schmerz im linken Oberkiefer

Als Karl Pollus seinen Wagen auf dem Firmenparkplatz abstellt, trifft ihn jener Blitz, mit dem die Fernsehreklame für eine Zahnpasta wirbt: am linken oberen Eckzahn ein stechender Schmerz, der sich bis zur Schläfe hochzieht. Den Arbeitstag rettet die mitfühlende Sekretärin, die durch ein Aspirin den unerträglichen Schmerz lindert und einen Termin beim Zahnarzt Dr. Binder vereinbart, weil der Schmerz wieder da ist, als die Wirkung der Tabletten nachläßt.

Es ist ein Donnerstag wie jeder andere: grauverhangener Himmel verheißt regnerisches Wetter: die Zeitung berichtet über eine wichtige Ministerentscheidung und Krawalle vor einem Asylbewerberheim. Auf der A 40 gibt es den üblichen Stau. Nichts deutet darauf hin, daß für Karl Pollus an diesem Donnerstag ein langer Leidensweg beginnt.

Jeder von Ihnen ist schon beim Zahnarzt gewesen und weiß, was nun geschieht. Da heißt es Mund auf, und der Zahnarzt untersucht mit Spiegel und Sonde die Zähne. Als Dr. Binder bei dieser ersten Durchsicht an den Zähnen des Patienten nichts finden kann, läßt er von seiner Sprechstundenhilfe eine Röntgenaufnahme des linken oberen Eckzahns anfertigen. Das Ergebnis ist – aus zahnärztlicher Sicht – nichts Nennenswertes: eine kleine Kariesstelle am Dreier. Der Zahn wird gefüllt.

Karl Pollus möchte aufatmen. Doch er hat kaum die Praxis verlassen, da ist der Schmerz wieder da.

Ein erneuter Zahnarzttermin wird nötig. Um seinem Patienten Ruhe zu verschaffen, entfernt Dr. Binder unter örtlicher Betäubung den Nerv des Eckzahns und macht eine Wurzelkanalfüllung. Obwohl das technisch einwandfrei geschieht, spürt Karl Pollus – kaum daß die Betäubung nachläßt – wiederum den Schmerz. Er tröstet sich damit, daß der Eckzahn durch die Wurzelbehandlung noch irritiert sei. Doch von Tag zu Tag wird deutlicher, daß offensichtlich auch der Wurzelkanal nicht der Verursacher des Übels gewesen sein kann. Karl Pollus quält weiterhin der stechende Schmerz, der sich bis zur Schläfe zieht. In der Woche darauf sucht Karl Pollus erneut seinen Zahnarzt auf.

»Vielleicht liegt es am Kiefergelenk. Gehen Sie zu meinem Kollegen Dr. Menzel«, rät ihm der Zahnarzt. »Er ist der richtige Fachmann dafür.«

Karl Pollus stöhnt: »Mir ist alles recht, Dr. Binder.«

Auch das, was jetzt kommt, hat der eine oder andere von Ihnen schon durchgemacht. Der lange zeitaufwendige Weg von einem Facharzt zum anderen beginnt. Karl Pollus sucht den Spezialisten für Kiefergelenkserkrankungen und einen Spezialisten für Parodontalerkrankungen auf. Als nächstes wendet sich Karl Pollus an einen Hals-Nasen-Ohrenarzt und sucht einen Neurologen auf, der seinerseits einen Röntgenologen hinzuzieht. Er wird gründlich »durchgecheckt«, der Röntgenologe macht sogar eine Computertomographie, und schließlich steht fest: Der Schmerz wird weder durch eine Kiefergelenksentzündung noch durch eine Art von Parodontose verursacht; Karl Pollus hat keine versteckte Nasennebenhöhlenentzündung und auch keinen Tumor im Kopfbereich. Trotzdem – der unerträgliche Schmerz bleibt. Man sagt ihm, der Trigeminusnerv sei gereizt.

Inzwischen helfen Karl Pollus keine Schmerztabletten mehr. Er nimmt Vitamine, die den Stoffwechsel der Nerven anregen sollen; er bekommt zusätzlich Bestrahlungen. Als dies nicht mehr hilft, wird mit Cortison therapiert. Doch der stechende unerträgliche Schmerz im linken oberen Eckzahn bleibt.

Jetzt sehen die Fachärzte nur noch eine Möglichkeit: Sie bezeichnen die Schmerzen als »psychogen«, das heißt als von der Psyche gesteuert. »Sie sollten zu einem Psychotherapeuten gehen«, rät der Neurologe.

Zu dem unerträglichen Schmerz im linken oberen Eckzahn gesellt sich nun bei Karl Pollus Wut im Bauch.

Stellen wir uns jetzt einmal vor, es gäbe die gute Fee, die kommt und sagt: Du hast die Chance, dein Leben noch einmal zu leben! Stellen wir uns weiter vor, Karl Pollus lebt sein Leben wie gehabt noch einmal bis zu jenem trüben Donnerstag, an dem er seinen Wagen auf dem Firmenparkplatz abstellt und plötzlich den stechenden Schmerz am oberen linken Eckzahn spürt.

Er schluckt das Aspirin, das die mitfühlende Sekretärin ihm gibt. Er bittet sie, nicht einen Termin mit seinem Zahnarzt, sondern mit der Zahnärztin Dr. Gehrmann zu vereinbaren, die ganzheitliche Medizin und Elektroakupunktur nach Voll praktiziert.

Nach ausführlicher Anamnese, Lüschertest und Elektroakupunkturdiagnose kommt Frau Dr. Gehrmann zu folgendem Ergebnis: Der Schmerz, der Karl Pollus quält, weist darauf hin, daß bei ihm eine Störung im Bereich der Meridiane Leber und Gallenblase vorliegt. Obwohl sich Karl Pollus an den grippalen Infekt, der dem Schmerz im linken oberen Eckzahn vorausgegangen ist, kaum noch erinnern kann, hat dieser akute Virusinfekt ihn ausgelöst.

»Ein bißchen Schnupfen und Halsschmerzen«, sagt er der Zahnärztin. »Kaum der Rede wert.«

»Sie haben eine Mandelentzündung«, stellt Dr. Gehrmann fest. »Das liegt daran, daß Ihr Lebermeridian geschwächt ist. Als Folge davon bekommen Sie leicht Mandelentzündung und sind anfällig für grippale Infekte. Sie müssen einmal eine Gelbsucht gehabt haben, die den Lebermeridian so störanfällig gemacht hat.«

»Ja, vor zwei Jahren habe ich mir im Urlaub auf Kreta Gelbsucht geholt.« Karl Pollus nickt. »Durch einen Fisch. Ich hätte ihn nicht essen sollen. Er hat mich schon so traurig angeguckt.«

»Das alles zusammen hat Ihren Körper geschwächt.« Die Ärztin blickt auf den Testbogen in ihrer Hand. »Nach dem Lüschertest scheint aber auch schon lange eine psychische Streßsituation vorzuliegen.«

Karl Pollus leidet offensichtlich unter gestauten Aggressionen, ist überfordert und unzufrieden; seine Schwäche, sich durchzusetzen, versucht er ängstlich zu verbergen. Mangelndes Selbstvertrauen führt zu körperlicher Erschöpfung und damit zu einer stark erhöhten Anfälligkeit des Lebermeridians. So deutet der Lüschertest über seine psychische Gestimmtheit schon an, was sich im Gespräch bestätigt: Karl Pollus leidet unter einem übermächtigen Vorgesetzten. Das aber untergräbt sein Selbstvertrauen, und der Zorn, den er dem Chef gegenüber nicht zu äußern wagt, schadet der Leber.

Karl Pollus kann – dank der guten Fee anders als beim ersten Mal – von seinen Zahnschmerzen befreit werden, und ihm bleibt ein langer Leidensweg erspart.

Unser Buch stellt Ihnen zwei diagnostische Verfahren vor, die ganzheitliche Diagnostik der Elektroakupunktur nach Voll und die Farbdiagnostik nach Lüscher. Es wird Ihnen zeigen, daß diese beiden, zusammen angewandt, geeignete und aussagekräftige Verfahren darstellen, mit denen die Wechselwirkung von

Körper und Seele in ihrem Eingebundensein in die Umwelt erfaßt, körperliche und seelische Störungen diagnostiziert und – vor allem chronische Erkrankungen – therapiert werden können. Das erste Kapitel wird Ihnen unter dem Titel *Der Fels in der Brandung* die zwei Weltansichten vorführen, von denen Schulmedizin und Ganzheitsmedizin geprägt sind: die Paradigmen kartesianisches Weltbild und Systembild. Im zweiten Kapitel, das wir mit *Ein Fluß in Bewegung* überschrieben haben, werden wir im einzelnen die Messung und Behandlung der verschiedenen körperlichen Funktionssysteme mit der Elektroakupunktur vorstellen. Wir werden Ihnen vorführen, wie man mit dem Lüschertest die seelischen Funktionssysteme mißt, auf Struktur und Störungen der Selbstgefühle schließt. Wir werden zeigen, wie beide Meßmethoden zu gegenseitigen Aussagen kommen – und Sie werden die gegenseitige Abhängigkeit von Soma und Psyche feststellen. Im dritten Kapitel stellen wir uns dann der wirtschaftlichen Realität unseres Gesundheitswesens, denn: *Alle reden vom Geld – wir auch.* Anschließend werden Sie unter der Überschrift *Flügelschläge eines Schmetterlings* in die Praxis der systemischen Medizin eingeführt; wir stellen Ihnen die sechs Systeme des menschlichen Organismus vor, zeigen Zusammenhänge auf und diskutieren verschiedene Krankheitsbilder. Falldarstellungen und Patientengeschichten runden das Kapitel ab. In *Himmel oder Hölle auf Erden?* zeigen wir anhand von zwei Beispielen, wie abhängig der Mensch von der Umwelt ist. Das Schlußkapitel *Denken Sie systemisch!* möchte Ihnen Anregungen zur Selbsthilfe geben, wie es im Rahmen eines solchen Buches möglich ist.

1 Der Fels in der Brandung

Der Fels in der Brandung versinnbildlicht, daß etwas Starkes, Festes und Starres sich den beweglichen, lebendigen und sich ständig ändernden Fluten entgegenstemmt. Von daher wird seine Bedeutung als Sinnbild für Standhaftigkeit abgeleitet, die der Jüngling sich zum Ziel setzen soll.

Wenn wir in den zwei folgenden Abschnitten Schulmedizin und Ganzheitsmedizin als von unterschiedlichen Weltsichten und Werten geprägte Gesundheitssysteme vorstellen, dann ist die Schulmedizin diesem Felsen zu vergleichen. Standhaft wehrt sie sich dagegen, Einsichten – die die Neue Physik brachte – diagnostisch und therapeutisch auszuwerten, ihre Weltsicht und die mit ihr korrelierenden Werte zu revidieren.

Da die Ganzheitsmedizin und die durch die Neue Physik gewonnene Weltanschauung das dynamische Prinzip, Bewegung und rhythmisches Fließen zum Mittelpunkt haben, entsprechen sie in unserem Bild den Fluten.

Den Felsen in der Brandung deutete man allerdings auch anders: als Zeichen der Vergänglichkeit. Letztlich kann er gerade wegen seiner Starrheit, die keine Flexibilität und damit ein Nachgeben ermöglicht, den Fluten nicht standhalten. In diesem Sinn übernimmt Bertolt Brecht das Bild in seiner »Legende von der Entstehung des Buches Taoteking«: »Daß das weiche Wasser in Bewegung mit der Zeit den mächtigen Stein besiegt. Du verstehst, das Harte unterliegt.«

Das sollte uns Hoffnung machen.

Fachärzte für Schubladenschränke

Anstatt daß es uns beruhigt, sollte es uns angst machen: 41 Fachrichtungen der Medizin sieht die (Muster-) Weiterbildungsordnung der Bundesärztekammer von 1992 vor.

Die Gesundheit unseres Kopfes zum Beispiel, so scheint es, liegt in vielen guten Händen:

An ihr wirken zunächst einmal jene Ärzte mit, die nicht auf einen bestimmten Teilbereich des Körpers spezialisiert sind, die Allgemeinmediziner, die Anatomen oder Anästhesisten, die Humangenetiker, Biochemiker, die klinischen Pharmakologen oder Pathologen. Dazu kommen dann die Ärzte, die mit speziellen Bereichen des Kopfes befaßt sind, wie die Augenärzte, die Hals-Nasen-Ohren-Ärzte oder die Mund-Kiefer-Gesichtschirurgen.

Selbstverständlich gehört auch der Zahnarzt dazu, den Karl Pollus aufsucht. Doch Zahnärzte und alle in irgendeiner Form auf Zähne spezialisierten Ärzte, wie etwa die Kieferorthopäden, sind von dieser Weiterbildungsordnung nicht betroffen.

Damit nicht genug. Allein für unser Gehirn stehen fünf spezielle Facharztrichtungen zur Verfügung: der Arzt für Nervenheilkunde, für Neurochirurgie, der Neurologe, der Neuropathologe und der Radiologe, der sich zum Neuroradiologen hat ausbilden lassen. Die Vorsilbe neuro- meint nichts anderes als »die Nerven betreffend«. Alle diese Ärzte kümmern sich um das zentrale, periphere, vegetative Nervensystem, der Facharzt für Nervenheilkunde ist zusätzlich für psychische Störungen und der Neurologe für die Muskulatur zuständig.

Die Möglichkeiten des Schulmediziners, sich noch weiter zu

spezialisieren, wollen wir am Beispiel der Inneren Medizin darstellen: Bei der Ausbildung kann der zukünftige Internist unter zehn Schwerpunkten wählen. Das heißt, die Zergliederung des Menschen wird immer mehr verfeinert.

Schwerpunkt	Es geht um
1. Klinische Geriatrie	– das biologisch fortgeschrittene Lebensalter
2. Spezielle Internistische Intensivmedizin	– die Vitalfunktionen
3. Angiologie	– Gefäßkrankheiten
4. Endokrinologie	– Stoffwechsel
5. Gastroenterologie	– Verdauungsorgane
6. Hämatologie und Internistische Onkologie	– blutbildende Organe
7. Kardiologie	– Herz und Kreislauf
8. Nephrologie	– Nieren
9. Pneumologie	– Lunge, Bronchien
10. Rheumatologie	– rheumatische Erkrankungen

Die Schulmedizin zerlegt den Menschen in einzelne, von einander unabhängig existierende Teile und dringt im Bereich der Zellen zu sehr kleinen, einzeln stehenden Bausteinen vor. Für den Menschen enorme Errungenschaften: Die Kindersterblichkeit nahm ab, die Lebenserwartung stieg. Allgemein gingen Infektionskrankheiten zurück. Epidemien wurden eingedämmt, Tropenkrankheiten erfolgreich bekämpft, und ernährungsbedingte Krankheiten, wie Skorbut oder Rachitis, gehören in unseren Breiten der Vergangenheit an. Bestimmte Geisteskrankheiten bekam man nun statt mit Zwangsjacke und äußerer Gewalt durch zwangsweise verordnete Medikamente in den Griff. Die Chemotherapie (= Behandlung durch Medikamente) wurde zum Allheilmittel.

Die Molekularmedizin, wie die Endokrinologie (= Wissenschaft, die sich mit den innersekretorischen Drüsen, wie Schilddrüse oder Nebenniere, befaßt), machte durch die gleichzeitige Weiterentwicklung der medizinischen Technologie, die das diagnostische und chirurgische Instrumentarium verfeinerte und uns auch die Strahlentherapie brachte, große Fortschritte. Das lebensrettende Insulin für Zuckerkranke, Cortison und die Pille waren ebenso das Ergebnis wie immer kompliziertere operative Techniken, die selbst Organverpflanzungen möglich machten.

Dagegen steht allerdings, daß nicht nur medikamentöse Behandlungen, sondern auch die Strahlentherapie von Wirkungen begleitet werden, die man verharmlosend Nebenwirkungen nennt. Die Anzahl der Patienten, die mit Krankheiten leben, die durch die ärztliche Behandlung hervorgerufen werden, ist immens hoch.

Die verfeinerte Spezialisierung und Technologie haben offenbar die Menschen nicht unbedingt gesünder gemacht. Chronische Erkrankungen, wie Rheuma, oder Autoimmunerkrankungen, wie Krebs und Aids, nehmen zu. Das weite Feld der Umwelterkrankungen ist noch kaum erforscht.

Es wird deutlich, daß für bestimmte Erkrankungen die Methode, Organismen in ihre Einzelteile zu zerlegen, um feststellen zu können, wie das Ganze funktioniert, nicht ausreicht.

Das zergliedernde Prinzip der Schulmedizin wollen wir mit dem Bild der Schubladen anschaulich machen: Schubladen sind kleine, starre, in sich abgeschlossene Bereiche mit Inhalt innerhalb eines größeren Ganzen, einer Kommode zum Beispiel. Ohne diese Schubladen wäre die Kommode keine Kommode; fehlen allerdings nur eine oder zwei, bleibt sie, was sie ist. Jede hat ihren Inhalt. Durch die Schienen, auf denen die Schubladen laufen, stehen sie zwar mit den anderen Schubladen in Verbindung. Es kann auch vorkommen, daß eine Schublade aus der Führung rutscht und damit dazu beiträgt, daß die übrigen Schubladen klemmen. Doch setzt man diese eine wieder richtig ein, ist das Problem behoben.

Wir sind keine Schubladenmenschen. Wenn wir erkrankt sind, reicht es nicht, daß der Arzt eine Schublade aufzieht, den Inhalt dieser Schublade ordnet und sie wieder zuschiebt. Bei psychischen Problemen nützt es nur bedingt, wenn der Facharzt für Nervenheilkunde in die Schublade »zentrales Nervensystem« schaut, um zu erkennen, was uns Beschwerden bereitet.

Schon jetzt sagen wir Ihnen, daß Sie im Laufe der Lektüre zu der Erkenntnis kommen werden, daß Ihnen der Facharzt für Nervenheilkunde bei psychischen Störungen nicht unbedingt helfen kann, sondern vielleicht der Internist, der Ihren Dickdarm saniert.

Warum dennoch diese zerlegende Methode in der Schulmedizin als absolute Wahrheit und als einziger Weg zur Erkenntnis gilt, wollen wir versuchen zu erklären.

Wer sich mit dieser Thematik eingehender beschäftigen möchte, dem empfehlen wir das Buch von Fritjof Capra »Wendezeit – Bausteine für ein neues Weltbild«. Capra ist Physiker und gehört zu den Vertretern und Vordenkern des »neuen Bewußtseins«. Das Buch ist verständlich geschrieben, und auch der, der nur die üblichen mathematischen und physikalischen Schulkenntnisse besitzt, kann es gut lesen.

Unsere Kultur ist charakterisiert durch eine bestimmte Weltsicht und ein bestimmtes Wertesystem. Beide sind Kinder der neueren Philosophie des 17. und 18. Jahrhunderts, die von der Naturwissenschaft, genauer der mathematischen Physik (Galileo Galilei, 1564-1642) geprägt ist. Ihr Weltbild wurde nach ihrem bedeutendsten Vertreter René Descartes (1596-1650) das kartesianische Weltbild genannt. Der französische Philosoph und Mathematiker wurde durch sein kritisches Denken und seine mechanistische Naturauffassung zum Begründer des modernen Rationalismus.

Dieses Weltbild ist geprägt von dem Glauben an die Gewißheit der Erkenntnis, was mathematische, geometrische Erkenntnis heißt, wobei der lebendige Organismus als Maschine verstanden wird, die, einmal in Gang gesetzt, nach festgelegten Gesetzen läuft. Das Bild einer aufgezogenen Uhr wird in diesem Zusammenhang immer wieder verwendet. Als logische Konsequenz einer solchen Weltsicht formulierte Descartes: »Für mich ist der menschliche Körper eine Maschine.«

Eine solche Weltanschauung läßt sich mit bestimmten Begriffen charakterisieren, die wir kurz interpretieren wollen.

Sie ist *mechanistisch*: Die Welt als perfekte Maschine braucht zum Funktionieren mathematische Gesetze. Sind die Triebfedern des Ganzen aber mechanistische Prinzipien, dann haben wir es wirklich mit einer Maschine zu tun, nicht mit einem lebendigen Organismus. Wird der Mensch als mechanistisches System gesehen, kann er zum Schubladenmenschen werden. Anatomie, Physiologie und Molekularmedizin sind die medizinischen Fachrichtungen, deren Quelle die mechanistische Weltsicht ist. Und die Schulmedizin neigt dazu, den Menschen in seine Bestandteile zu zerlegen und nur die einzelnen Bestandteile zu therapieren. Der Lungenfacharzt sieht die Lunge, der Hautarzt die Haut, der Frauenarzt sieht die Geschlechtsorgane.

Sie ist *analytisch*: Nicht nur die Materie, sondern auch Gedanken und Probleme werden in Stücke zerlegt und als Einzelteile untersucht. Diese Methode verhindert eine Gesamtschau – oder verführt dazu – und hat in der Wissenschaft und in den Universitäten zu Spaltungen, konkurrierenden und elitären Haltungen geführt.

Auf die Medizin bezogen, zeugen für die analytische Vorgehensweise die 41 Fachrichtungen und die immer weiterschreitende Spezialisierung. Die Zerlegung des Menschen in seine kleinsten Einzelteile auf molekularer Ebene, die Untersuchung der Strukturen von Genen und Neuronen, jenen Nervenzellen, die Informationen empfangen und weitergeben, sind auch ein Ergebnis.

Folglich setzt sich in unseren Köpfen die Vorstellung fest, daß der menschliche Körper eine störanfällige Maschine sei, die der Arzt reparieren könne. Diese Idee wird durch Werbung für Medikamente, Diäten oder Kosmetika sowie kosmetische Operationen unterstützt und im breiten Bewußtsein verankert. Die Selbstheilungskräfte des Menschen bleiben außer acht, und der Patient wird jeder Verantwortung enthoben.

Sie ist *reduktionistisch*: Man geht von der Vorstellung aus, daß die Eigenschaften und das Verhalten der einzelnen Teile eines Ganzen das Ganze bestimmen. Deshalb reduziert man komplexe Erscheinungen auf ihre einzelnen Bestandteile in der Annahme, daß das Ganze zu verstehen sei, wenn man nur weiß, wie die Teile funktionieren.

Die Molekularmedizin ist inzwischen bis zu den Strukturen von Neuronen, die bei der Kommunizierung von Zellen untereinander eine große Rolle spielen, vorgedrungen.

Hand in Hand mit dem Reduktionismus ging bei Descartes die Unterscheidung von Geist und Materie, was nach dem Physiker Capra nicht ohne Folge blieb, denn:

»Sie hat Ärzte davon abgehalten, die psychologischen Dimensionen der Krankheit ernstlich in Erwägung zu ziehen, und die Psychotherapeuten davon, sich mit dem Körper ihrer Patienten zu befassen.«

Die vor der wissenschaftlichen Revolution verbreitete Ansicht, daß der Mensch ein individuelles (= ungeteiltes) Ganzes aus Körper und Psyche sei, das in eine natürliche und spirituelle Umwelt eingebettet ist, wurde verworfen und – mit Unterstützung der Kirche – die Gespaltenheit behauptet.

Abgespalten wurde der Mensch damit auch von seiner sozialen und gesellschaftlichen, kulturellen und natürlichen Umwelt; die Ökologie im weitesten Sinne wurde nicht berücksichtigt.

Sie ist streng *deterministisch*: Das reduktionistische Prinzip dieser Weltsicht hängt eng mit dem strengen Determinismus zusammen.

Geht man davon aus, daß Gott anfangs Masseteilchen, die wirkende Kraft zwischen ihnen und unabänderliche Gesetze geschaffen hat, muß die Weltmaschine nach dem kausalistischen Prinzip von Ursache und Wirkung laufen. Das heißt, jede Wirkung hat eine bestimmte Ursache oder umgekehrt, jede Ursache hat eine bestimmte Wirkung.

Bemerkenswert ist, daß die Schulmedizin aber gerade die Ursachenforschung (= Ätiologie) sehr vernachlässigt hat. Wenn Sie einen Schnupfen haben, wird der schulmedizinisch orientierte Arzt Ihnen Nasentropfen verschreiben. Das bedeutet, er behandelt das Symptom – den Schnupfen –, geht aber nicht der Frage nach, was diesen verursacht hat.

Die Tatsache, daß die Medizin bis heute nicht den Vorgang des Heilens, die Wirkung des Schmerzes, den Vorgang der Zellerneuerung oder Embryogenese erklären kann, deutet auf einen Mangel im »System« hin: Für die Schulmedizin ergeben sich dort Probleme, wo es um integrative Vorgänge geht. Integration aber spielt immer dort eine Rolle, wo Zusammenwirken und Wechselbeziehungen im Mittelpunkt stehen, also in Systemen. Nötig wäre, daß die Schulmedizin sich vom Schubladenmenschen endgültig verabschiedet und »systemisch« denken lernt, was die wissenschaftliche Systemlehre und Neue Physik – wie Sie gleich lesen werden – längst begriffen haben.

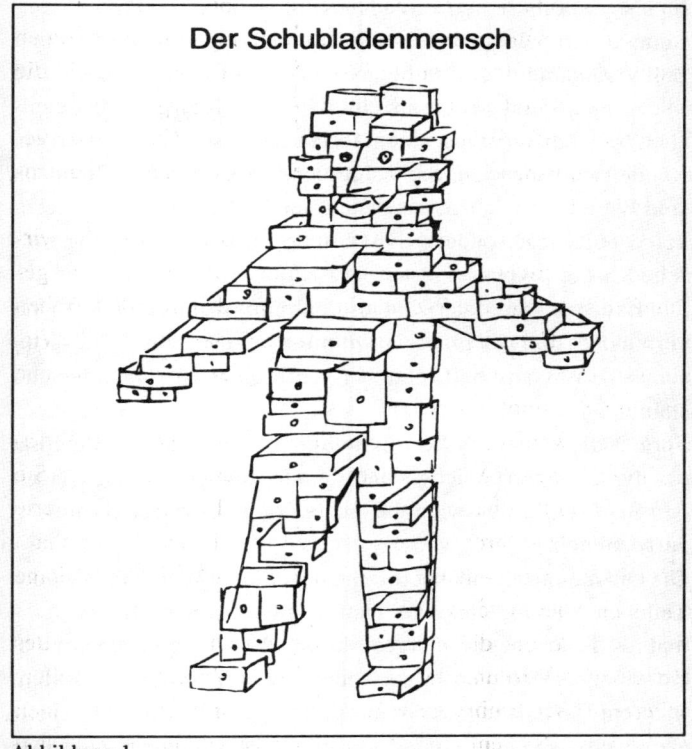

Der Schubladenmensch

Abbildung 1

Chaostheorie – nicht chaotisch

Die Erforschung der atomaren und subatomaren Welt hat in der Neuen Physik zu der Erkenntnis geführt, daß das kartesianische Weltbild, das jahrhundertelang unsere Sicht von der Welt bestimmte, nicht mehr aufrechterhalten werden kann.

Machen wir also einen kurzen Ausflug in die Neue Physik: Einsteins Relativitätstheorie, die die Vorstellungen von Raum und Zeit veränderte, hat dazu beigetragen, daß wir nun wissen, daß Masse nichts anderes ist als eine Form der Energie. Masseteilchen bestehen nicht aus einem festen Stoff, sondern sie sind ein Bündel von Energien, das heißt also, sie sind aktiv. Demnach sind Elementarteilchen, aus denen sich Materie zusammensetzt, keine Substanz, sondern dynamische Strukturen, die dynamische Muster bilden.

Die Existenz von Materie ist also untrennbar mit ihrer Aktivität verbunden, und das ist das Revolutionäre, das Neue. Die kartesianische Wissenschaft versteht Materie als passiv und träge und stabil.

Spricht die Neue Physik von Stabilität, meint sie die Stabilität des dynamischen Gleichgewichts, und wenn wir in diesem Buch den Begriff Gleichgewicht benutzen, ist er auch stets dynamisch zu verstehen.

Die Quantenmechanik hat in der subatomaren Welt, der Welt der Teilchen, Gebilde doppelter Natur entdeckt. Sie erscheinen einmal als Teilchen, ein anderes Mal als Welle, sie haben sowohl ein winziges Volumen als auch eine weite Erstreckung im Raum. In ihrem Wellencharakter ist auch ihre Dynamik begründet. Teilchen sind also keine Dinge, sondern Verknüpfungen. Nur über ihre Wechselbeziehung zu anderen Verknüpfungen lassen sie sich definieren. Offensichtlich hängt es vom Beobachter ab, ob das Gebilde als Teilchen oder als Welle wahrgenommen wird. Ob man es als Teilchenbild oder als Wellenbild beschreibt, läuft – nach dem Physiker Niels Bohr – auf dasselbe hinaus: Die Wirklichkeit wird erst mit beiden sich gegenseitig ergänzenden Beschreibungen erfaßt – ein komplementäres Prinzip.

Es geht um das Ganze, das mehr ist als die Summe seiner Teile. So hat der in der Neuen Physik verwendete bootstrap-Ansatz im Blick, wie die einzelnen Teile miteinander zusammenhängen und folgerichtig in ihrer Gesamtheit übereinstimmen.

Weiterhin kommt die Quantentheorie zu dem Ergebnis, daß wir Kausalität im Sinne von Ursache und Wirkung überdenken müssen: In der atomaren und subatomaren Welt ist es nicht immer möglich, für ein bestimmtes Ereignis eine einzige definierbare Ursache zu finden.

Die von der kartesianischen Weltsicht geprägten Wissenschaftler wollen durch Erkenntnisse Gewißheit erlangen. Damit befinden sie sich im Gegensatz zur Neuen Physik: Mit Gewißheit läßt sich über diese Verknüpfungen keine Aussage machen; man kann über diesen dynamischen Prozeß nur vorhersagen, daß er mit Wahrscheinlichkeit eintreten wird. Das hängt damit zusammen, daß sich durch Abhängigkeit und Wechselwirkungen zyklische Informationsmuster ergeben, die sogenannten Rückkopplungsschleifen. Sie sind der Grund dafür, daß für eine Panne in einem komplexen System nie nur ein Faktor, sondern immer mehrere Faktoren verantwortlich sind, die sich zudem durch die voneinander abhängigen Rückkopplungsschleifen gegenseitig verstärken.

Die Neue Physik hat zudem ein fundamentales Gesetz der Thermodynamik gefunden: Die gesamte Energiemenge, die an einem Vorgang teilhat, bleibt erhalten. Allerdings entwickeln sich energetische Vorgänge immer in eine bestimmte, nicht mehr umkehrbare Richtung: von der Ordnung zur Unordnung, zum Chaos.

Ein Beispiel mag Ihnen das veranschaulichen: Wenn Sie aus Versehen zuviel kalte Milch in Ihren heißen Kaffee gießen, haben Sie eine lauwarme hellbraune Brühe. Heiß und kalt, aber auch schwarz und weiß sind nicht mehr ordentlich und sauber geschieden, sondern in vermischter »lauwarmer und hellbrauner« Unordnung. Sie können den Kaffee nicht mehr von der Milch trennen und so heißen schwarzen Kaffee und kalte weiße Milch zurückgewinnen.

Damit sind wir bei dem titelgebenden Begriff dieses Abschnitts: dem Chaos. »Energieevolution ist von wachsender Unordnung begleitet«, sagt Capra. Und: Zwei, drei oder mehr Teilchen bilden ein System als unteilbares Ganzes. Darunter versteht man integrierte Einheiten, die nicht mehr durch ihre Eigenschaften auf kleinere Einheiten reduziert werden können. Wie die Neue Physik mit ihrem bootstrap-Ansatz, so legt auch die Systemlehre Wert auf die Zusammenhänge. Es geht darum, wie das dynamische Miteinander organisiert ist.

Ein System ist Teil eines größeren Systems und mit den anderen Teilen dieses größeren Systems durch dynamisch-rhythmische Strukturen verknüpft. Dieses ist wiederum Teil eines größeren Systems und so weiter … Die Struktur dieser Vernetzung kann man mit Hilfe der fraktalen Geometrie als Ordnungsmuster in diesem Chaos darstellen. Dabei sind die Strukturen selbstähnlich, was nichts anderes heißt, als daß Teile der Struktur der strukturellen Gesamtheit gleichen. Ein schönes Beispiel dafür ist die Baumstruktur: Ast, Zweig oder Blatt ähneln in ihrer Struktur dem Baum mit Stamm und verzweigter Krone.

Aufgrund der Vernetzung aller Teile in sich und untereinander kann das System flexibel reagieren; es ist selbstorganisierend. Zudem ist das System nicht linear, das heißt, man kann seine Reaktionen nicht in einem Rechenvorgang nach einem bestimmten, sich wiederholenden Schema erfassen, das erlaubt, den Anfangs- und Endzustand vorherzusagen und damit das zukünftige Verhalten des Systems. Hier sind im Sinne der Chaostheorie nur Aussagen über wahrscheinliche Reaktionen möglich. Ändert sich in einem solchen System der gegenwärtige Zustand, ist es möglich, daß sich dadurch große Veränderungen im zukünftigen Zustand ergeben: Der Flügelschlag eines Schmetterlings kann weit entfernt einen Taifun auslösen – dieser Schmetterlingseffekt spielt nicht nur bei der Entstehung von Wetter eine Rolle. Ein solches System, das streng gesetzmäßig entsteht, aber in seinen Reaktionen unberechenbar ist, bezeichnet man als »deterministisches Chaos«.

Was die systembildenden Teile zu einem System macht, ist die Tatsache, daß sie miteinander – unabhängig von ihrer Entfernung voneinander – durch direkte, nichtlokale Zusammenhänge, eben jene dynamischen Strukturen, verbunden sind.

Capra weist auf mögliche Folgen hin und sagt: »Die grundlegende Rolle nichtlokaler Zusammenhänge und der Wahrscheinlichkeit in der Atomphysik erfordert auch eine neue Vorstellung von der Kausalität, die wahrscheinlich tiefgreifende Auswirkungen auf alle Wissenschaftszweige haben wird.«

Die Evolutionstheorie und die in ihrer Folge neuen wissenschaftlichen Erkenntnisse machen der Anschauung von der Welt als Maschine den Garaus: Die Welt wird nach ihnen als ein sich entwickelndes und ständig veränderndes organisches System begriffen. Kybernetik und die Beschäftigung mit energetisch offenen Systemen haben zu der Erkenntnis geführt, daß organische Systeme, das heißt lebendige (= biologische) Systeme ebenfalls durch Verknüpfungen gekennzeichnet sind. Die Teile sind untereinander und mit dem Ganzen hochvernetzt und unterliegen einem rhythmisch-dynamischen Gleichgewicht. Zudem sind biologische Systeme energetisch offen und haben damit die Fähigkeit, Energie und Materie aus ihrer Umgebung aufzunehmen und an diese abzugeben, stehen demnach in einer Wechselbeziehung zu ihr. »Rhythmus ist das einzig wahre Ordnungs-Regulationsmittel in biologisch offenen Systemen«, so Professor Hartmut Heine von der Universität Witten-Herdecke 1993.

Eine Maschine ist aus Einzelteilen zusammengesetzt. Sie kann sich nur in der Weise bewegen, wie ihre Struktur das zuläßt. Bei ihr bestimmt die Struktur die Dynamik. Wird die Maschine in ihrer Aktivität durch irgendeine Störung behindert, geht sie kaputt und bleibt stehen.

Ein lebendiger Organismus dagegen wird nicht zusammengesetzt, er wächst; erst durch die dynamischen Vorgänge ergibt sich die organische Struktur. Durch die hohe Vernetzung können Organismen bei auftretenden Störungen selbstorganisierend spontan und flexibel reagieren und ihre Strukturen in gewissem Maß der Störung entsprechend anders gestalten, also variieren, und sich den neuen Gegebenheiten anpassen. Wie diese Anpassung geschieht, läßt sich nach der Chaostherapie nur mit Wahrscheinlichkeit voraussagen. Lebendige Systeme sind nicht linear, und der lebendige Organismus ist ein »deterministisches Chaos«.

Die aus den Erkenntnissen der modernen Physik, der Evolutionsbiologie und Systemlehre resultierende Weltsicht kommt, wie Capra das nennt, zu einem Systembild: Die Welt ist ein dynamisches Gewebe von Wechselbeziehungen und Zusammenhängen. Daß dieser neuen Weltsicht auch ein neues Wertesystem folgen wird, ist einsichtig.

Auch diese Weltanschauung kann durch bestimmte Begriffe charakterisiert werden.

Sie ist *organisch*: Die Welt ist ein gewachsener und noch wachsender Organismus, der aus vielen einzelnen organischen Systemen unterschiedlicher Ebenen besteht. Der in der Physik verwendete bootstrap-Ansatz reduziert Natur nicht mehr auf fundamentale Einheiten. Capra definiert das so: »Das Universum wird als dynamisches Gewebe untereinander verbundener Geschehnisse betrachtet. Keine der Eigenschaften irgendeines Teiles dieses Gewebes ist fundamental; alle ergeben sich aus den Eigenschaften der anderen Teile; und die folgerichtige Gesamtübereinstimmung ihrer Wechselbeziehungen determiniert die Struktur des gesamten Gewebes.«

Das führt zu einem anderen Ordnungsbegriff: Ordnung heißt nicht mehr Ordnung durch säuberliches Trennen und Sortieren in Schubladen, sondern Ordnung der Verknüpfungen. Integrative Vorgänge mit ihren chaotischen Möglichkeiten rücken ins Blickfeld.

Entsprechend wird der Mensch als Organismus und damit als offenes System gesehen, das in Beziehung zu seiner Umwelt steht und Teil des größeren Ganzen ist.

Auf die Medizin bezogen heißt das, Krankheit wird nicht mehr als ein lokal zu begrenzender Störfall angesehen, sondern jede Erkrankung verweist auf eine durch mehrere Faktoren hervorgerufene Störung des Systems. Eine solche organische Weltsicht liegt der traditionellen chinesischen Medizin zugrunde, die die dem Organismus tendenziell innewohnende Selbstheilungskraft stärken will.

Diese Weltanschauung ist *ganzheitlich*: Nicht die Eigenschaften und das Verhalten der einzelnen Teile eines Ganzen sind bestimmend für das Ganze, sondern umgekehrt bestimmt das Ganze die Eigenschaften und das Verhalten der Teile.

Folgerichtig muß es eine Gesamtübereinstimmung geben, die das menschliche Bewußtsein miteinbezieht. Hängen die Eigenschaften der atomaren und subatomaren Welt – wie die Quantenmechanik festgestellt hat – vom Beobachter ab, initiiert er sie sozusagen, sind sie nicht vom Bewußtsein des Menschen trennbar, was heißt, daß Descartes' Unterscheidung zwischen Geist und Materie ein Irrtum ist.

Für die Medizin bedeutet das, daß der Mensch als Ganzheit von Körper und Psyche in die Systeme Natur und Kosmos integriert ist.

Sie ist *dynamisch*: Aus wechselseitigen Beziehungen und Abhängigkeiten der Teile untereinander ergeben sich alle rhythmisch-dynamischen Strukturen der systemischen Ganzheiten. Integrative Aktivität wird als wesentliches Prinzip verstanden. Den Prozeß, der diese gleichzeitige und voneinander abhängige Wechselwirkung darstellt, faßt man unter dem Begriff Transaktion.

Sie ist *ökologisch*: Nicht mehr die einzelnen Objekte, sondern die Beziehung zwischen ihnen rückt in das Blickfeld und ist Grundlage von Definitionen.

Daß »ökologisch« auf die Medizin angewendet werden soll, mag Sie zunächst befremden. Doch die Evolutionslehre, die die Entwicklung von niedrigen zu höheren Formen des Lebendigen untersuchte, machte den Zusammenhang zwischen Mensch, Tier und Pflanze und ihrer Umgebung deutlich.

Der französische Physiologe Claude Bernard hat im 19. Jahrhundert einen ökologischen Aspekt aufgenommen und den Begriff »milieu intérieur« geprägt. Darunter verstand er die innere

Umwelt, in der Organe und ihre Gewebe leben. Er kam zu dem Schluß, daß Gesundheit von der Stabilität dieser inneren Umwelt abhängig sei.

Erst 1932 gab ihm die von dem amerikanischen Physiologen W. B. Cannon festgestellte Homöostase (zu deutsch Selbstregulation eines – biologischen – Systems im dynamischen Gleichgewicht) recht, worunter man versteht, daß lebende Organismen dahin streben, durch physiologische Kreisprozesse einen Gleichgewichtszustand zu erhalten. Daß das nicht nur für das innere Milieu, sondern auch für die Beziehungen des Menschen zu seinem äußeren Milieu gilt, dem natürlichen, sozialen und kulturellen, steht heute außer Frage.

Nach dieser neuen Weltsicht (und des noch zu entwerfenden Wertesystems) ist der Mensch als (lebendiger) Organismus ein komplexes System, das sich aus mehreren untereinander kommunizierenden Untersystemen zusammensetzt, die ihrerseits wieder aus mehreren untereinander durch Wechselwirkungen und Abhängigkeiten verbundenen Einheiten bestehen. Doch dadurch ergibt sich keine hierarchische Stufung. Keines der Systeme ist fundamental. Alle stehen miteinander und mit dem Ganzen in Verbindung. Sie sind in sich selbst und in der Beziehung zu anderen Einheiten durch rhythmisch-dynamische Vorgänge verbunden. Auch im Menschen verstärken voneinander abhängige Rückkopplungsschleifen einen möglichen Störfaktor. Deshalb kann auch im System Mensch der Flügelschlag eines Schmetterlings einen Taifun auslösen.

Da der Mensch zugleich ein energetisch offenes System ist, steht er mit seiner natürlichen wie mit seiner soziokulturellen Umwelt in Beziehung, und es kommt zu einem energetischen Austausch zwischen beiden. Im Sinne der Systemlehre reagiert der Mensch als deterministisches Chaos. Ob seine Systeme wie angenommen reagieren, ist nur wahrscheinlich, nicht sicher.

Generell bietet die Systemlehre die Möglichkeit, die Zerlegung des Menschen durch die Ganzheitsmedizin zu überwinden, die ihn als Individuum, als wirklich ungeteiltes Wesen behandelt. Dieses Buch möge als Beitrag angenommen werden.

2 Ein Fluß in Bewegung

Dynamik und Rhythmik sind bestimmende Prinzipien bei einem offenen energetischen System, wie es der Mensch als Einheit von Soma und Psyche darstellt. So wie der Herzschlag eines jeden Menschen individuell ist, so sind es auch die rhythmisch-dynamischen Vorgänge, die das Funktionieren des menschlichen Organismus regulieren. Das gilt auch für die Psyche, ganz wie es Robert Musil in »Der Mann ohne Eigenschaften« beschreibt: »Weil sie beständig in Fluß sind, lassen sich Gefühle nicht anhalten.«

So haben wir die Darstellung unseres ganzheitlichen medizinischen Weges mit *Ein Fluß in Bewegung* überschrieben. Sie werden jetzt das diagnostische und therapeutische Verfahren der Elektroakupunktur nach Voll und den Klinischen Farbtest nach Lüscher kennenlernen.

Systemisch und systematisch diagnostiziert

Da entschließen Sie sich eines Tages zu einer Fortbildung, und wenn auch die zusätzliche Arbeit neben Beruf und Familie schier Ihre Kräfte übersteigt – Sie halten durch.

Da stehen Sie über Monate Ihrem Bruder, der sich scheiden lassen will, mit Rat und Tat zur Seite, trösten ihn, diskutieren mit ihm, raten ihm und versuchen ihn abzulenken.

Kennen Sie solche und ähnliche Situationen? »Das hat mich ungeheuer viel Energie gekostet«, sagen Sie dann vielleicht. Und fast ein bißchen neidisch sehen Sie Ihre kleine Tochter über den Spielplatz toben, die personifizierte geballte Energie.

Vielleicht gehören Sie aber auch zu jenen Menschen, die sich mit nie erlahmender Energie im Stadtrat für mehr Umweltschutz einsetzen oder die mit eiserner Energie Geld für wohltätige Zwecke eintreiben.

Gleichviel – die Energie, die wir in einem solchen Fall meinen, hat etwas mit unserem Körper zu tun, aber nicht nur mit ihm. Sie hängt auch von unserer Willenskraft ab. Daher wissen wir, daß unser Körper und unsere Psyche mit Energie ausgestattet sind. An Tagen, wo wir uns körperlich fit fühlen, macht uns eine Auseinandersetzung mit dem Schwiegervater wenig aus, selbst wenn wir manche Klippe umfahren müssen. Leiden wir aber nur unter einem leichten grippalen Infekt, sind wir nach diesem Gespräch fix und fertig und haben zudem noch das Gefühl, es nicht gut geführt und falsch reagiert zu haben. Es kann auch vorkommen, daß wir uns müde und unlustig fühlen. Dann ist es schwer, sich überhaupt zu einer solchen Auseinandersetzung aufzuraffen.

Unsere Energiereserven bestimmen das innere Gleichgewicht von Körper und Psyche und unser Verhältnis zur Umwelt. Denn der Mensch ist als Organismus ein energetisch offenes System. Wie der körperliche Energiehaushalt eines Menschen aussieht, kann mit keinem Verfahren so gut festgestellt werden wie mit der Elektroakupunktur nach Voll, die wir künftig auch *EAV* nennen werden. Dieses Verfahren wurde von dem Arzt Reinhold Voll aus der chinesischen Akupunkturlehre weiterentwickelt. Es würde zu weit führen, alle Einsatzmöglichkeiten aufzuzählen und sie im einzelnen zu erklären. Sie wollen keine Fachsimpelei, und wir wollen Sie nicht unnötig verwirren. Dennoch möchten wir, daß Sie dieses Verfahren kennenlernen und verstehen können: Mit ihm kann man systemische Störungen, also Störungen von Zusammenhängen im System Mensch, untersuchen und feststellen, ob Organe richtig funktionieren. Herde und Störfelder, Metallunverträglichkeiten und Allergien, die von an Zähnen und Zahnersatz verwendeten Werkstoffen herrühren, können erkannt werden. Allergische Reaktionen auf Nahrungsmittel oder Blüten- und Gräserpollen sind meßbar. Toxische Stoffe aus der Umwelt können in ihrer individuellen Auswirkung gemessen werden. Zugleich liefert die Elektroakupunktur die Hilfen, mit denen ein aus dem energetischen Gleichgewicht geratener Organismus ausgeglichen werden kann. Durch Elektroakupunktur kann das Immunsystem regeneriert und ein gestauter Energiefluß wieder zum Fließen gebracht werden. Mit entsprechenden homöopathischen Medikamenten werden die Fehlfunktionen korrigiert und die Selbstheilungskräfte des Körpers aktiviert. Bei der EAV folgt auf die Diagnose die Therapie.

Wenige medizinische Untersuchungs- und Heilmethoden sind für Patienten so anschaulich und durchschaubar wie die Elektroakupunktur. Wie der Name schon sagt, hat Elektroakupunktur etwas mit der aus der chinesischen Medizin bekannten Akupunktur zu tun. Hier wie dort setzt man bei den unter der obersten Hautschicht liegenden Akupunkturpunkten an.

In der EAV werden im Gegensatz zur klassischen Akupunktur keine Nadeln gesetzt. Die Elektroakupunktur ist eine elektrische Messung mit Leitstrom. Für die Diagnose werden einzelne Akupunkturpunkte an Händen, Füßen und im Gesicht gemessen. Die Ärztin oder der Arzt arbeiten mit einer Art Griffel, der auf den Akupunkturpunkt aufgesetzt wird. Der Patient umfaßt den Gegenpol. Gemessen wird der Widerstand des Akupunkturpunktes gegen den schwachen Meßstrom. Der Griffel ist mit dem Meßgerät verbunden, auf dessen Skala Sie die energetische Aktivität Ihres Organs ablesen können, die in Zahlenwerten angegeben wird. Die Skala verfügt über eine Meßbreite von eins bis hundert. Bei einem gesunden Organ zeigt die Skala einen Wert von 50 bis 70 an. Ist ein gemessener Körperabschnitt krank, etwa durch Bakterien, Viren, Pilze oder Umweltgifte belastet, zeigt sich je nach Schwere der Belastung ein abweichender Wert nach oben, seltener nach unten. Hohe Werte zeigen eine akute Entzündung an, niedrige Werte eine starke Ermüdung, ein nicht konstant bleibender Wert mit zunächst hohem Zeigerstand eine chronische Entzündung. (Bekommen Sie keinen Schreck, sollten bei einer ersten Testung die Meßwerte hoch sein. Sie haben sich schließlich in ärztliche Behandlung begeben, weil Sie krank sind oder zumindest Ihre Befindlichkeit gestört ist.)

Ein Beispiel: Ein gesunder Blinddarm hat einen Meßwert von 50 und 70. Ist der Blinddarm entzündet, schnellt der Zeiger auf Werte zwischen 80 und 90. Nun kann es sein, daß die Entzündung schon länger besteht und chronisch geworden ist. Dann tritt am Blinddarm eine Regulationsstarre ein, der Energiefluß – unser Meßstrom im Meßkreis – kann nicht mehr ungehindert fließen: Der Abfluß ist, wenn Sie so wollen, verstopft, der Widerstand gegen den Meßstrom nimmt während des Messens zu, der Zeiger am Meßgerät fällt.

Im Zusammenhang mit Entzündungen offenbaren sich auch Zellveränderungen im Körper. Der Therapeut erkennt das am Zeigerabfall, veranschaulicht heißt das in obigem Fall, der Zeiger geht auf 78 hoch und fällt dann ein winziges Stück wieder zurück. Oder: Durch eine lange bestehende Entzündung können die Zellen des Blinddarms auch stark geschädigt und verändert sein. Dann kann die Skala weniger als 50 anzeigen, was darauf hindeutet, daß hier Zellen schon degeneriert (= entartet) sind, zumindest aber die Gefahr dazu besteht.

Entscheidend ist, daß man mit der EAV Zusammenhänge, Beziehungen und Interaktionen zwischen einzelnen Körperabschnitten erkennen kann. Denn die Akupunkturpunkte sind durch Energieleitbahnen, die sogenannten Meridiane, miteinander verbunden. Die Meridiane sind ebenso wie die Längen- und Breitengrade, die wir unserer Erde gegeben haben, nicht als Linien sichtbar, dennoch existieren sie. Also: Was haben eine entzündete Kieferhöhle, ein toter Backenzahn im Unterkiefer und eine chronische Verstopfung gemeinsam? Die Antwort ist: Alle liegen auf demselben Meridian und gehören demnach zum selben System.

Zusätzlich fand Voll Akupunkturpunkte auf neuen Bahnen, den sogenannten Gefäßen, an Händen und Füßen – wie das Allergiegefäß, auf dessen Punkten man die verschiedensten Allergien messen kann. Insgesamt gibt es acht nach ihm benannte »Vollsche Gefäße«. Der Arzt Kurt Beisch entwickelte die EAV zur Systemdiagnostik weiter. Bis dahin hatten die sogenannten Herde und Störfelder (z. B. Zähne, Kieferentzündungen, Mandeln, chronische Entzündungen des Blinddarms) im Vordergrund gestanden. Beisch verband neue Erkenntnisse der Biokybernetik mit der EAV und erarbeitete systemische Zusammenhänge und Prioritäten innerhalb der einzelnen Teile der Systeme, was uns ermöglicht, vollends aus dem Schubladendenken herauszukommen.

Kybernetik kommt aus dem Griechischen und heißt Steuermannskunst. Auf ein offenes energetisches System wie den Menschen übertragen, bedeutet das: Die Steuermannskunst des Systems besteht darin, daß es über eine beliebige Folge von Zuständen einen dynamischen Gleichgewichtszustand ansteuert. Wenn es unter dem Einfluß von Störungen sein Gleichgewicht verloren hat, sucht es dieses durch Selbstregulation wiederzugewinnen.

Selbst wenn wir zunächst den inneren Aufbau des Systems nicht kennen, es eine »black box« ist, so können wir doch seine am Ausgang ablesbare Reaktion auf bekannte Eingangssignale feststellen.

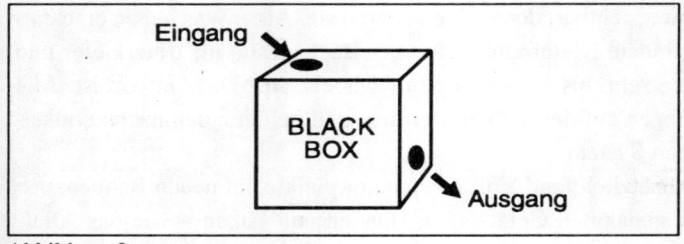

Abbildung 2

Aus den Beziehungen zwischen Eingangs- und Ausgangssignalen lassen sich durch Vergleich mit Systemen ähnlichen, bereits bekannten Aufbaus die Struktur und Funktion der »black box« erkennen.

42

Der Mensch ist, nachdem Professor Heine von der Universitätsklinik Witten-Herdecke die Akupunkturpunkte histologisch und
anatomisch nachgewiesen hat, keine »black box« mehr. Akupunkturpunkte und die Akupunkturlehre erhellen das System,
das die energetischen Informationen verarbeitet.

Zurück zu unserer Frage: Durch die Testung läßt sich genau
feststellen, welcher Abschnitt des Dickdarms entzündet ist und
welcher Erreger die Entzündung verursacht hat. Zum Dickdarmmeridian gehören unter anderem die unteren Backenzähne und
der vordere Abschnitt des Schultergelenks. Demnach könnte eine chronische Verstopfung also negative Auswirkungen auf das
Schultergelenk haben oder auch einfach einen Backenzahn ohne
schulmedizinisch erkenntlichen Grund besonders kälteempfind-
lich werden lassen.

Im Bild der »black box« stellt sich die Situation so dar:

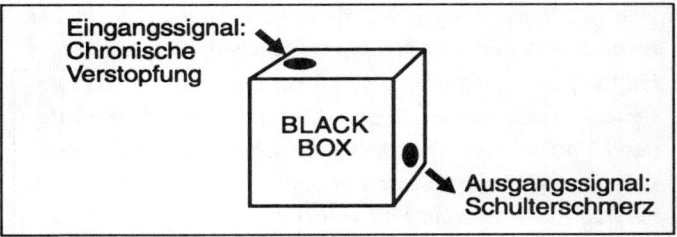

Abbildung 3

Spannender wird für Sie, die Patientin oder den Patienten, der
Moment, wenn die Therapie beginnt.

Die Einsatzmöglichkeiten der Elektroakupunktur sind vielfältig.
Manche Ärzte üben mittels Elektroden Reize auf die Akupunkturpunkte aus, statt die Punkte zu nadeln. Von solchen Thera-
pien soll hier nicht die Rede sein. Es gibt Mediziner, die gegen

diese elektrische Reiztherapie sind, weil die Wirkung häufig zeitlich eng begrenzt ist.

Wir wollen Ihnen die Therapiemöglichkeiten mit Nosoden und homöopathischen Arzneien vorstellen. Mit der EAV kann man die heilende Wirkung von Medikamenten austesten, und zwar sehr genau dosiert. Wir werden später noch einmal darauf eingehen.

Der Meßapparat für die EAV ist mit einer Wabe verbunden, in die man die Ampullen mit den homöopathischen Arzneien stellt. Damit ist ihre Information in den Meßkreis, in dem der Patient sich befindet, integriert. Wird eine Ampulle mit dem notwendigen Medikament in diesen Behälter gestellt, zeigt die Meßskala nicht mehr den von der (gesunden) Norm abweichenden Wert, sondern den optimalen (gesunden) um 50.

Zu kompliziert? Ein Beispiel, das wir selbst erfahren haben.

Wie das manchmal so ist, kamen die Schmerzen in der rechten Schulter über Nacht. Schon beim morgendlichen Hundespaziergang trieb der Schmerz mir – ich muß es gestehen – Tränen in die Augen. Da stand ich nun im Wald, den Hund an der Leine, und hätte schreien mögen. – Konsultation der Kollegin war angesagt.

Sie fragte: »Wo genau tut's weh?«

Ich zeigte die Stelle, die mir Höllenpein bereitete: etwas oberhalb des Schulterblattes zum Hals hin.

»Da verläuft der Dünndarmmeridian.«

Was der fachkundige Blick schon erfaßt hatte, bestätigte wenig später die Messung: Die 78 auf der Skala deutet auf eine Infektion im Dünndarm.

Die Ursachen waren dank der Elektroakupunktur schnell gefunden. Als die Ampulle mit Herpes simplex D 6 in der

Wabe stand, schlug der Zeiger nur noch bis zur »gesun-
den« 52 aus.

Nach einer Injektion mit homöopathisierten Herpesviren und
einem homöopathischen Begleitmittel – was das ist, erfahren Sie
noch – war am selben Tag der Arm abends wieder hebbar, und
die Schmerzen waren weg. Effekt einer Behandlung, die mit
Sicherheit ohne Nebenwirkung war!
Skeptisch? – Das macht nichts! Es ist nicht falsch, vorsichtig zu
sein und zu fragen, wie und warum etwas funktioniert. Deshalb
begleiten Sie uns jetzt auf zwei Ausflüge. Den einen machen
wir nach China, in jenes Land, wo die Akupunktur vor Tausen-
den von Jahren zur Diagnose, Heilung und Schmerzausschal-
tung von der Heilkunde eingesetzt war. Der andere Ausflug
führt uns ins Reich der Homöopathie. Danach werden wir uns
wieder bei der Elektroakupunktur einfinden, um die Fragen zu
klären, die sich durch unsere Ausflüge ergeben haben.

Im Reich der chinesischen Medizin

Die wechselvolle Geschichte der chinesischen Nadelheilkunst
können Sie in jedem Buch über Akupunktur nachlesen. Nicht
jedes ist jedoch gleich gut; wir empfehlen »Das große Buch der
chinesischen Medizin« von Ted J. Kaptchuk und »Die chinesische Medizin« von Manfred Porkert.
In »Knaurs Schwangerschaftskalender« von Elke Müller-Mees,
in dem diese – trotz der kleinen Piekser – sanfte Methode für
Schwangere empfohlen wird, wird die Legende erzählt, nach der
Krieger die Zusammenhänge zwischen bestimmten Punkten auf
der Haut und den Organen entdeckt haben sollen. Nun, vielleicht

ist es ja so gewesen: Da trifft ein gegnerischer Pfeil den Krieger am Kniegelenk, innen. Die Verletzung ist nicht weiter schlimm, aber seltsamerweise sind seine Halsschmerzen auf einmal behoben. Sein Gefährte macht ähnliche Erfahrungen – bei ihm trifft der Pfeil den Unterarm, kurz unter dem Ellbogen, und seine Blähungen hören auf. Schließlich hat man angefangen, diese Erfahrungen methodisch zu beobachten und medizinisch nutzbar zu machen. Die Akupunkturheilkunde entstand. Doch sie war natürlich eingebettet in ein bestimmtes Verständnis vom Menschen, in ein ganzes Denk- und Bewußtseinsgebäude, eine bestimmte Philosophie und Sprache. Außerdem durften die Chinesen keine menschlichen Leichen sezieren und deren Anatomie studieren, was sie zu nicht invasiven (= in den Körper eindringenden) Methoden zwang. Das im einzelnen zu erklären, füllt ganze Bücher.

Bei unserem Ausflug ins Reich der chinesischen Medizin wollen wir nur auf einige für die EAV wichtige Aspekte eingehen: Akupunkturpunkte und Meridiane – Yin und Yang – die »Fünf Wandlungsphasen«. Für alle, die sich darüber hinaus informieren wollen, sind die oben empfohlenen Bücher gedacht.

Unzweifelhaft steht fest, daß die Akupunkturpunkte auf unserer Haut existieren. Sie sind keine Erfindung der Chinesen. Heine wies 1988 nach, daß die Akupunkturpunkte wirklich existieren. Sie liegen als scharf umgrenzte »Löcher«, nahezu kreisrund, mit einem Durchmesser von zwei bis acht Millimetern, unter der obersten Hautschicht. In ihnen zieht sich ein zur Haut gehöriges Gefäßnervenbündel in die Tiefe.

In einem Telefongespräch im Sommer 1993 teilte uns Heine mit, daß es ihm gelungen sei, den wissenschaftlichen Nachweis für die EAV zu erbringen: Die Veröffentlichung seiner Forschungsergebnisse steht unmittelbar bevor. Wir dürfen heute veröffentlichen: »Die EAV beruht auf den morphologischen Prinzipien der Akupunktur. Elektrische Messungen der lockeren Mesenchymscheide um das Gefäß-Nervenbündel im Bereich der Fascienperforation werden vorgenommen. Die elektrischen Messungen lassen Rückschlüsse auf die Grundsubstanz zu.«

Heine fand auch beim Studium der alten Mandarinsprache heraus, daß unser Wort »Akupunkturpunkt« auf einer falschen Übersetzung beruht. Es müßte korrekt »Akupunkturloch« heißen. Wir bleiben trotzdem bei der hergebrachten Bezeichnung. An diesen Akupunkturpunkten treten durch das Nadelsetzen biochemisch meßbare Reaktionen auf. Auch diese biochemischen Reaktionen des Organismus auf Akupunkturnadeln wurden bereits wissenschaftlich geklärt. Die Nadel wird in den Akupunkturpunkt gestochen; es entsteht ein »Kurzschluß« (ein sehr kleiner natürlich, manchmal begleitet von einem *Chi*-Gefühl im Sinne von »Aha, das ist es«). Der Impuls wird weitergegeben; blockierte Informationen beginnen im Körper wieder zu fließen; die erwähnte biochemische Reaktion findet statt.

Wenn nun die in den Akupunkturpunkt gestochene Nadel auf ein Organ wirken soll, muß zwischen Punkt und Organ irgendwie eine Verbindung bestehen, die den durch die Nadeln gegebenen Impuls beziehungsweise die Information weiterleitet. Dieser Vorgang vollzieht sich auf den sogenannten Meridianen, den Energieleitbahnen. Unser ganzer Körper ist von solchen Bahnen durchzogen. Auf ihnen liegen die Punkte, die bestimmte Organabschnitte repräsentieren. Die Meridiane bilden mit ihrem Hauptstamm und den Verzweigungen energetische Systeme (= Einheiten), die unterschiedliche Funktionen ausüben und untereinander in Verbindung stehen. »Um sich von dem anatomischen und mechanistischen Denken zu lösen, ist es zweckmäßig, die Meridiane als Funktionssysteme zu verstehen«, sagt der Schweizer Psychologe Professor Max Lüscher.

Ihre Bezeichnungen erhalten die Meridiane durch das ihnen zugehörige Organ.

Leber	– Lebermeridian
Gallenblase	– Gallenblasenmeridian
Herz	– Herzmeridian
Dünndarm	– Dünndarmmeridian
Milz-Pankreas	– Milz-Pankreas-Meridian
Magen	– Magenmeridian
Dickdarm	– Dickdarmmeridian
Lunge	– Lungenmeridian
Nieren	– Nierenmeridian
Blase	– Blasenmeridian
Drei-Erwärmer	– Drei-Erwärmer-Meridian
Kreislauf	– Kreislaufmeridian

Der Meridian Drei-Erwärmer ist vielleicht für uns am schwierigsten einzuordnen; die Chinesen sagen, er sorgt »für die Erwärmung«. Er ist für die hormonelle Steuerung des Energieflusses zuständig. Wir nennen ihn deshalb »Steuermann auf diesem Fluß« und widmen ihm einen eigenen Abschnitt.

Nach der Vorstellung der Chinesen ist der Mensch dann gesund, wenn die in den Meridianen fließenden energetischen Impulse harmonisch im Gleichgewicht bleiben. Ein Zuviel oder ein Zuwenig an Energie stört diese Harmonie. Mit Hilfe der Akupunkturnadeln kann man nun einen Überschuß oder Mangel an Energie ausgleichen. Bei zuwenig Energie kann man den Körper so stimulieren, daß er mehr Energie produziert, bei zuviel in bestimmten Bereichen kann man Energie entziehen. Das Wunderbare an der Akupunktur ist, daß sie keine nennenswerten Nebenwirkungen hat: eventuell ein kleiner blauer Fleck an der Einstichstelle, auch ein winziger Blutstropfen – das ist schon alles.

Die traditionelle chinesische Medizin betrachtet den Menschen als eine physische und psychische Einheit, die von den dualistischen Lebensrhythmen, den sich ergänzenden Gegensätzen Yin (= Materie, Struktur) und Yang (= Energie, Aktivität) bestimmt wird.

Im Sinn der doppelten Natur eines Gebildes, wie sie sich durch Teilchenbild und Wellenbild darstellt, entspricht Yin dem Teilchenbild und besitzt Volumen; Yang entspricht dem Wellenbild, das eine weite Erstreckung im Raum aufweist. Insofern bilden Yin und Yang eine Einheit, oder sie sind die zwei Seiten einer Medaille, wie wir auch sagen.

Die traditionelle chinesische Medizin wußte, daß die Vorgänge im menschlichen Organismus rhythmisch-dynamisch verlaufen. Und nach ihrer Lehre sind die beiden Kräfte Yin und Yang zur Erhaltung des Lebens nötig – sich gegenseitig ergänzend, immer vorhanden.

Guido Fisch übersetzt: »In diesem Sinn sagen die Chinesen: die linke Körperseite ist Yang, die rechte Yin, die ungeraden Zahlen sind Yang, die geraden Yin, der Mann ist Yang, die Frau ist Yin.«

Wir sagen, daß die Zuordnung von männlich und weiblich zu Yang und Yin unzutreffend ist, auch tauchte sie erst in der nachkonfuzianischen Philosophie, also vor 2400 Jahren auf. Diese Festlegung ist – gerade wegen der Doppelnatur der Gebilde (Teilchen-Welle) – so wenig glücklich, wie die Begriffe Animus und Anima von C. G. Jung. Wir meinen, daß eine Zuordnung von Qualitäten, wie sie Kaptchuk vornimmt, angemessen ist.

Yin	Yang
die schattige Seite	die sonnige Seite eines Hügels
Kälte-Ruhe-Empfänglich-keit	Hitze-Anregung-Bewegung
Passivität-Dunkelheit-Abnahme	Aktivität-Erregung-Vitalität
das Innere	Licht-Zunahme-das Äußere
nach unten, einwärts gehend	nach oben, auswärts gehend

Kaptchuk überträgt den Yin- und Yang-Aspekt – wie folgt – auch auf Krankheiten: »Yin und Yang des Körpers werden oft auf metaphorische Weise als sein Wasser und sein Feuer beschrieben. Krankheiten, die sich durch Schwäche, Langsamkeit, Kälte und Zurückhaltung auszeichnen, sind Yin; Krankheiten, die sich in Stärke, Aktivität, Hitze und Übertreibung manifestieren, sind Yang.«

Begreift man also die Energie als Yang und die Materie als Yin und Krankheit als eine Störung des Gleichgewichts von Yang und Yin, sind alle Schmerzempfindungen und alle funktionellen Störungen, wie etwa Herzinfarkt oder Schlaganfall, Ausdruck einer Störung im Yang. Im Yin zeigen sich alle Wucherungen, Geschwülste oder Tumore, ob gutartig oder entartet.

Nach dem traditionellen Verständnis der Chinesen sind alle Dinge dem rhythmischen Prinzip von Yin und Yang unterworfen, dem »fließenden Gleichgewicht zwischen schöpferischer Pause und schöpferischem Neubeginn«, wie Carola Meyer-Seethaler das nennt.

Abbildung 4

Dieses Zeichen verbildlicht das rhythmische Prinzip sehr schön: Yang belebt und bewegt das Yin, das Yang hervorbringt und damit den Anstoß zu seinem eigenen Leben gibt. In jedem Yang ist etwas Yin und in jedem Yin etwas Yang.

Ohne die Fünf-Wandlungsphasen-Theorie (fälschlicherweise auch Fünf-Elementen-Lehre genannt) wäre die Akupunkturlehre nicht zu verstehen. Sie beinhaltet ein ganzes System von wechselseitigen Entsprechungen, Mustern und Beeinflussungen. »Jede Phase steht als Symbol für eine Kategorie verwandter Funktionen und Qualitäten«, sagt Kaptchuk. Es geht um Ähnlichkeit der energetischen Ausstrahlung, nicht um Ähnlichkeit der Materie.

Da die Chinesen den Menschen nicht nur als Ganzheit von Soma und Psyche betrachten, sondern ihn auch eins sehen mit der Umwelt und dem Kosmos, sehen sie Zusammenhänge zwischen der menschlichen Energie und der Energie der Natur. Das nachstehende Schema zeigt Ihnen diese energetischen Zusammenhänge auf.

Mit der Theorie von den »fünf Wandlungsphasen« wollen die Chinesen die ständige Interaktion zwischen den Lebewesen und den Dingen, die sie umgeben, zwischen Makrokosmos und Mikrokosmos, erklären. Und hier zeigt sich die Nähe zwischen alter chinesischer Medizin und der aus den Erkenntnissen der Neuen Physik resultierenden Weltsicht.

	Holz	**Feuer**	**Erde**	**Metall**	**Wasser**
Richtung	Osten	Süden	Mitte	Westen	Norden
Farbe		Rot	Gelb	Weiß	Schwarz
Hautfarbe	Grün				
Klima	windig	heiß	feucht	trocken	kalt
mensch-liche Laute	rufen	lachen	singen	weinen	stöhnen
Emotion	Ärger	Freude	Schwer-mut	Kum-mer	Angst
Geschmack	sauer	bitter	süß	scharf	salzig
Yin-Organ	Leber	Herz	Milz	Lunge	Niere
Yang-Organ	Gallen-blase	Dünn-darm	Magen	Dick-darm	Blase
Öffnung (Sinnes-organ)	Augen	Zunge	Mund	Nase	Ohren
Gewebe	Sehnen	Blut-bahnen	Fleisch	Haut	Kno-chen
Geruch	bei-ßend (Ziegen-geruch)	ver-brannt	wohl-rie-chend (aroma-tisch)	ranzig	faulig

Ausgangspunkt dieses Denkmodells sind die Grundeigenschaften der fünf Elemente, Holz, Feuer, Erde, Metall, Wasser, die dieser Theorie folglich und irrtümlich im Westen den Namen Fünf-Elementen-Lehre einbrachten. Jede einzelne der fünf Wandlungsphasen hat zwei Grundeigenschaften, die Ebbe und Flut vergleichbar sind: die Produktion und die Regression (nach

Nguyen Repression). Zwischen den beiden findet eine permanente Interaktion statt. Nimmt die Produktion überhand, ufert sie aus und stört das Gleichgewicht. Wird die Produktion eingestellt, kommt das Leben durch zuviel Regression zum Stillstand. Das erkrankte Element kann sich gegen sein eigenes Kontrollelement auflehnen (das Element vor ihm). Es kann aber auch auf das Element, das es hemmen sollte, übergreifen (im Stern das Element gegenüber).

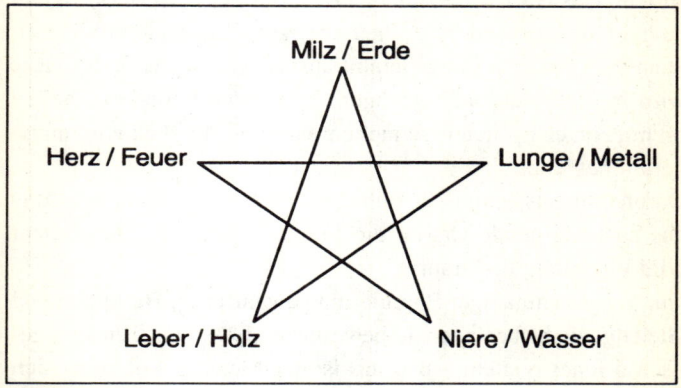

Abbildung 5

Bei der Produktion geht es nicht nur um Herstellung von etwas. Man versteht nach Nguyen darunter auch stimulieren (= anregen), ernähren, beistehen, unterhalten und regulieren. Regression/Repression dagegen meint soviel wie Unterdrückung. Das bedeutet hemmen, bedrücken, hindern und besiegen.

Sind die Nieren, beziehungsweise das entsprechende System Niere aus dem energetischen Gleichgewicht, können sie eine schädigende Wirkung auf das Herz ausüben. So kann etwa ein nierenbedingter Bluthochdruck (= renale Hypertonie) entstehen.

53

Ein anderes Beispiel ist der Leberhusten. Denn Störungen des Lebermeridians können dem Lungenmeridian schaden.

Damit Sie das leichter verstehen, ist noch ein Wort zum »Kreislauf der gegenseitigen Kontrolle« nötig.

Sehen wir uns das an einem Beispiel an!

Hat ein Patient ein Leberleiden durch Energieüberschuß, weiß der Arzt aufgrund der »Fünf-Wandlungsphasen-Theorie«, daß die Leber – nimmt man das Bild des Feuers – dem Holz entspricht. Das Holz wiederum unterhält das Feuer (= Herz). Wenn zuviel Holz vorhanden ist, die Leber zuviel Energie produziert, kann sich das Feuer ungehemmt ausbreiten, das heißt das Herz wird in Mitleidenschaft gezogen. So werden Leberkrankheiten oft mit Hitzeempfinden, schnellem Puls und Herzbeklemmungsgefühl begleitet.

Darüber hinaus hemmt die Fülle an Feuer (= Herz) nun ihrerseits das nächstfolgende Organ, die Lunge (= Metall). Der Patient wird kurzatmig und traurig.

Nur ein gleichmäßiger Energiefluß gewährleistet Harmonie und Gleichgewicht bei allen Lebewesen und Dingen. Ein energetisch offenes System – und das ist der Mensch – befindet sich immer in einem Fließgleichgewicht. So wird unser Organismus – ähnlich wie das Meer von Ebbe und Flut bestimmt wird – durch stetes Auf und Ab an Energie in Fluß gehalten. Ein energetischer Ausgleich bedeutet Starre und damit Tod. Harmonie ist also immer Bewegung, das heißt rhythmisch-dynamisch.

Harmonie und Gleichgewicht – das werden Sie auf den nächsten Seiten lesen – spielen auch in Lüschers Funktionspsychologie die zentrale Rolle. Deshalb wohl ergänzen sich EAV und Lüschertest als Verfahren, mit denen man Körper und Psyche in ihrer Einheit erfahren kann.

Potent, wenn es um Potenzen geht

Ärzte gebrauchen Fachbegriffe, die es Laien oft schwer machen, sie zu verstehen. Doch ohne kommen auch wir in diesem Buch nicht aus. Die Heilverfahren Homöopathie und Allopathie beruhen auf unterschiedlichen Prinzipien.

Die Allopathie, das vorwiegende Heilverfahren der Schulmedizin, geht vom Prinzip des Gegensatzes aus. Sie bekämpft die Krankheit – vereinfacht gesagt – mit dem entgegengesetzten Mittel (das griechische Wort allos heißt das andere). Antibiotika etwa töten oder hemmen Bakterien. Leider können sie nicht unterscheiden, ob sie gesunde oder schädliche Bakterien vernichten. Deshalb tragen Antibiotika ihren Namen zu Recht: anti-bios bedeutet gegen das Leben. Die Allopathie muß die Entwicklung einer Fehlleistung abwarten, bis diese ein bestimmtes, schon weit fortgeschrittenes und auch klinisch manifestes Stadium erreicht hat. Die Therapie setzt dann ein, wenn ein größerer Schaden, eine klinisch faßbare Dysregulation eingetreten ist.

Die Homöopathie, das Heilverfahren der Naturheilkunde, geht vom Prinzip der Ähnlichkeit aus (das griechische Wort homöo heißt ähnlich). Sie ist ein Heilverfahren, bei dem die Krankheiten mit pflanzlichen oder tierischen Produkten kuriert werden, die in größerer Menge angewendet ähnliche Erscheinungen wie die Krankheiten hervorrufen. Gleiches wird mit Gleichem behandelt, um die Selbstheilungskräfte anzuregen. Energetische Gleichgewichtsschwankungen werden erfaßt und ins Lot gebracht. Die Regulierung des dynamischen energetischen Gleichgewichts geschieht durch:

1. Energieabbau bei Entzündung
2. Energiezufuhr bei Degeneration
3. Abbau von belastenden Stoffen (= Noxen).

Dieses Prinzip macht sich übrigens auch die anthroposophische Medizin zunutze. Oberstes Prinzip ist dabei immer die Mobilisierung der Selbstheilungskräfte des Organismus.

Folgendes Beispiel macht Ihnen dieses Vorgehen deutlich: Vergiften Sie sich mit Aconitum, dem Eisenhut aus dem Garten, so sind die Vergiftungszeichen: ein heißer, roter Kopf, schneller Puls und Atemnot. Nun zeigt Grippe oft dieselben Symptome. Deshalb kann der Eisenhut (Aconitum) Grippekranken mit diesem Krankheitsbild helfen.

Dieses Prinzip wendet die Schulmedizin manchmal übrigens auch an, zum Beispiel beim Heuschnupfen. Wenn Sie gegen Birkenblütenstaub allergisch sind, können Sie sich desensibilisieren lassen, indem Sie sich winzige Gaben eben dieses Blütenstaubs injizieren lassen. Nur daß die Stärke der verabreichten Dosis bei Kreuzkrautpollen, Gräserpollen und verschiedenen Schimmelpilzen nach unseren Erfahrungen um das Tausendfache schwanken kann, auch wenn die Hersteller von einer gleichbleibenden Dosis sprechen. Anders ist das bei den homöopathisierten Gräserpollen oder Schimmelpilzen; da ist der Inhalt genau untersucht und standardisiert.

Um einen kranken Organismus wieder gesund zu machen, werden in der EAV die den Körper belastenden Stoffe homöopathisch aufbereitet – das heißt verdünnt, verschüttelt und dadurch wirkungsvoll in energetische Informationen umgewandelt – verabreicht. Egal, ob Ihr Körper von Viren, Bakterien oder Pilzen, Umweltgiften, wie etwa Dioxinen oder Schwermetallen, geschädigt ist, die homöopathisierten Viren, Bakterien, Pilze, Dioxine oder Metalle helfen nun dem Körper, die »falschen« Informationen zu löschen und damit das Immunsystem sowie die Selbstheilungskräfte zu stärken. Keine Angst, durch die homöopathische Aufbereitung können die als Medikament eingesetzten Krankheitserreger oder Schadstoffe Ihnen nicht mehr schaden. Was Sie bisher über die Einnahme von Medikamenten gehört und gelesen haben, trifft nicht für ausgetestete homöopathische Präparate zu: sie sind fachgerecht angewandt unbedenklich. Wenn sie mit der EAV ausgetestet werden, sind sie für Sie individuell dosiert. Und natürlich können auch allopathische Medikamente auf ihre Verträglichkeit hin getestet werden, zum Beispiel die häufig unverzichtbaren Blutdrucksenker.

In der Homöopathie nennt man die Verschüttelungen Potenzen. Es gibt Tiefpotenzen (etwa D3 – D4 – D5 – D6), mittlere Potenzen (D8 – D10 – D12 – D15) und Hochpotenzen (etwa D30 – D60 – D100 – D200 und sogar D400). Am besten und wirksamsten sind immer die Potenzen, die Ihr Körper tatsächlich braucht. Wie stellt man diese Potenzen her?

Nimmt man ein Teil der Ausgangssubstanz (= Ursubstanz) und verreibt oder verschüttelt sie mit neun Teilen eines Verdünnungsstoffes, etwa Milchzucker oder Alkohol, so bekommt man die erste Dezimalpotenz D1. Alle weiteren, D2, D3, D4 usw., werden auf die gleiche Weise hergestellt; man nimmt statt der Ursubstanz nun ein Teil der vorhergehenden D-Potenz und verreibt oder verschüttelt sie wiederum mit neun Teilen Verdünnungsmittel. Es gibt potenzierte homöopathische Arzneien in flüssiger Form als Tropfen oder Ampullen und in fester Form als Tabletten oder Globuli (kleine Kügelchen). Im übrigen können Pflanzenauszüge und tierische Produkte genauso gut potenziert werden wie sterilisierte Krankheitserreger. Das Herpes simplex zum Beispiel ist ein Virus, und deshalb gibt es eine Nosode Herpes simplex D6 – D8 – D12 usw. Die folgende Auflistung hilft Ihnen, die wichtigsten homöopathischen Medikamente zu unterscheiden.

Nosode:	potenzierte sterilisierte Erreger potenzierte Schadstoffe: potenzierte Umwelttoxine, potenzierte Metalle
Organpräparate:	Präparate von Organen neugeborener gesunder Tiere passend zu erkrankten Organen ausgesucht und getestet; Leitschienen für die Nosoden
Begleitmittel:	Begleitmedikamente für die erkrankten Systeme
Konstitutionsmittel:	homöopathisches Mittel, das möglichst genau auf das energetische Gesamtpotential von Soma und Psyche eines Menschen, auf seine individuelle Konstitution, abgestimmt ist.

Stellen Sie sich nun vor, Sie haben einen Test mit EAV machen lassen. Dann wird Ihnen der Therapeut die ausgetesteten Medikamente verschreiben. Das wird häufig eine Spritzenkur sein, eine sogenannte Mesenchymreaktivierungskur (Mesenchym = Substanz zwischen den Zellen). Ein schwieriges Wort, das Sie sich leichter merken, wenn Sie daran denken, was passiert. Ihr Energiefluß soll wieder zum Fließen gebracht, störende Schlacken, die sich im Mesenchym absetzen können, sollen beseitigt werden. Zehn Spritzen mit homöopathischen Medikamenten, verteilt über zehn Wochen, werden in der Regel verabreicht. Ebenso kann eine tägliche Einnahme der Medikamente verordnet werden.

Zu diesem Komplex seien zwei Titel genannt, »Homöopathie« von Dana Ullmann und »Medizin der Zukunft« von Georgos Vithoulkas.

Gleich, welche Medizin wir einnehmen – ob eine homöopathische oder allopathische –, es sollte dabei nicht zugehen wie auf dem Wochenmarkt. »Darf's ein bißchen mehr sein?« Das ist zwar gut für die Marktfrau, aber schlecht für Ihre Geldbörse. Bei Medikamenten ist das gut für die Pharmaindustrie, aber unter Umständen schlecht für Ihre Gesundheit.

Sehen Sie sich die Dosierungsvorschriften auf einem Beipackzettel an. Da steht: Mittlere Dosierung dreimal täglich zehn Tropfen. Und nun? Sind dreimal täglich zehn Tropfen das, was Sie brauchen? Vielleicht genügen bei Ihnen ja dreimal täglich acht Tropfen. Möglicherweise kommen Sie sogar mit zweimal täglich zwölf Tropfen aus. Es wäre auch denkbar, daß Sie mehr brauchen, dreimal täglich fünfzehn Tropfen.

»Darf's ein bißchen mehr oder weniger sein?« Wenn es um Medikamente geht, muß die Antwort lauten: nein. Sie sollten ganz individuell auf Sie abgestimmt sein und in der richtigen Menge verabreicht werden. Und genau diese Abstimmung kann mit EAV geschehen, ob es sich um homöopathische oder um allopathische Medikamente handelt.

Müßte es nicht ein Anliegen einer jeden Ärztin, eines jeden Arztes sein, den Patienten bestmöglich zu versorgen? Zudem hat die EAV noch einen anderen Vorteil. Wenn der Arzt (nach reiflicher Überlegung) doch ein Antibiotikum verschreiben muß, könnte er mit EAV das für diesen Patienten wirkungsvollste herausfinden, ohne auf die Laborbefunde warten zu müssen, und er findet das individuell relativ unschädlichste Medikament.

Allgemein kann man sagen, daß mit EAV folgende Erkrankungen oder Belastungen zuverlässig diagnostiziert werden können:

– akute Entzündungen
– chronische Entzündungen
– Erkrankungen des Immunsystems
– degenerative Erkrankungen (Degeneration = Entartung)
– Allergien und Unverträglichkeiten
– Herde und Störfelder
– schädigende Umwelteinflüsse.
–

Über die *Internationale Gesellschaft für Elektroakupunktur* können Sie die Adresse einer Ärztin oder eines Arztes in Ihrer Nähe erfahren, der mit EAV arbeitet:

Internationale Medizinische Gesellschaft für Elektroakupunktur nach Voll e.V. Stuttgart
Sekretariat und EAV-Fortbildungsorganisation
Am Sender 3
47533 Kleve
Tel.: 02821/27833

Testen gestörter Selbstgefühle

Ein Mann sieht Rot. Oder auch eine Frau. Jedem kann das passieren, auch Ihnen, den Leserinnen und Lesern. Sie werden rot vor Wut, oder Sie ärgern sich schwarz, vielleicht aber auch grün und blau oder grün und gelb.

Im Volksmund werden den Gefühlen häufig Farben zugeordnet, Gelb ist der Neid, Rot ist die Liebe usw. Sie werden – unabhängig von Geschlecht und Rasse oder Alter und Bildung – von allen Menschen in gleicher Weise wahrgenommen. Daß Farben etwas mit Gefühlen zu tun haben, daß sie einen bestimmten psychischen Zustand veranschaulichen, sagen uns nicht nur die zitierten gängigen Redensarten. Jeder von Ihnen hat schon die Erfahrung gemacht, daß Farben und Stimmungen voneinander abhängig sind und sich gegenseitig beeinflussen. Es gibt Tage, da wählen Sie morgens lieber das blaue Kleid oder den blauen Schlips. Bei einer Unterredung mit dem Chef haben Sie plötzlich das Gefühl, die grüngetünchten Wände gehen Ihnen auf die Nerven. Und an einem trüben Novembersonntag malen Sie als Hobbymalerin oder Hobbymaler vermehrt mit Kadmiumgelb. Wachen Sie an einem Tag besonders munter auf, greifen Sie ohne weiteres zu dem hellroten Minikleid oder dem hellroten Pullover, obwohl Sie sonst gedeckte Farbtöne vorziehen.

Diese Beispiele machen deutlich, daß unsere Farblust oder Farbunlust offenbar auch von unserem körperlichen Wohlbefinden abhängt. Sie wissen – und das sind gesicherte Erkenntnisse der Farbpsychologie –, daß man bei Wahl der Farben für den Anstrich der Krankenzimmer auf den Zustand der Patienten Rücksicht nehmen sollte. Gelb- oder blaugestrichene Wände befreien oder beruhigen. Diese Farben tragen zur Gesundung mehr bei als weiße.

Über diese Zusammenhänge haben nicht nur Psychologen nachgedacht. Auch viele Maler, Naturwissenschaftler, Dichter und Philosophen haben sich intensiv mit der Farbe und ihrer Wirkung befaßt. Johann Wolfgang von Goethe, der eine Farbenlehre entwickelte, schuf nicht nur den Farbkreis, sondern zusammen mit seinem Freund Friedrich von Schiller die sogenannte

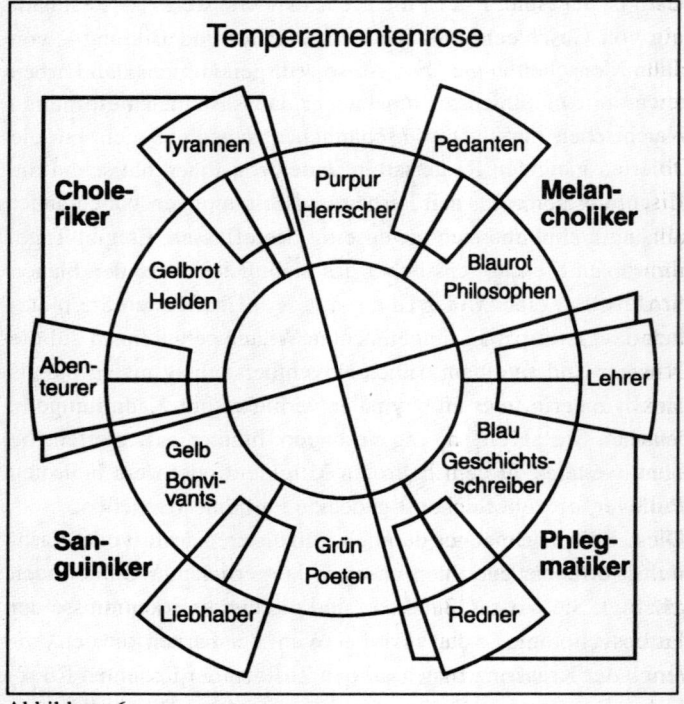

Abbildung 6

Temperamentenrose. Das Schaubild macht Ihnen deutlich, daß es hier um den Versuch ging, bestimmten Menschentypen bestimmte Farben zuzuordnen.

Der islamische Philosoph und Arzt Ibn Sina, latinisiert Avicenna, dessen »Canon medicinae« der abendländischen Heilkunde des 12. Jh.s eine wissenschaftliche Grundlage gab und fast fünfhundert Jahre das maßgebliche Lehrbuch an den medizinischen Fakultäten war, sah einen Zusammenhang zwischen der Konstitution des Menschen und Farben. Er ordnete der Konstitution bestimmte Farben zu und empfahl als Therapie die der Konstitution entsprechenden farbigen Bäder und Drogen.

Halten wir also fest: Zwischen Farben, psychischer Gestimmtheit und körperlicher Befindlichkeit besteht ein Zusammenhang. Warum das so ist, läßt sich einfach erklären.

Ob Rot, Blau, Grün oder Gelb, ob Lila, Schwarz, Weiß oder Mischfarben – jeder Farbton sendet spezifische, meßbare, physikalische Schwingungen aus, die unser Auge als Farbreiz wahrnimmt. Ein Fasersystem leitet diese Farbreize zum Zwischenhirn. Nun müssen Sie wissen, daß in eben diesem Zwischenhirn auch die Hypophyse liegt, eine kleine, aber immens wichtige Drüse. Sie schüttet Hormone aus, die zusammen mit dem Nervensystem das Zusammenspiel der Organe steuern. Unmittelbar benachbart der Hypophyse liegt der Hypothalamus, der ein wichtiges Vorschaltzentrum zum limbischen System (einem Gehirnabschnitt) als psychischem Reaktionszentrum darstellt.

Wie nun das Schwingungsmuster der einzelnen Farben auf den Menschen wirkt und ihn körperlich beeinflußt, hat man wissenschaftlich untersucht. Betrachten Sie die Farbe Orangerot, erregt das Schwingungsmuster dieser Farbe offensichtlich Ihre Nerven, die nun wiederum Herz und Kreislauf signalisieren, daß diese schneller arbeiten müssen: Ihr Atem wird schneller, Ihr

Puls wird beschleunigt, und Ihr Blutdruck steigt. Umgekehrt verlangsamen sich Ihre Atmungsgeschwindigkeit, Ihr Puls und Ihr Blutdruck, wenn Sie die Farbe Dunkelblau anschauen: Das beruhigt Ihre Nerven, Sie ruhen aus und erholen sich.

Beobachten Sie sich selbst: In einer bestimmten psychischen Situation oder einem bestimmten körperlichen Zustand ist Ihnen das den Kreislauf beschleunigende Orangerot besonders angenehm. Befinden Sie sich dagegen in einem Zustand der Erregung, in einer Streßsituation, werden weder Körper noch Psyche eine Steigerung der Erregung mögen. Dann lehnen Sie das Orangerot ab und ziehen das dunkle Blau vor, das Beruhigung verspricht.

Dieses Zusammenspiel von Farbe, psychischem und physischem Zustand hat der Schweizer Psychologe Professor Max Lüscher untersucht. Er fand eine Korrelation zwischen Farben, Formen und Grauabstufungen. Jeder Farbe bzw. jedem Farbton entsprechen eine Form und ein Grauton, was auch heißt, daß die Farbwahl durch Form- und Grauwahl kontrolliert wird. Die Ergebnisse dieser Studien kodifizierte Lüscher im »Klinischen Farbtest«. Wenn wir zukünftig vom Lüschertest sprechen, meinen wir diesen Klinischen Farbtest.

Lüscher versteht die Psyche als ein Regulationssystem, dessen Zweck es ist, »Harmonie als Gleichgewichtsverhältnis zwischen uns und der Welt zu erreichen«. Die angesprochene Harmonie wird im wesentlichen von den vier Selbstgefühlen gesteuert, die in jedem Menschen vorhanden sind:

– die Zufriedenheit
– die Selbstachtung
– das Selbstvertrauen
– die innere Freiheit.

Sind diese vier Selbstgefühle weitgehend ausgewogen, befindet sich der Mensch in innerer Harmonie. Halten sich also diese vier Selbstgefühle die Waage, so funktioniert das Regulationssystem Psyche und damit auch der Körper ohne nennenswerte Störungen. Der Mensch fühlt sich wohl und ist gesund. Ist eins dieser Selbstgefühle jedoch blockiert, versucht häufig ein anderes diese Fehlregulation zu kompensieren und wird dadurch selbst in Mitleidenschaft gezogen. Das Gleichgewicht ist gestört und damit die Harmonie.

Das psychische Gleichgewicht ist dynamisch-rhythmisch. Wir sagen: »Eine Welle von Wut stieg in mir hoch.« Stellen Sie sich das psychische Gleichgewicht also einfach als eine rhythmische wellenförmige Bewegung vor, mit Wellenkamm (+) und Wellental (-). Ein leichtes Auf (+) und Ab (-) ist normal. Ein stärkeres Auf hat ein stärkeres Ab zur Folge. Festigt sich die Tendenz zu einem übermäßigen Wellenkamm (++) oder übermäßigen Wellental (--), gerät das Ganze aus dem rhythmischen Gleichgewicht.

Jedes der vier Selbstgefühle kann gestört sein. Jahrzehntelange Messungen Lüschers haben ergeben, daß zwei Drittel der Menschen unserer westlichen Welt unter einem oder auch zwei gestörten Selbstgefühlen leiden. Psychosomatische Beschwerden sind häufig die Folge. Diese psychosomatischen Störungen pflegt man oft mit so unklaren Begriffen wie »Neurose« oder »vegetative Dystonie« oder auch »funktionelle Störungen« zu bezeichnen.

Psychologische Tests liegen im Trend. Jeder von uns greift schon mal zum Stift, wenn in einer Zeitschrift gefragt wird: Welcher Typ sind Sie? Und bestimmt hat der eine oder andere von Ihnen gemerkt, daß es manchmal gar nicht einfach ist, das »Richtige« anzukreuzen. Solange unsere positiven Eigenschaften, unsere Stärken, gefragt sind, fällt es uns leicht, uns selbst einzuschätzen. Geht es um negative Eigenschaften, will die Selbsteinschätzung meist nicht gelingen. Wir müßten uns unsere Fehler oder Schwächen eingestehen, und das ist sehr schwer. Also schönen wir im Test und schwindeln ein bißchen unbewußt bewußt. Das ist beim Lüschertest einfach nicht möglich: Die Wahl der Farben, Formen und Grautöne geschieht wirklich unbewußt und damit ehrlich. Die gestörten Selbstgefühle werden deutlich sichtbar, ohne daß wir manipulieren können.

Die Funktionspsychologie – der Fachausdruck – geht davon aus, daß sich die Bewertung unseres »Ich« im Unbewußten abspielt. Gestörte Selbstgefühle entstehen durch falsche Selbstbewertung. Wir sind leicht geneigt, uns selbst über- oder unterzubewerten. Beides stört gleichermaßen unsere Selbstgefühle und gefährdet damit unsere psychische Harmonie.

Wer sich überbewertet, hat ein bestimmtes hohes Ideal. Stellen Sie sich vor, Sie fänden es phantastisch, schlagfertig zu sein wie Elke Heidenreich oder eloquent wie Marcel Reich-Ranicki, und tatsächlich gehen Ihnen geistreiche Bemerkungen leicht von der Zunge. Ihrem Ideal kommen Sie ziemlich nah, finden Sie. Indem Sie sich so einschätzen, setzen Sie sich selbst unter enormen Druck. Denn immer ist auch die Angst da, daß Ihnen eines Tages der geistreiche Spruch im Hals steckenbleibt oder Ihnen keiner mehr einfällt. Mit anderen Worten: Wer sich überbewertet, schafft sich gleichzeitig seine Angst, seinem Ideal nicht genügen zu können. So plagt er sich, oft heimlich oder unbewußt, mit Selbstzweifel, er lebt in der ständigen Angst, sich zu blamieren.

Ebenso leidet der, der sich stets unterbewertet, an fortgesetzter Angst. Wieder ein Beispiel: Sie halten sich für keine gute Rednerin oder keinen guten Redner. Nun haben Sie stets Angst, man könnte Sie mal zu einer Ansprache oder einem Vortrag auffordern, Sie kommen nicht darum herum, entsprechend verlegen und wenig überzeugend werden Sie sein. Mit anderen Worten: Wer seine Fähigkeiten zu gering einschätzt, hat Angst, nicht genügen zu können. Die Folge ist, daß ein solcher Mensch gehemmt oder zaghaft ist.

Die Bewertung unseres »Ich« – wir sagten es bereits – wird vorwiegend im Unbewußten vorgenommen. Wir können also nicht immer selbst erkennen, ob wir unter einer Störung unserer Selbstgefühle leiden oder nicht. Lüschers Testverfahren macht die unbewußten Störungen der Selbstgefühle, die auf möglicher Über- oder Unterschätzung des eigenen Ich beruhen, sichtbar.

Jedem Selbstgefühl ist eine Farbe zugeordnet; die Testfarben definieren sich nach ihrer physikalischen Schwingungszahl. Die Farbskala umfaßt 73 Farben.

Die wichtigsten Farben sind die vier Grundfarben Blau – Grün – Rot – Gelb. Sie sind die »farbliche Repräsentation« eines biologischen Grundbedürfnisses« und entsprechen den vier Selbstgefühlen:

– Lüscher-Blau   = Zufriedenheit (ausgeglichene Ruhe)
– Lüscher-Grün   = Selbstachtung (stabile Festigkeit)
– Lüscher-Rot   = Selbstvertrauen (Aktivität)
– Lüscher-Gelb   = innere Freiheit (Entfaltung).

Schauen wir uns diese vier Lüscher-Farben ein bißchen genauer an!

Blau   steht für das Gefühl der Zufriedenheit, der Verbundenheit und Zusammengehörigkeit. Eine »blaue« Stunde ist die Stunde am Tage, in der wir es uns gemütlich machen, uns zurückziehen und auf uns besinnen. Sind wir unzufrieden, suchen wir ständig nach Ablenkung und gönnen uns keine Ruhe, eben keine »blaue Stunde«. Wenn wir trotzdem ein dringendes Bedürfnis nach Ruhe haben, das wir uns nicht erfüllen können, dann möchten wir uns »blau« machen, durch Betäubungsmittel, Alkohol, Drogen oder Essen.

Grün ist die Farbe der Selbstachtung, der inneren Festigkeit und Stabilität. Mit beiden Beinen auf dem Boden stehen kann der Mensch, der über ein ausreichendes Maß an Selbstachtung verfügt. Mangelt es daran, werden wir zu Menschen, die ihr Mäntelchen gern nach dem Winde hängen, wendig und nachgiebig sind. Aus innerer Unsicherheit wirken wir leicht arrogant; wir möchten unbedingt beachtet und respektiert werden.

Rot bedeutet als Selbstgefühl vitale Aktivität, Kraft und Selbstvertrauen. Im Sinne von »Packen wir es an« wissen wir, was wir können und wie wir entsprechend handeln sollen. Wer sich zu wenig zutraut, ist mit den an ihn gestellten Aufgaben überfordert. Er hat Angst, seine Schwäche zu akzeptieren. Er nimmt sich stark zusammen, doch es besteht die Gefahr, daß er an unpassender Stelle explodiert. Wer sich in seiner Kraft überschätzt, reagiert sehr leicht aggressiv und provokativ.

Gelb ist in der psychischen Aussage Selbstentfaltung, Offenheit und innere Freiheit. »Auf nach Paris« können wir unbekümmert sagen, um Neues vorurteilslos und unvoreingenommen zu erfahren. Wer Angst vor dieser Offenheit, vor Veränderungen hat, ist eifrig bemüht, alles um sich zu scharen, gleichgültig ob es sich um Menschen oder Besitz handelt. Wird die Selbstentfaltung übertrieben, folgt daraus die Sucht nach Ablenkung und unablässig neuen Eindrücken.

Nun läßt sich mit dem Lüschertest nicht nur die Störung eines Selbstgefühls feststellen. Er gibt auch Auskunft darüber, ob diese psychische Disharmonie kurzfristig und begrenzt ist oder ob eine langfristige, fixierte Störung vorliegt. Das ist wichtig. Denn niemand bezweifelt, daß länger andauernder psychischer Streß für den Körper negative Folgen haben kann.

Die psychosomatische Vernetzung – durch Vermittlung der Grundsubstanz (der Substanz zwischen den Zellen, dem Mesenchym) – verläuft kreisförmig. Es läßt sich bei einem aktuellen Leiden nicht entscheiden, ob sein Beginn in der Psyche oder im Soma liegt. Der Lüschertest kann – wegen der »signifikanten Korrelation zwischen den psychischen und den physiologischen Meßwerten« – zum Wegweiser für den Therapieansatz werden, weil die Farbwahl auch etwas über den körperlichen Zustand des Patienten aussagt. Lüscher hat die physiologische Bedeutung der Test-Farben definiert – und damit wiederholt, was schon Goethe gesagt hat: »Es ist weit mehr Physiologisches bei den Farberscheinungen, als man denkt.« Die Lüscher-Farben vermitteln demnach neben Aussagen über den psychischen Zustand auch Kenntnisse über das entsprechende somatische Befinden.

Gehen wir mal davon aus, daß Sie bei der Ärztin/dem Arzt den Lüschertest machen. Das sieht dann so aus:

Sie sitzen – hoffentlich bequem – und suchen aus den Farbtafeln, die Ihnen nacheinander vorgelegt werden, die Farben aus, die

Ihnen am besten oder am schlechtesten gefallen. Zu den Ihnen bereits bekannten vier Farben Blau, Grün, Rot und Gelb gibt es als Ergänzung Violett, Braun, Grau und Schwarz. Zusätzlich wählen Sie zwischen bestimmten Formen und Grautönen. Zu jeder der vier Grundfarben gehört eine Farbtafel mit verschiedenen Blau-, Grün-, Rot- und Gelbtönen. Zwischen jeweils zwei Farben entscheiden Sie sich. (Da jede Farbe mit einer Ziffer versehen ist, brauchen Sie nur die Zahl zu nennen, die in einem Auswertungsbogen festgehalten wird.) So einfach ist das für Sie. Für den Interpreten ist das nicht so einfach.

Zeigt der Patient beim Test eine ausgeprägte Vorliebe für eine Farbe oder eine ausgeprägte Abneigung gegen eine Farbe, kann man daraus Rückschlüsse auf den psychischen Zustand ziehen. Wird eine Farbe in übersteigertem Maß abgelehnt oder bevorzugt, deutet das auf ein gestörtes Selbstgefühl hin. Erinnern Sie sich an unser Wellenbild: Ein stärkeres Auf (++) zieht ein entsprechendes Ab (--) nach sich. So ist zum Beispiel ein Mensch, der arrogant ist (++ Grün) in Wahrheit unsicher (-- Grün).

Dazu die folgende Tabelle, sie ist ganz einfach zu lesen. Die Zeichen + und - weisen auf die normal funktionierenden Selbstgefühle und ihre physiologischen Entsprechungen hin, also auf eine gesunde Verfassung, und sind – im Sinne des Fließgleichgewichts von Auf und Ab – als normale Selbstgefühle anzusehen. Über- oder Unterbewertung des jeweiligen Selbstgefühls drückt sich als auffällige Bevorzugung (++) beziehungsweise Ablehnung (--) einer Lüscher-Farbe aus und ist ein Hinweis auf psychisch und körperlich krankmachende Zustände. Diese Farbenwahl wird Kolonne genannt.

Farbenpaare	Kolonnen (++/--)	gestörtes Meridiansystem
Rot-Blau	Rot-Blau	Leber-Gallenblase
Grün-Gelb	Grün-Gelb	Herz-Dünndarm
Grün-Blau	Grün-Blau	Milz-Pankreas-Magen
Blau-Gelb	Blau-Gelb	Lunge-Dickdarm
Gelb-Rot	Gelb-Rot	Nieren-Blase
Grün-Rot	Grün-Rot	Drei-Erwärmer-Kreislauf

Wenn Sie sich selbst erkennen möchten, machen Sie den Lüschertest, und wenn Sie die Zusammenhänge zwischen Körper und Psyche erfahren wollen, machen Sie ihn auch. Wollen Sie das Abenteuer wagen, sich mit sich selbst zu befassen, können Ihnen diese Bücher von Max Lüscher dabei helfen, »Das Harmonie-Gesetz in uns«, »Die Lüscher-Farben« und »Aber ich muß nicht«.

Nur Selbsterkenntnis (und die ist mit dem Lüschertest möglich) versetzt uns in die Lage, uns zu ändern.

Zusammenfassung: Mit dem Lüschertest können

– Störungen des harmonischen Gleichgewichts der vier Selbstgefühle Zufriedenheit, Selbstachtung, Selbstvertrauen und innere Freiheit erkannt werden,

– die durch das psychische Ungleichgewicht bedingten somatischen Zustände deutlich gemacht werden,

– in der Kolonnenwahl Verfestigungen in dem rhythmisch-dynamischen Muster von Soma und Psyche sichtbar gemacht werden,

– Hilfen zur Bewältigung eventueller psychischer Störungen gegeben werden,

- Therapeuten aufgrund der psychischen und somatischen Aussagen die Konstitutionsmittel leichter auswählen,
- Therapeuten belegen, ob eine Psychotherapie begleitend zur somatischen Behandlung sinnvoll ist,
- Therapeuten leichter mit dem Patienten über seine psychischen Probleme sprechen.

Die psychische und somatische Bedeutung der Lüscher-Farben		
Bewertung	**Psyche**	**Soma**
++ Drang	**BLAU: Sedation** dringendes Bedürfnis nach Ruhe, Entspannung; Mittel zur Befriedigung: Alkohol, Essen etc.	Lähmung
+ Zuwendung (Wille)	Zufriedenheit, Verbundenheit	Ruhe, sediert
- Abwendung	betriebsam, ruhelos, unverbunden	Antrieb
-- Gegenwendung (Widerwille)	Angst vor Erlebnisleere, ist unzufrieden, entfremdet sich	Gereiztheit
++ Drang	**GRÜN: Kontraktion** Anspruch auf Respekt und Kompetenz, verteidigt sich	Gespanntheit
+ Zuwendung (Wille)	Festigkeit, Belastbarkeit, Selbstachtung	Kontraktion, Spannung
- Abwendung	es hinnehmen, tolerieren	Entspannung
-- Gegenwendung (Widerwille)	Angst vor Mißachtung und Behinderung der eigenwilligen Ansprüche, daher: wendig	Labilität durch Überspannung

Die psychische und somatische Bedeutung der Lüscher-Farben		
Bewertung	**Psyche**	**Soma**
++ Drang	**ROT: Stimulation** dringendes Begehren, die eigene Wirkung zu erleben, Provokation, Aggression	Erregtheit
+ Zuwendung (Wille)	spontane Aktivität, Erlebnis- und Unternehmungslust	Stimulation
- Abwendung	Lustlosigkeit	Regeneration
-- Gegenwendung (Widerwille)	Angst vor Schwäche, ist überfordert, Stau der Aggression	Erschöpfung
++ Drang	**GELB: Dilatation** Drang nach Entlastung, Flucht, daher Sucht nach Ablenkung	Kollaps
+ Zuwendung (Wille)	Interessiertheit, Entfaltung	Dilatation, Lösung
- Abwendung	wählerisch reserviert	rhythmische Regulation
-- Gegenwendung (Widerwille)	Angst vor Verlorenheit, vor Veränderung, vor Zurückweisung, vor Beziehungsverlust, daher eifrig	Spasmus

Meßbar und testbar

Die Schulmedizin behandelt vorwiegend die Krankheitssymptome, das Sichtbare. Krankheit ist lediglich die Funktionsstörung
eines Organs, und als wissenschaftlich gilt, was sichtbar und
meßbar ist.

Doch es gibt immer mehr Mediziner, die den Menschen wieder
als eine geistig-seelisch-körperliche Einheit verstehen und damit
zum holistischen Prinzip zurückkehren, das von Aristoteles über
Goethe bis zu Haldane heute immer wieder nach seiner Umset-
zung verlangt. Die Psychoneuromimunologie versucht diesen
Weg zu gehen. So hat Ann O'Laery von der State University of
New Jersey sich ausführlich mit der Reaktion von Zellen des
Immunsystems auf akuten und chronischen Streß, wie auf chronischen Streß durch Arbeitsplatzverlust, Einsamkeit oder Ehe-
probleme, beschäftigt. Die Wissenschaftlerin fand signifikante
Zusammenhänge zwischen den psychosozialen und den körperlichen Faktoren zahlreicher Krankheiten, wie Krebs und Aids,
heraus. Diese Krankheiten fallen unter den Oberbegriff Autoimmunerkrankungen. Darunter versteht man Krankheiten, bei
denen die körpereigenen Abwehrkräfte sich gegen sich selbst
richten.

Vom holistischen Prinzip gehen wohl auch Thorwald Dethlefsen und Rüdiger Dahlke in ihrem Buch »Krankheit als Weg –
Deutung und Bedeutung der Krankheitsbilder« und auch Henry
G. Tietze in »Entschlüsselte Organsprache – Krankheit als Ausdruck seelischen Leids« aus, spekulieren uns aber zuviel.

»Funktionale Abläufe besitzen in sich selbst niemals Sinnhaf-
tigkeit. Der Sinn eines Ereignisses ergibt sich erst aus der Deu-

tung, die uns die Be-deutung erfahrbar werden läßt«, erklären der Psychologe Dethlefsen und der Arzt Dahlke. Sie deuten bestimmte Krankheitsbilder, »alles Sichtbare, alles Konkrete und Funktionale«, als »Ausdruck einer Idee und somit Mittler zum Unsichtbaren«.

Wir stimmen mit den Verfassern insofern überein, daß der Mensch in körperlicher wie psychischer Hinsicht auf Harmonie angelegt ist. Schon wenn Sie erkennen, daß es zwischen Ihren Kopfschmerzen und Ihren psychischen Problemen Zusammenhänge gibt, ist das hilfreich.

Doch wer wie Dethlefsen und Dahlke oder der Psychotherapeut Tietze die Interpretation, das Deuten bestimmter Krankheitsbilder zur alleinigen Methode erhebt, begibt sich in die Gefahr, fehlzuinterpretieren.

Jeder von Ihnen weiß, wie schwer wir uns tun, wenn es gilt, eine Sache zu interpretieren. Nicht nur das Beispiel des Deutschaufsatzes, den ein Lehrer mit Eins bewertet, ein anderer mit Fünf, beweist das. Interpretationen sind von vielen Dingen abhängig, die wir, bewußt oder unbewußt, in die Deutung mit einfließen lassen: Alter oder Rasse, Ausbildung oder Geschlecht, Vorurteile oder Gestimmtheit des Interpretierenden.

Kommen wir zurück zu den Lüscher-Farben und ihrer Bedeutung für unseren Kontext und werfen einen Blick auf obiges Schema. Haben Sie zum Beispiel + + Rot gewählt, das heißt also eine übersteigerte Vorliebe für diese Farbe gezeigt, finden Sie unter der Rubrik Psyche und Soma, was diese Farbwahl über beide aussagt: Sie empfinden ein dringendes Begehren, die eigene Wirkung zu erleben, Sie sind innerlich auf Provokation und Aggression eingestellt; entsprechend sind Sie somatisch erregt. Mit diesem Wissen hätten Sie nun eine Chance.

Ob die Krankheit im Körper oder in der Psyche entstanden ist, läßt sich aufgrund der Vernetzungen im Organismus nicht feststellen. Sie können beispielsweise psychische Störungen im Sinne einer Überreizung bekommen, weil Sie ständig unter Migräneanfällen leiden. Die Migräne wiederum kann durch eine infektiöse oder toxische Belastung ausgelöst werden.

Wenn man bedenkt, daß schulmedizinische Statistiken durchschnittlich mit etwa 20 oder 30 Patienten operieren, sollten Untersuchungsergebnisse von 100 Patienten schon eine gewisse Gültigkeit haben dürfen. Claudia Cleff-Menne hat in einem Untersuchungszeitraum von vier Jahren an 509 Patienten im Alter von fünf bis 79 Jahren die Methoden EAV und Lüschertest systematisch untersucht und statistisch ausgewertet.

Die Patienten waren fast ausschließlich wegen chronischer somatischer Erkrankungen, die sich bislang jeder Therapie widersetzt hatten, in die Praxis gekommen. Es handelt sich also bei den Probanden nicht um den »normalen« Bevölkerungs- oder Patientendurchschnitt. »EAV-Patienten« litten häufiger unter gestörten Selbstgefühlen als die »nur Lüschertest-Patienten«. Die chronisch somatisierenden Probanden wählten im Lüschertest auffällig Doppelkolonnen. Insgesamt zeigten sich Doppelkolonnen in 255 Fällen – was über 50 Prozent heißt –, 229 Patienten hatten eine Kolonne im Lüschertest; lediglich 25 hatten keine. Der Patient ohne gestörtes Selbstgefühl ist die Ausnahme. Generell läßt sich sagen: Somatische Probleme treten gehäuft bei Menschen mit einem oder zwei gestörten Selbstgefühlen auf. Nach Untersuchungen Lüschers und anderer Wissenschaftler leiden immerhin schon zwei Drittel unserer Mitmenschen unter einem oder zwei gestörten Selbstgefühlen. Vielleicht liegt hier die Erklärung, daß trotz aller schulmedizinischen Fortschritte und Technologie die chronischen Erkrankungen zunehmen.

Die am häufigsten vorkommende Störung von zwei Selbstgefühlen zeigte sich im Bereich von Blau (Zufriedenheit) und Gelb (innere Freiheit). 60 Prozent der Patienten mit Kolonnen hatten eine Blau-Gelb-Kolonne, lehnten das Blau ab (--) und bevorzugten das Gelb in besonderem Maße (++) oder umgekehrt, ein Zeichen dafür, daß diese Menschen unzufrieden sind, sich von ihnen nahestehenden Menschen entfremdet haben und voller Angst vor Erlebnisleere sind. Um dem entgegenzuwirken, suchen sie immer neue Erlebnisse und sind geradezu süchtig nach Ablenkungen. Im zugehörigen somatischen Bereich finden sich dann dauernde Reizung und Neigung zum Kollaps. Nun kann aber ein Organ, das dauernd gereizt ist (-- Blau) und zu kollabieren droht (++ Gelb), nicht gut funktionieren. Nach den vergleichenden Untersuchungen haben Menschen mit diesen psychischen Störungen Fehlfunktionen des Dickdarmmeridians. Ihr Darm kann nicht in rhythmischer Regulation funktionieren, also zwischen Regeneration und rhythmischer Vorwärtsbewegung wechseln. Die Speisen werden ungenügend verdaut; Verstopfung ist programmiert.

Sie müssen sich das ungefähr so vorstellen: Die Familie nervt Sie, Sie wissen nicht, was Sie mit Ihrem Partner, Ihrer Partnerin reden sollen. Dann gehen Sie vielleicht in Ihr Lieblingslokal – Kneipe oder Restaurant –, essen und trinken aus Frustration und sind dann noch enttäuscht, weil Sie unnötige Kilos ansetzen, dann noch Verdauungsschwierigkeiten haben, sich an den eigentlichen Problemen aber nichts geändert hat.

Warum ergänzen sich Lüschertest und EAV-Test so gut? Die Ergebnisse beider Verfahren korrellieren miteinander. Sie sind für jeden, der die Methoden anwenden kann, nachprüfbar, und damit genügen beide Methoden wissenschaftlichen Ansprüchen. Sie gehen vom ganzheitlichen Prinzip aus und verstehen den Menschen als Ganzheit von Soma und Psyche.

Wie die Psyche, so das Soma – oder umgekehrt

Bei der Kombination von Elektroakupunktur und Lüschertest hat sich die wechselseitige Beeinflussung von Soma und Psyche oder von Psyche und Soma deutlich gezeigt, ein Anschlag auf die Einseitigkeit.

Wenn Dethlefsen und Dahlke wie auch Tietze ausschließlich von der somatischen Erscheinung auf eine psychische Ausgangssituation schließen, verneinen sie, daß eine körperliche Störung psychischen Schaden anrichten kann.

Entsprechend sehen die Fragenkataloge von Dethlefsen und Dahlke aus; alle Fragen zielen auf die Psyche, keine einzige auf das Soma oder auf äußere Faktoren, wie Umweltbelastungen oder Metallunverträglichkeiten, die zum Krankheitsbild geführt haben können. Die behauptete Ganzheit von Körper und Psyche wird außer acht gelassen; hier wird einseitig zugunsten der Psyche gewichtet, der Psyche der Vorrang eingeräumt. Sollte das etwas mit der Körperfeindlichkeit des Abendlandes zu tun haben?

Als Brillenträgerin seit ihrem elften Lebensjahr und Tochter eines besonders kurzsichtigen Vaters ist die Leserin irritiert, wenn sie sich sagen lassen muß, daß sie ihre Kurzsichtigkeit aufgrund ihrer Seelenlage selbst zu verantworten habe. Mendel kommt ihr in den Sinn. Ihre drei Kinder, Jungen wie Mädchen, sind wie Vater und Mutter Brillenträger. Soll sie glauben, daß die Kinder nur die seelische Disposition der Eltern – zur Selbsterkenntnis unfähig – geerbt haben? Sie kann es nicht glauben.

So wenig wie sie die sieben Monate vergessen kann, in denen sie völlig am Boden zerstört war, matt und mutlos, jeden Augenblick in Tränen ausbrechend und nicht einmal sagen können warum. Erst als die Zahnärztin ihr die Brücke mit dem Palladium entfernt hatte und sie mit Palladium in einer D12 therapierte, ging es oben erwähnter Leserin schlagartig besser. Zeigt das nicht, daß auch das Soma die Psyche belästigt? Noch einmal zurück zu den Kolonnen im Lüschertest:

Die Kolonnen werden von Lüscher als Aussage der Funktionspsychologie gewertet. Erst länger andauernde, stark belastende Konfliktsituationen führen zum Entstehen von Kolonnen. Diese Beobachtung brachte Cleff-Menne dazu, die Kolonnen im Lüschertest mit den Meßwerten der Systemdiagnostik zu vergleichen. Folgendes stellte sich heraus: Eine chronische Erkrankung ließ Patienten eine andere Farbwahl treffen als vordem, also hatte die körperliche Erkrankung die Farbwahl beeinflußt. Umgekehrt bestimmen auch Seelenzustände die Farbwahl.

Anhaltende psychische Disharmonie zieht auf Dauer somatische Erkrankungen nach sich. Somatische Erkrankungen werden in der traditionellen chinesischen Medizin und in der EAV bestimmten Meridianen zugeordnet. Lebt jemand in andauernder innerer Anspannung, verbunden mit einem dringenden Bedürfnis nach Ruhe, wählt er im Lüschertest -- Blau (= Unzufriedenheit) und ++ Grün (= Gespanntheit) oder umgekehrt. Diese psychische Haltung schädigt das System Magen-Milz-Pankreas (siehe Tabelle S. 72).

Umgekehrt ist das genauso: Wie bestimmte psychische Dispositionen körperliche Erkrankungen in dem zugehörigen Meridian verursachen, stören Erkrankungen in bestimmten Meridianen das harmonische Gleichgewicht der korrellierenden Selbstgefühle.

So kann ein Mensch durch eine Bronchitis bedingt vorübergehend depressiv werden. Depressive Verstimmungen nach grippalen Infekten sind allgemein bekannt. Die akute Erkrankung kann dazu führen, daß ein sonst psychisch recht ausgeglichener Mensch plötzlich depressiv wird, was er im Lüschertest durch die Farbwahl auch zeigt. Aber andauernde depressive Verstimmungen können auch dazu führen, daß ein Mensch anfällig für Bronchitiden wird und diese Bronchitiden therapieresistent werden.

Bei der Auswertung der Patientenunterlagen zeigte sich, daß bei denen, die mehrfach zur Behandlung erschienen, die körperlichen Beschwerden abnahmen oder ganz verschwanden. In der EAV-Testung wichen deutlich weniger Akupunkturpunkte von der Norm, den »gesunden« 50 bis 70, ab. Auf den Meridianen waren weniger Störungen oder nur noch leichtere Störungen meßbar.

Auch verbesserte sich häufig die psychische Situation durch die EAV-Therapie. Besonders die Neigung zu Depressionen und zu Erschöpfungszuständen wurde reduziert.

Auch das erwies die Praxis: Wenn stark belastende Konfliktsituationen nicht ausgeräumt werden, kann der Therapeut die körperlichen Beschwerden nur mittelfristig beheben. Die Patienten erscheinen nach einem beschwerdefreien Jahr und einer Behandlungspause mit ihrem spezifischen »Problem«-System wieder. Dieses Problem-System jedoch läßt sich für jeden Menschen zusammen mit der EAV und dem Lüschertest finden. Besonders hilfreich sind dabei die im Lüschertest auftretenden Kolonnenwahlen bei den vier Grundfarben Blau, Grün, Rot und Gelb.

In einer Zeit, in der unser Körper Umweltbelastungen wie Elektrosmog, Insekten- und Unkrautvernichtungsmitteln, Industrie- und Autoabgasen ausgesetzt ist, in der Lebensmittel bestrahlt und genmanipuliert werden, sind Krankheitsbilder ohne ökolo-

80

gischen Blick nicht mehr interpretierbar. Da der Mensch als Organismus in seine Umwelt eingebunden ist und in steter Wechselwirkung mit ihr steht, kann die Ursache einer Krankheit nicht nur in der Psyche und damit in einer seelischen Fehlhaltung des einzelnen liegen. Und hier liegt der besondere Vorzug der Behandlung mit Elektroakupunktur: Mit den entsprechenden homöopathisierten Toxinen gelingt es, den Körper (das Mesenchym) zu entschlacken. Eine Entlastung des komplexen Systems Mensch, wo immer sie auch stattfindet, entlastet den ganzen Menschen und damit auch die vielbeschworene Psyche. Eins wissen Sie sicher von sich selbst. Wenn es Ihnen körperlich gutgeht, sind Sie psychisch belastbarer. Sie können dann leichter mit Ihren eigenen Problemen und den Sorgen anderer Menschen fertig werden. Insofern hilft die Behandlung mit EAV, psychische Probleme leichter anzugehen, indem sie die somatische Situation verbessert.

Wenn wir den Menschen als eine Ganzheit verstehen, dann muß eine gegenseitige Beeinflussung von Soma und Psyche wie Psyche und Soma zum Positiven wie Negativen hin gegeben sein: Einbahnstraßen gibt es nicht!

3 Alle reden vom Geld – wir auch

Es kann nicht Aufgabe dieses Buches sein, Lösungen für eine andere Ordnung des Gesundheitswesens vorzuschlagen. Doch in dem Moment, wo wir die Forderung erheben, in der Medizin das kartesianische Weltbild durch das Systembild der Welt zu ersetzen, wird implizit auch gefordert, daß das Gesundheitssystem sich ändern muß.

Als Gesundheitssystem muß es denselben Bedingungen unterworfen sein, die für Systeme schlechthin gelten: Es muß ganzheitlich und dynamisch, das heißt flexibel sein.

Daß die Kosten im Gesundheitswesen derart angewachsen sind, wäre zu rechtfertigen, wenn wir feststellen könnten, daß die Gesundheit der Menschen im selben Maße verbessert ist. Das ist jedoch nicht der Fall.

Im alten China hatten wohlhabende Familien einen eigenen Arzt. Dieser wurde gut bezahlt, wenn alle Familienmitglieder gesund waren. Bei Krankheiten mußte der Arzt ohne Entgelt behandeln: Er wurde für die Gesundheit bezahlt.

In der Bundesrepublik nennt sich eine große Kasse für Pflichtversicherte »Gesundheitskasse«. Nomen sollte Omen sein. Vorläufig allerdings sind die Ansätze, Behandlungskosten zum Erhalt der Gesundheit zu übernehmen, sehr dünn gesät. Noch werden vorwiegend die Kosten für Medikamente nebst »Nebenwirkungen« übernommen, ohne zu berücksichtigen, daß weitere Medikamente gegen die Nebenwirkungen notwendig werden können. Alle diese Medikamente wirken gegen etwas: Anti-biotika, Anti-hypertonika, Anti-konvulsiva, Anti-depressiva …

Würde man dagegen die Selbstheilungskräfte eines Organismus aktivieren, wäre das auf Dauer effektiver und auch preiswerter.

Bei Methoden zur Aktivierung der Selbstheilung handelt es sich um ganzheitliche Methoden der Naturheilverfahren wie Homöopathie oder EAV. Doch diese sind wissenschaftlich immer noch nicht anerkannt. Trotz allem steigt die Nachfrage nach ihnen in den letzten Jahren unablässig. Laut einer Umfrage befürworten »94 Prozent der Bürger die Naturheilkunde als festen Bestandteil der gesundheitlichen Fürsorge« (Westdeutsche Allgemeine Zeitung 21.6.93). Dagegen steht, daß das neue Gesundheitsstrukturgesetz (GSG 93) weder die eine noch die andere Methode als Therapieform zuläßt.

»Was gesund macht, wird erstattet.« Wie wär's damit? Denn die Tatsache, daß viele Medikamente »Nebenwirkungen« haben und daß eine Vielzahl von Krankheiten iatrogen sind, das heißt »durch die medizinische Behandlung hervorgerufen sind«, spricht für sich.

Kommen wir zu Zahlen:

Ein Kostenvergleich, wie ihn der Deutsche Zentralverband homöopathischer Ärzte anstellt, zeigt an drei Beispielen, daß allein bei den Arzneimittelkosten pro Behandlungsfall gespart werden kann:

– Allgemeinarzt in Südbaden   61,61 DM
– Kinderarzt in Hessen   18,29 DM
– Behandlung klimakterischer Beschwerden   65,– –DM

Um diese Summe zu verdeutlichen: »Der Arzt, der homöopathische Einzelmittel verschreibt, spart in seiner Praxis (mit 600

Krankenscheinen pro Quartal) nur an Arzneimittelkosten: 155 000 DM jährlich.«

Daß die gesetzlichen Krankenkassen die Kosten für ganzheitliche Medizin nicht erstatten, ist um so unverständlicher, als die Kosteneinsparungen nicht nur im Bereich der Arzneimittel gegeben sind.

Kostenvergleiche einer AOK und einer Kassenärztlichen Vereinigung in Südbaden zeigen, daß homöopathische Ärzte
– zu rund 40 Prozent seltener in Krankenhäuser einweisen
– zu rund 22 Prozent weniger häufig arbeitsunfähig schreiben
– zu rund 60 Prozent kürzer arbeitsunfähig schreiben
– nur rund 13 Prozent der Arzneimittelkosten im Vergleich zu ihrer Fachgruppe der Allgemeinmediziner verursachen (Einsparungen pro Praxis mindestens 100 000 DM jährlich).

Was die Eltern des kleinen Paul, dessen Krankengeschichte Sie im Kapitel 4 lesen werden, über die Kostenerstattung der AOK berichten, ist allgemein gängige Methode:

»Weil es einfach von der Kasse nicht so bezahlt wird. Wir sind halt auch abgelehnt worden einfach mit der Begründung, daß keine Aussicht auf Erfolg besteht. Bis du das von der Kasse bezahlt kriegst, das ist ja auch ein Witz. Da mußt du erst mal alle anderen Behandlungen durchgemacht haben, sonst zahlen die nichts. Du mußt die Klimakur machen, die wird bezahlt, dann möglichst noch das ganze Cortisonzeug genommen haben, gespritzt haben, aufgeschmiert haben, alles Mögliche. Stell dir mal vor bei so einem anderthalbjährigen Kind!«

Bei Paul wurde Neurodermitis diagnostiziert. Seine Eltern haben bei ihm eine EAV-Testung machen lassen, und er wurde mit entsprechenden homöopathischen Arzneien behandelt. Weder eine Cortison-, noch eine Klimakur waren notwendig. Insofern ist es interessant, sich das vierte Beispiel, das der Deutsche Zentralverband homöopathischer Ärzte bringt, anzusehen:

> »Beispiel IV: Allergien – Neurodermitis
> Die Medikamente eines homöopathisch behandelten Neurodermitikers kosten seine Krankenkasse mindestens 300 DM weniger als die des schulmedizinisch therapierten Leidensgenossen. Bei 5,2 Millionen Neurodermitikern in Deutschland (davon: 1,2 Millionen Kinder) könnten 1,6 Milliarden DM jährlich nur an Ausgaben für Medikamente gespart werden.
> Das Beispiel des Neurodermitikers zeigt, daß auch die Folgekosten durch homöopathische Behandlung deutlich reduziert werden können: Jeder zehnte schulmedizinisch behandelte Neurodermitiker wird für drei Wochen in eine Klinik überwiesen. Zusätzliche Kosten: 6000 DM pro Patient und Jahr.«

Auch die Hahnemann-Gesellschaft, Arbeitsgemeinschaft klassisch homöopathisch behandelnder Ärzte, stellt im Hinblick auf Neurodermitis-Patienten einen solchen Kostenvergleich an, allerdings bezieht sie die Kosten für die Behandlung mit ein. Sie kommt zu dem Ergebnis, daß für die konventionelle Behandlung 7200 DM ausgegeben werden müssen. Dem stehen 1000 DM bis 1500 DM für die homöopathische Behandlung gegenüber.

Medikamente mit »zum Teil schweren gesundheitlichen Folgeschäden« werden eifrigst bezahlt, und wie die aussehen, verrät uns auch die Hahnemann-Gesellschaft:

> »*Cortison gegen die überempfindliche Reaktionsweise des Organismus. Cortisonpräparate schädigen das Immunsystem. Antihistaminika gegen den Juckreiz. Dieses Medikament setzt die Leistungsfähigkeit herab, führt zu Müdigkeit und Konzentrationsschwäche. Antibiotika gegen Entzündungsprozesse der Haut. Antibiotika vermindern die körpereigene Abwehrkraft. Psychopharmaka gegen Schlafstörungen, vor allem bei Kindern. Medikamentenabhängigkeit gehört zu den gravierenden Folgeschäden. Fettcremes gegen die Trockenheit der Haut.*«

Selbst wenn man berücksichtigt, daß bei beiden Kostenvergleichen im Eigeninteresse gesprochen wird und uns die Kosten für die homöopathischen Arzneimittel im letzten Fall sehr niedrig erscheinen, wird von beiden der ganzheitliche Aspekt betont. So wird eine Umorientierung »weg von der puren Apparatemedizin hin zu einer ›Zuwendungsmedizin‹« gewünscht, »die nicht nur einzelne Krankheitssymptome behandelt, sondern den ganzen Menschen in seiner Individualität berücksichtigt« (Zentralverein homöopathischer Ärzte).

Ganzheitsmedizin erfordert einen enormen zeitlichen Aufwand für die Erhebung der Anamnese und der Diagnose, die einer regulativen Behandlung vorausgeht. Wird einem Patienten mit Elektroakupunktur die Diagnose gestellt und ein Therapieplan gemacht, ist dieser Zeitaufwand noch erheblich höher.

Die benötigte Menge an homöopathischen Medikamenten richtet sich nach dem Testergebnis und kann individuell unterschiedlich groß bzw. klein sein. Betont werden sollte an dieser

Stelle noch einmal, daß homöopathische Arzneien zwar – wie Sie in den Falldarstellungen und Patientengeschichten lesen werden – Reaktionen zeitigen, aber keine Neben- oder Störwirkungen wie die allopathischen Medikamente.

Ähnliche Erfahrungen wie Pauls Eltern machen Patienten aller Kassen und aller Klassen. Angelika, von Ihr werden Sie eine Geschichte im Kapitel 4 lesen, bemerkt dazu:

Die Beihilfe und auch die Debeka tragen nicht die Kosten. Interessanterweise werden mir zwischenzeitlich Medikamente aus der Spritzenkur auch – separat verordnet – von beiden voll erstattet. Eine bei meiner Symptomatik sicherlich angezeigte Kur in einer psychosomatischen Klinik hätte ein Vielfaches von dem gekostet, was EAV bisher gekostet hat, von dem Nutzen und Erfolg mal ganz abgesehen. Ich finde es ein Unding, daß ein Patient, der eigenverantwortlich sein Leben lebt und gestaltet, auch noch selber die vollen Kosten übernehmen muß.

Dem ist nichts hinzuzufügen.

4 Flügelschläge eines Schmetterlings

Der Zorn schadet der Leber
Die Freudlosigkeit schadet dem Herz
Das Grübeln schadet der Milz
Die Traurigkeit schadet den Lungen
Die Angst schadet den Nieren

Diese fünf Zeilen, die uns als Überschriften der folgenden fünf Abschnitte dienen, sind die fünf Zeilen eines Spruchs, der im »So Quenn«, dem ältesten chinesischen Buch der inneren Medizin, geschrieben 2800 vor Christus, zu finden ist. Dieser Spruch führt uns durch unser Thema Soma und Psyche, und seine Zeilenfolge bestimmt die Reihenfolge, in der wir Ihnen die einzelnen Meridianpaare vorstellen. Da Körper und Psyche gleichwertig und gleichrangig sind, werden wir jeder Zeile die Umkehrung von Ly Luan Dong hinzufügen, wie sie von Van Nghi überliefert ist. Wie der Spruch aus dem »So Quenn« setzt auch Ly Luan Dong nur die Yang-Organe in Beziehung zur Psyche. Beide sprechen von fünf Meridianpaaren; das übergeordnete System von Drei-Erwärmer- und Kreislaufmeridian, die aber wegen ihrer Steuerungsfunktion überall beteiligt sind, kennen sie nicht.
Wir werden Ihnen sechs Meridianpaare – also zwölf jeweils paarig gekoppelte Energiesysteme – vorstellen. Zu der Paarbildung kommt es, weil jeweils zwei Meridiane eine funktionelle Einheit bilden. Der eine Meridian entspricht dem Yin, der andere dem Yang.

Jetzt werden Sie die energetischen Beziehungen dieser Systeme kennenlernen sowie lesen, was geschieht, wenn der energetische Fluß aus somatischen oder psychischen Gründen ins Stocken gerät oder gar zum Stillstand kommt. Die Ursachen einer Störung sind den Flügelschlägen eines Schmetterlings vergleichbar, wie Sie schon erfuhren. Kleine Ursachen können in einem energetisch offenen komplexen System – und das ist der Mensch – unter Umständen große Wirkungen ausüben.

Die nun folgenden Abschnitte sind parallel aufgebaut; zuerst werden wir Sie mit dem System bekannt machen, der Volksmund wird uns helfen, unser Thema zu veranschaulichen, und Symbole mögen Ihnen den Weg durch die Abschnitte erleichtern gleich Wegweisern.

Bevor wir Ihnen die Meridianpaare vorstellen, beschreiben wir die namengebenden Organe und die zu den Meridianen gehörenden Körperabschnitte.

Im Anschluß daran wird der für die Funktion des Organs notwendige physiologische Zustand und sein Ausdruck in den Lüscher-Farben, d. h. seine farbliche Entsprechung, beschrieben; Sie erfahren, inwieweit die Farbwahlen Hinweise auf eine Störung des Systems geben können.

Eine Grafik wird Ihnen zeigen, inwieweit die Störung zweier Selbstgefühle mit einer Störung des Meridians zusammenhängt.

Auf der Basis des Gesetzes der »fünf Wandlungsphasen« werden wir zeigen, warum welches Me-

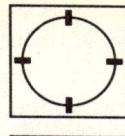

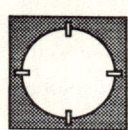

ridianpaar bei einer Störung in Mitleidenschaft gezogen werden kann.

Die Organuhr zeigt Ihnen die Maximal- und Minimalzeit des Meridianpaares an und vermittelt Ihnen Zusammenhänge, die Ihnen die Selbstbeobachtung erleichtern.

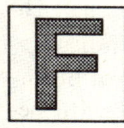

Falldarstellungen (F) und bestimmte Krankheitsbilder (K) veranschaulichen die Zusammenhänge. Da sowohl die Vertreter der traditionellen chinesischen Medizin und auch der Begründer des Elektroakupunkturverfahrens Reinhard Voll immer darauf hinweisen, daß bei länger andauernden Störungen eines Systems beide Meridianpartner zu behandeln sind, werden wir Ihnen diese Wechselwirkung vor allem vorführen.

Ausführliche Patientengeschichten (P) und ein Kommentar unsererseits runden diese Darstellung ab.

Der Zorn schadet der Leber

Man spricht frei weg von der Leber. Ihm ist eine Laus über die Leber gelaufen, oder ihr steigt die Galle hoch. Vielleicht haben Sie manchmal auch das Gefühl, jemand spuckt Gift und Galle oder hat Wut im Bauch. Die Chinesen sagen in einem solchen Fall: Zuviel Zorn schadet der Leber. Und Ly Luan Dong stellt dazu fest: »Der Zorn schadet der Leber, aber Leberaffektionen machen den Kranken zornig.«

Der Volksmund und der alte chinesische Spruch verraten, worum es jetzt geht: um den Leber- und Gallenblasenmeridian.

Dieser Abschnitt beschäftigt sich mit der gegenseitigen Beeinflussung von Soma und Psyche. Wir erinnern Sie an die Mitverantwortung, die Sie für Ihre Gesundheit tragen; wir berichten über **Implantate, künstliche Hüftgelenke** und **Herdwirkungen**. Wir machen Sie mit den Krankheitsbildern **Neuralgie, Migräne, Depression** und **Psoriasis** bekannt. In der Patientengeschichte geht es um **Muskel-** und **Gelenkrheuma** und die möglichen psychischen Komponenten.

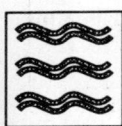 Die Leber als größte Drüse des menschlichen Körpers hat vielfältige Aufgaben, die mit dem Ab- und Umbau von Stoffen im Körper zu tun haben. Der Fachausdruck dafür ist: intermediärer Stoffwechsel. Die Leber muß Stoffwechselprodukte entgiften und ausscheiden. Auch Stoffe, die wir zu uns nehmen, wie zum Beispiel Medikamente, Alkohol; aber auch Insekten- und Unkrautvernichtungsmittel in unserer Nahrung muß die Leber unschädlich machen.

In dem Organ Gallenblase wird die Gallenflüssigkeit, die von der Leber produziert wird, gespeichert und eingedickt. Diese Gallensäure wird für die Verdauung unserer Nahrung benötigt und an den Dünndarm abgegeben. Dies geschieht unregelmäßig, immer dann, wenn wir Nahrung zu uns nehmen.

Der Lebermeridian ist der Partner des Gallenblasenmeridians, mit ihm paarweise gekoppelt, und beide zusammen bilden das System Leber-Galle. Entsprechend der Verläufe, die Sie auf den Abbildungen Lebermeridian und Gallenmeridian finden, gehören die folgenden von den Meridianen verbundenen Körperabschnitte energetisch zum System Leber-Gallenblase.

Leber	Gallenblase
1. die Leber	
2. die Gallenblase	
3. der hintere Augenabschnitt	
4. der Sehnerv (Nervus opticus)	
5. der V. Hirnnerv (Nervus trigeminus)	
6. die Eckzähne 13, 23, 33, 43	
7. die Venen der Beine	
8. das Blut	
9. die Keimdrüsen (Prostata/Eierstöcke)	
10. das Hüftgelenk	

Anm.: zu 9. Der Hauptmeridian des Systems Leber führt durch die Geschlechtsorgane.

 Menschen, bei denen der energetische Fluß des Leber- oder Gallenblasenmeridians nicht in Ordnung

93

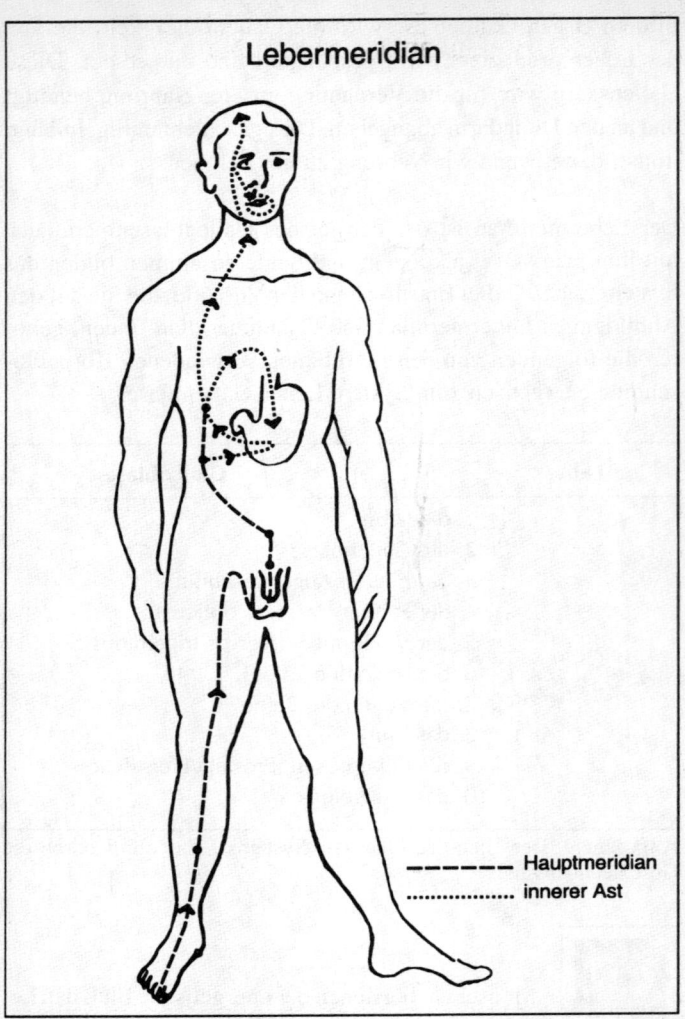

Lebermeridian

- - - - - - Hauptmeridian
.... innerer Ast

Abbildung 7

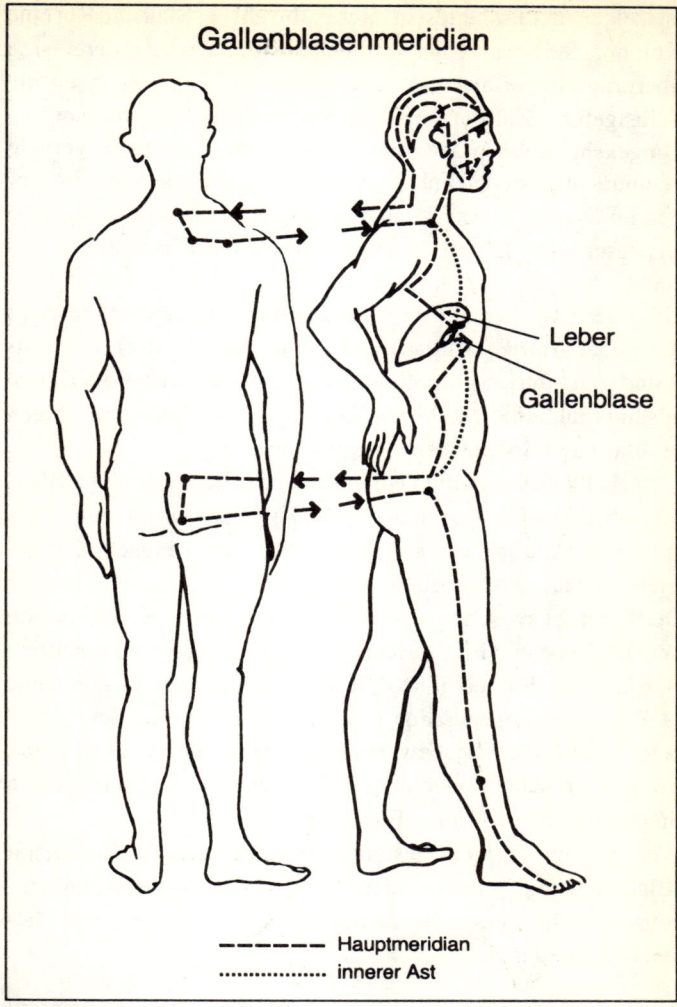

Gallenblasenmeridian

Leber

Gallenblase

- - - - - - Hauptmeridian
.... innerer Ast

Abbildung 8

95

ist, zeigen im Lüschertest in ihrer Farbwahl bei Blau und Rot eine Kolonne. Sie bevorzugen oder lehnen die eine oder andere Farbe überproportional ab, was darauf hindeutet, daß bei ihnen die Selbstgefühle Zufriedenheit und Selbstvertrauen gestört sind.

Umgekehrt müssen Menschen, bei denen diese Selbstgefühle beeinträchtigt sind, damit rechnen, daß sich körperliche Störungen im System Leber-Gallenblase ergeben. Die physiologische Bedeutung der Lüscher-Farben Blau und Rot macht das verständlich:

Um ihre Aufgaben der Entgiftung erfüllen zu können, benötigt die Leber Antrieb (- Blau) und Stimulation (+ Rot). Nur aufgrund von Antrieb und Stimulation kann eine Leber aber nicht gesund funktionieren. Sie benötigt Zwischenphasen der ruhigen (+ Blau) und rhythmischen Regulation (- Rot).

Umgekehrt benötigt die Gallenblase vor allem ruhige (+ Blau) und rhythmische Regulation (- Rot). Aber wenn zum Beispiel viel Nahrung verdaut werden muß, dann braucht sie Antrieb (- Blau) und Stimulation (+ Rot).

Der Wechsel zwischen beiden Phasen ist physiologisch normal. Wie bei Ebbe und Flut verläuft die Fließbewegung vom Antrieb (- Blau) zur Stimulation (+ Rot) und dann wieder zur Ruhe (+ Blau) und Regeneration (- Rot). Erst wenn eine Seite überbetont wird, die Fließbewegung sozusagen ins Stocken gerät, tritt eine krankheitsauslösende Fehlregulation ein. Eine gewisse Starre (++ oder --) ist die Folge.

Wer nun im Test ein gestörtes Verhältnis zur Zufriedenheit (Blau) und zum Selbstvertrauen (Rot) zu erkennen gibt, hat vorzugsweise die entsprechende Störung auf dem Leber- und Gallenblasenmeridian.

Werfen wir einen Blick auf die Grafik!

Bei dieser ersten erklären wir Ihnen noch ausführlich, was Sie an ihr ablesen können. Die zweite und dritte und die weiteren können Sie selbst interpretieren.

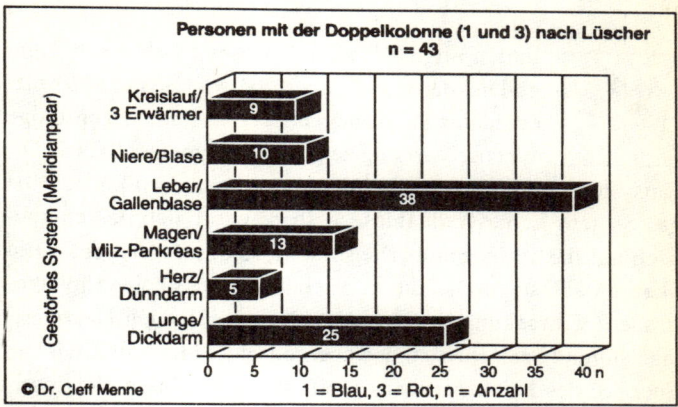

Abbildung 9

Von 43 Patienten, die eine Doppelkolonne Blau-Rot gewählt hatten, das heißt in ihren Selbstgefühlen Zufriedenheit (Blau) und Selbstvertrauen (Rot) gestört waren, zeigten 38 eine Störung des Meridianpaares Leber-Gallenblase.

Auffällig ist, daß das Meridianpaar Lunge-Dickdarm vergleichsweise häufig geschädigt war: bei 25 Patienten. Das hat zwei Gründe:

Zum einen leiden etwa 80 Prozent unserer westlichen zivilisierten Menschheit durch falsche Ernährung und falsche Lebensweise unter funktionellen Störungen des Dickdarms. Das bedeutet, daß der Dickdarm die Nahrung ungenügend verarbeitet. Durchfall oder Verstopfung sind die Folge.

97

Der zweite Grund liegt in der gegenseitigen Störwirkung, die die Meridiane untereinander ausüben können. Das geschieht nach dem Gesetz der »fünf Wandlungsphasen«. Blättern Sie einfach noch einmal zurück.

 In den »fünf Wandlungsphasen« stehen sich Lunge-Dickdarm und Leber-Gallenblase auf einer Geraden des Sterns gegenüber, was eine gegenseitige Wechselwirkung zeigt und bedeutet, daß diese Organsysteme sich gegenseitig stören und behindern können. Ist das System Leber-Gallenblase gestört, wirkt sich das energetisch auf das ihr gegenüberliegende System aus, und das ist in diesem Fall Lunge-Dickdarm. Auch hier gibt es keine Einbahnstraßen! Erkrankungen der Leber können auch den Herzmeridian störend beeinflussen. Die energetische Fülle (ein Zuviel an Energie) des Lebermeridians greift störend auf den Herzmeridian über. Der Herzmeridian seinerseits erhält dadurch ein ungesundes Maß an Energie. Es folgen schneller Puls und Herzbeschleunigungen.

Ein gutes Beispiel für sich gegenseitig beeinträchtigende Meridianenergien sind auch Schlafstörungen, die durch eine Kombination beider erkrankter Systeme entstehen. Der Mensch wacht um 3 Uhr nachts (Maximalzeit Leber-Galle) auf, um schließlich gegen fünf, halb sechs (Maximalzeit Lunge-Dickdarm) wieder einzuschlafen und dann, wenn der Wecker klingelt, mit einem Gefühl der Zerschlagenheit aufzuwachen. Mit der hier wirksam werdenden Maximalzeit der Organe haben wir ein Beispiel dafür, daß die Organuhr einen wichtigen Hinweis bei der Erkennung von Störungen geben kann.

Die Organuhr ist ein hilfreiches Denkmodell der traditionellen chinesischen Medizin. Sie erklärt, wie sich die Energie im Verlauf von Tag und Nacht auf die Organe bzw. auf die Meridiane verteilt. Den Zeitraum, in dem der jeweilige Meridian besonders aktiv arbeitet, nennt man Maximalzeit. Ihr gegenüber steht die Minimalzeit, der entsprechende Zeitraum, in dem der Meridian in einer energetischen Ruhephase ist.

Der Energiekreislauf der Meridiane wird durch die in den Meridianen Milz-Pankreas-Magen (siehe »Das Grübeln schadet der Milz«) und des mittleren Drei-Erwärmers (siehe »Der Steuermann auf diesem Fluß«) gebildete Energie unterhalten. Diese Nährenergie erreicht die Lunge und durchfließt dann die Meridiane in bestimmter Reihenfolge und versorgt sie zu bestimmten Zeiten mit maximaler Energie. Deshalb sprechen wir von Maximalzeit, Zeitpunkt der größten, und Minimalzeit, dem Zeitpunkt der geringsten Energieversorgung.

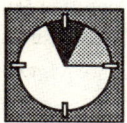

	Maximalzeit	Minimalzeit
Galle	23 – 1 Uhr nachts	11 – 13 Uhr tags
Leber	1 – 3 Uhr nachts	13 – 15 Uhr tags

Ist ein Meridian funktionell gestört, äußert sich die Störung häufig zu seiner Maximalzeit oder Minimalzeit.

Zum Beispiel beginnen Schläfenkopfschmerzen oder auch Migräneanfälle am seitlichen Kopf häufig zur Minimalzeit des Gallenblasenmeridians tags zwischen 11 und 13 Uhr. Die Erklärung dafür ist einfach: Störungen dieses Systems äußern sich bei einer energetischen Unterversorgung. Schmerz ist immer ein »Schrei nach Energie«. Auch wenn Sie nachts zwischen 23 und 1 Uhr wegen Schmerzen am Hüftgelenk keinen Schlaf finden, können Sie davon ausgehen, daß eine Störung dieses Meridians vorliegt.

99

Allgemein kann man sagen: Ganz entscheidend wird unser Schlaf-Wach-Rhythmus vom Gallenblasenmeridian beeinflußt. Es gibt in der EAV einen Meßpunkt am seitlichen Schädel, an dem man diesen Schlaf-Wach-Rhythmus messen kann. Wer also überhaupt schlecht schläft oder wer regelmäßig zwischen 23 und 1 Uhr nachts aufwacht, sollte die Funktion vom Leber- und Gallenmeridian überprüfen lassen.

Haben Sie möglicherweise schon einmal festgestellt, daß Sie abends Alkohol besser vertragen als morgens? Die Erklärung dafür ist einfach: In ihrer Maximalzeit bildet die Leber die für den Abbau des Alkohols notwendigen Stoffe leichter. So schön also ein Gläschen Sekt am Vormittag sein kann – wir spüren die Wirkung schneller, weil sich die Leber ihrer Minimalzeit nähert.

Ergänzend verweist Horst Leonhardt in seinem Buch »Grundlagen der Elektroakupunktur von Voll« auf die Forschungsergebnisse französischer Wissenschaftler, nach denen der Abbau von Alkohol am Morgen »am schnellsten und physiologischsten erfolgt«, weil das System Milz-Pankreas-Magen seine Maximalzeit von 7 bis 11 Uhr vormittags hat.

Sie sehen schon an diesen wenigen Beispielen, wie wichtig es ist, das Richtige – sei es Nahrung oder ein Heilmittel – zum richtigen Zeitpunkt einzunehmen.

Die Erfahrung erbrachte, daß Menschen, deren Lüschertest eine Blau-Rot-Kolonne zeigt, zu Beginn der Behandlung besonders schwierig sind. Schon die Farbwahl zeigt, daß diese Menschen überreizt sind und unter gestauten Aggressionen leiden. Unzufriedene Menschen, deren Selbstvertrauen zudem beeinträchtigt ist, integrieren sich auch schlecht. Das macht sie ausgesprochen mißtrauisch anderen Menschen gegenüber, also auch gegenüber dem Therapeuten. Offensichtlich neigen sie zu der Meinung, daß ihnen sowieso niemand helfen kann. Kommt nun dazu, daß eine Heilung einer lange bestehenden Erkrankung nicht spontan erfolgt, neigen sie viel leichter als andere dazu, eine Behandlung abzubrechen oder sie nicht konsequent durchzuführen. Besonders wichtig ist es also, bei diesen Patienten gleich zu Beginn der Behandlung eine vertrauensvolle Beziehung aufzubauen.

Das heißt für Sie, wenn Sie an einer Störung des Systems Leber-Gallenblase leiden: Üben Sie sich in Geduld! Vertrauen Sie der Ärztin, dem Arzt, in dessen Hände Sie sich zwecks einer Elektroakupunkturbehandlung begeben. Der geschulte Therapeut kann Ihnen helfen, aber auch bei der EAV gilt, daß eine chronische Erkrankung etwas länger braucht, um geheilt zu werden. Warten Sie in Ruhe ab und werfen Sie die Flinte nicht gleich ins Korn, selbst wenn Sie nach drei oder vier Wochen noch nicht schmerzfrei sind.

Daß Thusi H. eine ungewöhnliche Frau sein müßte, wurde schon beim Anschauen der Krankengeschichte deutlich. Thusi hatte mit Schreibmaschine auf der Rückseite ihres Firmenbriefpapiers geschrieben, die Anamnesebögen lagen unbenutzt dem Brief bei. Auch die Diagnose hatte Thusi nicht der Ärztin überlassen, sondern eingetragen: Glossopyrosis bei Verdacht auf Sjögren-Syndrom!

Glossopyrosis ist der Fachausdruck für Zungenbrennen. Wahrscheinlich meinte sie das Sjögren-Syndrom 1 (es gibt zwei), das zum rheumatischen Formenkreis gehört und besonders Frauen im Klimakterium befällt.

Thusi war zeit ihres Lebens eine selbständige, erfolgreiche Geschäftsfrau gewesen, eine Frau, die uneingeschränkt das Sagen hatte. Ihr Lebensgefährte hatte sie verwöhnt.

Aus Altersgründen hatte sie drei Jahre zuvor ihre Firma aufgegeben. Ein Jahr später war ihr Lebensgefährte schwer und unheilbar erkrankt. Als Thusi im Alter von 69 Jahren im linken Oberkiefer ein Eckzahn gezogen wurde, hatte sie danach längere Zeit starke Schmerzen; man stellte einen »symptomatischen Trigeminusschmerz« fest. Seitdem schwollen häufig die Mundschleimhaut und auch abwechselnd die Unter- und die Oberlippe an, wodurch sie sich fast ständig auf die Lippen biß.

Zwei Jahre nach der Geschäftsaufgabe war ihr Lebensgefährte gestorben, und im Frühjahr darauf hatte Thusi Schmerzen in der rechten Seite, verbunden mit Bläschenbildung auf der Haut, bekommen. Eine Gürtelrose war diagnostiziert worden. Sechs Wochen lang hatten diese Hautausschläge und mit ihnen die Schmerzen angehalten. Als der Hautausschlag sich schließlich besserte, hatten sich die starken Schmerzen, besonders im rechten Oberschenkel, etwas gemildert, in der rechten Schulter und im rechten Knöchel angedauert.

Als die Patientin zur Untersuchung kam, wirkte sie aufgrund der monatelangen Schmerzen bedrückt und mutlos.

Das Hauptschmerzgebiet lag am rechten Oberschenkel zwischen dem Leber- und Nierenmeridian, und im EAV-Test stellte sich heraus, daß bei Thusi der Lebermeridian durch Viren, insbesondere durch Viren der Herpesgruppe, belastet war. Durch die ausgetesteten Medikamente verloren sich die durch die Gürtelroseviren (= Herpes zoster) hervorgerufenen Schmerzen im rechten Oberschenkel, in der rechten Schulter und im Knöchel innerhalb von drei Wochen.

Die Schmerzen der linken Kieferhälfte besserten sich, verschwanden aber nicht gänzlich. Eine Kieferuntersuchung

*ergab, daß einige kleine Amalgamstückchen im linken Un-
terkiefer zu einer chronischen Entzündung geführt hatten,
die als Herd systemschwächend wirkte. Doch Thusi lehnte
eine entsprechende Herdsanierung ab.*

*Dieser chronische Herd mußte ebenso wie ein seit zwanzig
Jahren wurzeltoter Frontzahn auf der rechten Seite schon
lange schwächend auf das Gesamtsystem gewirkt haben.
Durch die EAV-Behandlung wurde die energetische Situation der Patientin wesentlich verbessert. Der Lüschertest
aber blieb bei Thusi unverändert, bis heute. Sie lehnt weiterhin das Lüscher-Rot ab und bevorzugt das Blau. Als ka-
priziöse und verwöhnte Frau ist sie nicht auf psychische
Probleme ansprechbar. Somatisch ist Thusi nur bedingt the-
rapierbar, psychisch nicht.*

Die Krankengeschichte von Thusi veranschaulicht besonders
gut, wie sehr Soma und Psyche sich gegenseitig bedingen und
beeinflussen. In dem Augenblick, als die bis dahin von ihrem
Lebenspartner verwöhnte Frau auf dessen Fürsorge verzichten
muß, reagiert sie mit Schmerzen.

Doch diese Krankengeschichte ist auch ein gutes Beispiel für
die Eigenverantwortlichkeit des Menschen. Solange sich Thusi
nicht ihrer psychischen Situation stellt, sich nicht klarmacht, daß
ihre Wünsche und Bedürfnisse sich auf unerreichbare Ziele richten, wird ihr Körper mit Störungen im selben Meridiansystem
reagieren. Ihr Eigensinn verhindert ihre völlige somatische Gesundung. In ihrer eigenen Meinung festgelegt, akzeptiert sie
deshalb die Herdsanierung nicht.

Ähnlich gelagert ist der Fall von Horst T. Er erschien zwar zur
Behandlung, sagte aber gleich: »Mir kann keiner helfen.«

Horst hatte massive Schmerzen an verschiedenen Zähnen und der

Prostata, beides im System Leber-Gallenblase lokalisiert. Doch die zahlreichen Beschwerden motivierten ihn dennoch nicht, etwas ändern zu wollen. Er war ja sicher, daß ihm niemand helfen konnte; psychisch blockiert, ließ er keine Gesundung zu.

Auch die Krankengeschichte von Nikolaus N. offenbart diese psychosomatischen Zusammenhänge.

 *Nikolaus ist ein Patient, der durch seine besondere Art auffällt. Wenn er um einen Termin bittet, erwartet er, daß er sofort einen bekommt. Fünf Minuten, bevor er kommt, ruft er dann aus dem Auto an, daß er gleich in der Praxis sein werde. Kaum angekommen, fragt er, ob er sofort behandelt werde. Er müsse nämlich in einer halben Stunde zum Flughafen.*

Seit drei Jahren kommt Nikolaus regelmäßig zur Testung, und zwar jedes Jahr einmal.

Im ersten Jahr, zu Beginn der Behandlung, klagte er über migräneartige Stirnkopfschmerzen, Kopfschmerzen oben auf der Mitte des Kopfes (Haubenkopfschmerzen), eine Schwellung und Schmerzen der rechten Gesichts- und Kieferhälfte. Die Beschwerden bestanden damals seit drei Monaten. Verschiedene Fachärzte hatten Nikolaus untersucht. Die klinischen Befunde waren bis auf eine leichte Erhöhung der Cholesterin- und Harnsäurewerte unauffällig. Nikolaus behauptete auch, er könne nichts gegen die Migräne machen, außer Schmerzmittel zu nehmen.

Doch Nikolaus hatte nicht nur körperliche Beschwerden. Er klagte über plötzlich auftretende Gereiztheitszustände. Nach seinem Lüschertest befand er sich in einer stark belastenden Konfliktsituation. Er empfand sein Leben als auf-

reibend und unbefriedigend. Am liebsten wäre er wohl explodiert. Doch statt dessen wartete er lustlos ab und versuchte, sich von allem, auch von Menschen, zu distanzieren, statt sich ihnen vertrauensvoll zuzuwenden.

Blau
Rot

Eine Untersuchung mittels EAV ergab, daß Nikolaus' Lebermeridian durch eine unterschwellig verlaufende Cytomegalie-Virus-Infektion erheblich gestört war. Während der anschließenden Spritzenkur verloren sich seine Migräne, die Gesichtsschmerzen und die anderen Beschwerden gänzlich. Doch er war nicht bereit, sich wegen seiner psychischen Situation von einem Fachmann beraten und eventuell behandeln zu lassen.

Ein Jahr später kam Nikolaus wieder zur Behandlung. Nun hatte er einen knochenharten Oberbauch, ohne – auch durch ausführliche klinische Untersuchungen – feststellbare Gründe. Krampfartige Schmerzen des rechten Oberkiefers zogen bis in die Schulter. Weder die zahnärztliche noch die ärztliche Untersuchung hatten die Ursache dieser Beschwerden geklärt.

Das EAV-Verfahren ermittelte als Gründe für die körperlichen Beschwerden erneute Störungen des Lebermeridians, diesmal durch Epstein-Barr-Viren, den Erregern des Pfeiferschen Drüsenfiebers. Die vom Oberkiefer bis zur Schulter reichenden Schmerzen dagegen waren auf eine zusätzliche Störung des Dickdarmmeridians zurückzuführen. Der Lüschertest zeigte, daß es dem Patienten offensichtlich nicht gelungen war, einen Ausweg aus seiner Konfliktsituation zu finden. Entsprechend den Störungen des Lebermeridians lehnte er weiterhin Rot ab (--) und bevorzugte Blau (++).

Die Therapie wirkte wieder für ein Jahr. Insgesamt verbesserte sich Nikolaus' energetische Situation.

Als er das nächstemal zum EAV-Test kam, hatte er durch einen Virusinfekt eine Bronchitis. Außerdem war der Oberbauch wieder schmerzhaft geschwollen, wie immer ohne klinisch feststellbare Gründe. Der Kieferschmerz konzentrierte sich diesmal auf die unteren Eckzähne (die nach den von Voll gefundenen Beziehungen zum System Leber gehören), doch die Kopfschmerzen hatten keinen Migränecharakter mehr.

Auch diesmal verlor Nikolaus nach kurzer Zeit während der Spritzenkur seine Beschwerden. Doch seine psychische Konstellation macht seinen Lebermeridian anfällig. Da er Gespräche mit einem Therapeuten weit von sich weist, ist ein Besuch von ihm mit neuen körperlichen Beschwerden demnächst wieder zu erwarten.

War Nikolaus gereizt wegen seiner Migräneanfälle? Oder bekam er Migräne, weil er so ungeduldig und gereizt war? Bei jedem Patienten müssen wir uns diese Fragen neu stellen. Denn in der Systemtheorie und -therapie gibt es keine gleichartigen und damit vergleichbaren Fälle.

Sicher ist, daß die EAV-Therapie in einem Fall wie dem von Nikolaus noch optimaler verlaufen könnte, wenn der Betreffende bereit wäre, sich mit seinen gestörten Selbstgefühlen auseinanderzusetzen.

Sie haben schon gesehen, daß das Soma nicht dauerhaft gesunden kann, wenn der Mensch aufgrund seiner psychischen Lage nicht bereit ist, sich der entsprechenden Therapie zu unterziehen. Solche Menschen können dann nur wie Thusi, Horst oder Nikolaus vorübergehend körperlich beschwerdefrei werden. Umgekehrt kann eine akute Erkrankung einen Menschen, der ansonsten recht ausgeglichen ist, plötzlich aus dem psychischen Gleichgewicht bringen, seine innere Harmonie stören, was an seiner Farbwahl im Lüschertest sichtbar wird: Er bevorzugt oder lehnt Farben ab, zu denen er bislang ein ungestörtes Verhältnis hatte. Der Fall Tim M. macht das deutlich.

 *Als Tim in die Praxis kam, war er für seine Ärztin kein Unbekannter. Jahre zuvor war Tim wegen andauernder Pilzinfektionen der Haut zu ihr gekommen. In der Vorgeschichte ist folgendes wichtig.*

Da bei Tim alle Weisheitszähne verlagert und in einer Sitzung operativ entfernt worden waren, konnte sie davon ausgehen, daß bei ihm die konstitutionelle Energie etwas reduziert war. Aber bis zu dem Zeitpunkt, als er das erstemal zu ihr gekommen war, hatten sich noch keine körperlichen oder psychischen Schwächezustände gezeigt. Tim war ein ausgeglichener und fröhlicher junger Mann.

Im Lüschertest zeigten sich keine besonderen Auffälligkeiten; lediglich wurde durch seine Farbwahl eine erschöpfte Haltung sichtbar. Damals hatte die EAV-Untersuchung gezeigt, daß sich nach der Entfernung des linken unteren Weisheitszahns im Unterkieferknochen eine chronische Entzündung gebildet hatte.

Nachdem nun die Entzündung operativ entfernt worden und er mit entsprechenden homöopathischen Arzneien gegen seine Pilzinfektionen behandelt worden war, hatte Tim, wie er nun berichtete, einige Jahre völlig beschwerdefrei gelebt. Jetzt aber war es völlig unerwartet zu einer Hodenschwellung gekommen.

Seine Ärztin stellte fest, daß die toxischen Stoffe eines Lö-

sungsmittels seinen Lebermeridian energetisch gestört und die Hodenschwellung bedingt hatten. Entsprechend empfand Tim nun plötzlich die Lüscher-Farbe Rot als unsympathisch, gegen die er vorher keine Abneigung gezeigt hatte. Nach der Behandlung mit homöopathischen Mitteln ging die Hodenschwellung zurück, und Tim konnte das Rot im Lüschertest wieder tolerieren.

Nun besteht die Gefahr, daß Schädigungen auf Meridianen, die man erworben hat, sich im psychischen Bereich manifestieren, wenn sie nicht frühzeitig wie bei Tim behandelt werden. Er hatte, anders als Lara F., Glück.

Als Lara in die Praxis kam, litt die alte Dame seit Jahren unter schweren agitierten Depressionen. Im Lüschertest lehnte sie Rot ab (--) und bevorzugte deutlich das Lüscher-Blau (++). Die EAV-Testung brachte zutage, daß ein wurzeltoter Zahn im rechten Unterkiefer, der als Herd wirkte, offenbar der Auslöser dieser Depressionen war. Jedenfalls sah es so aus, als seien Laras Depressionen verschwunden, nachdem der Zahn nach vorbereitender Therapie mit homöopathischen Mitteln gezogen worden war.

Doch die psychischen Schwierigkeiten waren nur vermeintlich behoben. Lara verlegte sich nun darauf, ihre Probleme auf den herausnehmbaren Zahnersatz zu projizieren: Sie behauptete, sie könne den Ersatz nicht tragen.

Auf ihre psychischen Probleme war sie überhaupt nicht ansprechbar. Wie blockiert erklärte sie, daß sie ihre Depressionen verloren habe und sich wohl fühle. Lediglich ihre Prothese könne sie nicht im Mund behalten. Mal wür-

*de sie sitzen, mal nicht. Obwohl keine Materialunverträg-
lichkeit vorlag und auch kein technischer Fehler zu finden
war, wurden neue Prothesen angefertigt. Das Ergebnis war
dasselbe.*

*Im gegenseitigen Einverständnis wurde Lara zu einem Spe-
zialisten überwiesen. Zur großen Überraschung der EAV-
Therapeutin und zum Erstaunen des mitbehandelnden
Zahnarztes ließ Lara sich fünf Implantate in den Oberkiefer
setzen, obwohl Lara von diesem Schritt wegen einer bestehenden Osteoporose und in Kenntnis der Systemzusam-
menhänge dringend abgeraten worden war.*

*Seit ihr die Implantate eingesetzt wurden, leidet Lara wie-
der unter schweren Depressionen. Außerdem toleriert sie
den Zahnersatz über den Implantaten auch jetzt nicht. Da
ihr wegen der ausgeprägten Osteoporose die Implantate
nicht mehr entfernt werden können, ist eine systemische
Therapie nur unter erschwerten Umständen möglich.*

Solche Falldarstellungen sollen Sie nicht von einer Therapie abhalten. Wir wollen aber auch nicht nur von Behandlungserfolgen
berichten; denn das ist leicht. Wenn wir Sie, den Patienten, davon
überzeugen könnten, wie wichtig und notwendig Ihre Mitarbeit
und Mitverantwortlichkeit bei einer Behandlung ist, das wäre
gut. Dann hätten diese Falldarstellungen ihren Zweck erfüllt.

Allgemein konnte festgestellt werden, daß Patienten besser auf
ihre psychischen Probleme ansprechbar sind, wenn infektiöse,
toxische oder herdbedingte Belastungen des Systems Leber-
Gallenblase therapiert sind. Durch die somatische Behandlung
reduziert sich der Streß, der auf den Betroffenen einwirkt; seine
Psyche ist entlasteter und dadurch zugänglicher.

 Zu den Implantaten folgendes: **Implantate** sitzen im Knochen und können systemische Herdwirkungen verursachen. Im Mund sind die aus dem Knochen und der Schleimhaut herausragenden Pfeiler direkt mit der Außenwelt, der Mundschleimhaut und dem Speichel mit all seinen Bakterien, Viren und Pilzen, verbunden. Dadurch werden sie zu einer leicht zugänglichen Eintrittspforte für Krankheitserreger. Dort, wo das Implantat sitzt, kann es zu chronischen, nicht einmal schmerzhaften Entzündungen kommen; allergische Reaktionen auf das Material sind möglich. Ferner können Implantate (es gibt 775 an der Zahl), die aus verschiedenen Materialien zusammengesetzt sind, durch ihre Legierungen auch als übergeordnete Störfelder auf das gesamte System wirken.

Es gibt schulmedizinische Untersuchungen darüber, wie Gewebe auf Implantate im Knochen reagieren. So haben zum Beispiel Professor Hierholzer und seine Mitarbeiter herausgefunden, daß der Knochen um V4A-Stahl-Implantate besonders mit Nickel und Chrom angereichert wird. Kommt es zu einer erhöhten Konzentration der Metalle im Gewebe, kommt es zu toxischen Reaktionen und zu einer keimfreien Entzündung. Dadurch wird die Empfänglichkeit des Organismus für Allergien erhöht. Beim Metallallergiker ist das Gewebe um das Implantat herum durch die allergischen Reaktionen in seiner Infektabwehr beeinträchtigt, wodurch leicht ein bakterieller Infekt entstehen kann, im Anschluß hieran wiederum eine Infektion eine Metallunverträglichkeit. Ein Circulus vitiosus (= 'Teufelskreis) entsteht.

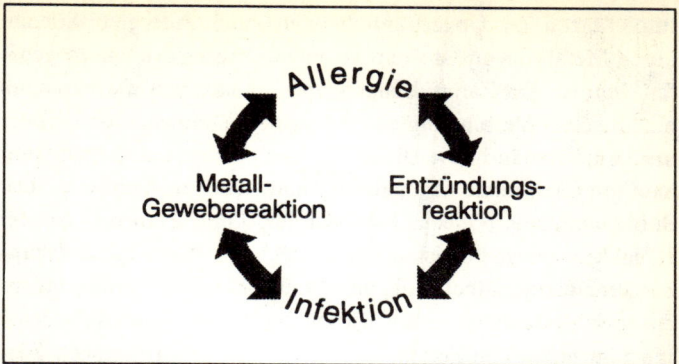

Abbildung 10

Ist eine Metallallergie nachgewiesen, sollten nach Hierholzer Titanimplantate eingesetzt werden, die allgemein und fast ohne Ausnahme sehr gut verträglich sind. Außerdem ist Titan als Implantat bioaktiv. Das bedeutet, daß Mikroorganismen sich am Titan anlagern und das Anwachsen in den Knochen fördern.

Mit der EAV können Implantate als Zahnpfeiler, als Ersatz eines Gelenks oder zur Verbindung eines Knochenbruchs auf ihre Verträglichkeit hin getestet werden, bevor man sie in den Körper einbringt.

Eine alte Dame wie Lara, die jahrzehntelang energetische Störungen des Lebermeridians hatte, kann im Bereich der zugehörigen Zahnfächer, den Eckzähnen, keine Implantate vertragen. Ein angegriffener Lebermeridian toleriert kein Implantat in seinem Meridianverlauf, egal, ob es sich dabei um ein Implantat im Kiefer des Eckzahns oder ein künstliches Hüftgelenk handelt. Selbst wenn die Implantate lokal störungsfrei sein sollten, können sie dennoch als Herd in dem zugehörigen Meridiansystem wirken.

111

Intoleranzen (= Unverträglichkeiten) und Allergien können durch Metalle, Kunststoffe oder andere Werkstoffe hervorgerufen werden. Da Zahnfüllungen und Zahnkronen meistens aus metallischen Verbindungen, aber auch aus Kunststoffen bestehen, sind sie häufig die Ursache. Das in Kronen enthaltene und häufig verwendete Palladium und die Bestandteile des Silberamalgams (Quecksilber, Kupfer, Zink, Zinn und Silber) zählen zu den am meisten vorkommenden störenden Substanzen. Schwermetallbelastungen führen laut Heine insbesondere zu einer Verschlackung des Mesenchyms. Damit wird die Substanz zwischen den Zellen, die energetische Informationen weitergibt, stark belastet, was diese Weitergabe dann hemmt.

Daß Amalgam im Mund nicht besonders gesund ist, hat sich inzwischen bei vielen herumgesprochen. Seit 1992 sind Zahnärzte gesetzlich verpflichtet, in ihre Absauganlagen an den Behandlungsstühlen Filteranlagen einzubauen, damit das Amalgam nicht ins Grundwasser gerät. Das Filtrat muß als Sondermüll entsorgt werden. Trotzdem darf es in den Mund der Patienten noch immer eingebracht werden. Zudem wirkt das im Amalgam enthaltene Quecksilber antibakteriell. Diese antibakterielle Wirkung aber stört das Gleichgewicht der bakteriellen Besiedlung im Mund und damit den Magen- und Darm-Trakt.

Verwundert lesen wir in einer Zeitungsmeldung 1993, daß das Bundesgesundheitsamt beschlossen habe, daß Zahnärzte künftig nur noch solche Legierungen verwenden sollten, die besonders geprüft worden seien; Füllungen aus Kadmium, Beryllium oder Blei sollten nicht mehr wegen ihres Korrosionsverhaltens verwendet werden.

Auf den Pariser Allergietagen wurde Ende 1992 berichtet, daß Menschen mit Nickelunverträglichkeiten besonders häufig auf Palladium allergisch reagieren. Vermutlich sinkt die Verträg-

lichkeitsschwelle, wenn Nickel und Palladium aufeinandertref-
fen.

In den zahnärztlichen Mitteilungen vom November 1992 heißt
es wortwörtlich:

> »Noch unveröffentlichte tierexperimentelle Studien aus der Uni-
> versitätsklinik Marburg zeigen, daß die kupferhaltigen Palladium-
> Basis-Legierungen sowohl lokale als auch systemische Reaktionen
> am Dünn- und Dickdarm, an der Niere und Leber hervorrufen ...
> Der Nachweis allergischer Kontaktreaktionen durch eine Dentalle-
> gierung wird in der Regel mit dem epikutanen Patch-Test durch-
> geführt, während der epimuköse Patch-Test weniger geeignet ist,
> da hier 5- bis 10mal höhere Antigenkonzentrationen erforderlich
> sind. Vielfach werden sogenannte Außenseitermethoden wie die
> Elektroakupunktur-Testung nach Voll zum Nachweis von Aller-
> gien verwendet. Zur Schaffung einer sicheren Bewertungsgrundla-
> ge für das Allergiepotential von Dentallegierungen beabsichtigt
> das Bundesgesundheitsamt, eine wissenschaftliche Untersuchung
> finanziell zu fördern.«

Wie sich eine Metallunverträglichkeit – in diesem Fall war es
Palladium – auswirken kann, haben Sie ja schon gehört.
Mit EAV lassen sich diese Metallunverträglichkeiten besonders
gut feststellen. Ihre meßbaren Auswirkungen auf Meridiane sind
von Joachim Thomsen beschrieben worden, der feststellt, daß
Metallunverträglichkeiten Auswirkungen auf alle Systeme haben können. Häufig sei ihre Wirkung auf das vegetative Nervensystem und die Psyche festgestellt worden.
Mit Hilfe des Lüschertests werden die psychischen Auswirkungen meßbar. Wie bei Lara steht die Ablehnung von Rot bei
Menschen mit Metallintoleranzen im Vordergrund. Sie wehren

sich dagegen, Schwäche zuzulassen. Sie tragen ein unsichtbares Stützkorsett, das sie aufrecht hält, und dieses Korsett macht sie besonders empfindlich, wie Sie aus der Patientengeschichte erfahren werden, in der Annemarie den Ausdruck »Korsett« benutzt. Die Auseinandersetzung mit der nichttolerierten Legierung führt offensichtlich zu Unruhe- und Erschöpfungszuständen, die dadurch sichtbar werden, daß der Betreffende das Lüscher-Rot ablehnt.

Wenn Sie bestimmte Legierungen nun nicht vertragen, wird es notwendig werden, sie aus dem Mund zu entfernen. Doch auch da ist Vorsicht geboten!

Wenn der behandelnde Zahnarzt die unverträglichen Metalle entfernt, sollte er dabei sehr behutsam vorgehen. Ohne vorherige Testung und entsprechende Vorbehandlung ist die Sanierung nicht unbedingt erfolgreich. Denn wenn der Zahnarzt Füllungen und Kronen entfernt, werden winzige Partikel der Legierungen abgeschliffen und damit freigesetzt, was zu einer momentanen erhöhten Belastung führt. Deshalb sollte er Ihnen auch nicht alle Füllungen oder Kronen auf einmal herausnehmen. Es ist ratsam, schrittweise vorzugehen, da sich ansonsten Ihr Allgemeinzustand verschlechtern könnte. Sie werden unter Entzugserscheinungen zu leiden haben. Denn plötzliche Entlastungen des Körpers wirken ähnlich wie der Entzug der Droge bei Süchtigen.

Für ein Zwischenstadium sollte metallneutrales Material in den Mund eingebracht werden. Denn wenn Sie Goldplomben in einem Teil des Mundes und etwa Amalgamfüllungen in einem anderen Teil haben, kommen Spannungsunterschiede zu den Problemen, die durch die übergeordnete Metallbelastung entstanden sind, hinzu, was diese weiter eskalieren läßt.

Die verfeinerte Technik der schulmedizinischen Chirurgie macht es möglich, daß man heute Menschen, deren Hüftgelenk defekt geworden ist, ein **künstliches Hüftgelenk** einsetzen kann. Doch leider kommt es immer wieder vor, daß dieses künstliche Hüftgelenk vom Körper nicht angenommen wird. Chronische Schmerzen sind die Folge eines Prozesses, in dem der Körper dieses Implantat abstößt. Wenn man jedoch berücksichtigt, daß das Hüftgelenk zum System Leber-Gallenblase gehört, versteht man, daß etwa ein beherdeter Eckzahn, eine unterschwellige stumme Gallenblasenentzündung sowie eine infektiöse oder toxische Leberbelastung verhindern können, daß der Körper das künstliche Hüftgelenk annimmt. Daß darüber hinaus auch psychische Schwierigkeiten energetische Störungen in diesem Bereich hervorrufen und damit den Verbleib des künstlichen Hüftgelenks verhindern können, versteht sich von selbst.

Es wäre demnach sinnvoll, vor dem operativen Eingriff am Hüftgelenk das System Leber-Gallenblase zu untersuchen und zu behandeln. Dann ist die Chance groß, daß der Körper das künstliche Gelenk annimmt.

Bei der Entstehung vieler Krankheiten spielen Herde eine Rolle. Da wir immer wieder darauf zurückkommen müssen, wollen wir Ihnen nun kurz erklären, was man darunter versteht:

Herde sind chronische, meist schmerzlose Entzündungen, die das Meridiansystem durch ihre permanente unterschwellige Entzündung beeinträchtigen. Meist treten im Kopfbereich solche Herde auf. Es kann sich dabei um wurzeltote Zähne, chronisch entzündete, abgestorbene Zähne, Wurzelreste und Fremdkörper im Kieferknochen, chronische Entzündungen des Kieferknochens, der Nasennebenhöhlen und der Mandeln im Hals- und Rachenraum handeln.

Weisheitszähne haben im Gebißsystem eine Sonderstellung, denn sie können eine übergeordnete Herdwirkung ausüben. Darüber erfahren Sie gleich mehr. Durch anatomische Gegebenheiten bedingt, beginnen Weisheitszähne meist früher als Eckzähne als Herde zu wirken. Eckzähne sind im Regelfall stabil und fangen oft erst in höherem Alter als wurzeltote Zähne an, eine Herdwirkung auszuüben.

Ein chronisch entzündeter Blinddarm oder eine chronisch entzündete Gallenblase mit Störwirkung auf ein Meridiansystem wird dagegen Störfeld genannt.

Für einen möglichen Heilungsprozeß ist es unumgänglich notwendig, den jeweiligen Herd oder das Störfeld (bei Thusi etwa die durch Amalgamstückchen hervorgerufene Entzündung im linken Unterkiefer oder die Implantate bei Lara) zu entfernen. Eine isolierte Herdtherapie aber verschlechtert die gesundheitliche Situation, statt sie zu verbessern. Sie betont das Problem des betreffenden Systems, da die chronische Entzündung ohne entsprechende Vorbehandlung nicht ausheilen kann.

 Psoriasis heißt **Schuppenflechte**. Sie kann sich am Körper an einzelnen Stellen zeigen, sich aber auch über größere Areale, besonders auf dem Kopf, an den Ellbogen, an den Knien und in der Kreuzbeingegend als »rote Flecken ausbreiten, die im Winter silbrig verschorfen und unsere Haut übersäen«. So beschreibt der amerikanische Schriftsteller John Updike, selbst an Psoriasis leidend, diese Hauterkrankung. In einem Kapitel, das betitelt ist »Im Krieg mit meiner Haut«, macht er die körperlichen und psychischen Nöte des Psoriatikers sehr deutlich.

Die Bereitschaft zur Psoriasis wird vererbt. Aber zum Ausbruch kommt sie häufig erst nach Infekten, so wie bei Updike nach einer Masernerkrankung, oder auch nach einer Grippe oder Traumen, worunter man starke seelische Erschütterungen oder

116

durch Gewalteinwirkung von außen entstandene Verletzungen
versteht. Wolfgang Steinke untersuchte in der Dermatologischen Universitätsklinik Bern Patienten mit Psoriasis hinsichtlich der psychosomatischen Zusammenhänge. Er benutzte dabei den Lüschertest, weil mit dem Farbtest die unbewußten Faktoren der Psychosomatik besonders gut erfaßbar sind.

»Der Psoriatiker fühlt sich nicht liebevoll akzeptiert und in keiner vertrauensvollen emotionalen Zusammengehörigkeit integriert. Er glaubt, daß seine Bedürfnisse und Wünsche von anderen nicht respektiert und nicht befriedigt werden. Tritt Psoriasis nur an einzelnen Körperstellen auf, verursachen diese ein besonders starkes Gefühl der Beschämung und Peinlichkeit. Die Frustation und die emotionale Unbefriedigtheit erzeugen eine kompensatorische Steigerung der Bedürfnisse. Dadurch wird der Psoriatiker zum ungeduldig Begehrenden. Das kann sich als leicht reizbares oder provokatives Verhalten äußern.«

Steinke stellte fest, daß die Psoriatiker weitaus häufiger als die Patienten in der Vergleichsgruppe das Lüscher-Blau übermäßig ablehnten und Rot besonders bevorzugten. Das entspricht nach Cleff-Mennes Feststellungen dem System Leber-Gallenblase. Und genau da ist die Psoriasis akupunkturphysiologisch einzuordnen.

Wie sehr bei Psoriatikern das Selbstvertrauen (Rot) beeinträchtigt ist, sagt auch Updike klar: »Mein Krieg mit meiner Haut hatte mit Eigenliebe zu tun, ich wollte mich selber akzeptabel finden, ob andere es taten oder nicht.« Insofern ist die Auseinandersetzung mit seiner Hauterkrankung in einem Buch, das den Titel »Selbst-Bewußtsein« trägt, angemessen.

Nach den psychologischen Zuordnungen stehen die Lüscher-Farben Blau-Rot besonders für spontane Aktivität, Erlebnis- und

Unternehmungslust, verbunden mit der Fähigkeit, zufrieden und anderen verbunden zu sein. Menschen, die so geartet sind, kommen gut mit anderen Menschen zurecht. Sie sind integrativ, sind fähig zu einer echten Kommunikation.

Manfred Porkert stellt in seinem Buch »Die chinesische Medizin« fest:

»Ist der Orbis hepaticus (= das System Leber-Gallenblase) gestört, so leiden nicht nur die Antriebsreserven des Bewegungsapparates und die Fähigkeit zu momentaner Kraftentfaltung in Muskeln und Sehnen, sondern auch die Phantasie einer Persönlichkeit, ihre Initiative und ihre Entschlußfreudigkeit ... Die Bereitschaft zu Wagnis oder Furcht, Aggressivität oder Entschlußlosigkeit, die Lust zur Arbeit oder der Appetit beim Essen hängen weitgehend vom jeweiligen Zustand des Funktionskreises Leber ab.«

Wer Störungen in der Akzeptanz von Lüscher-Blau und Lüscher-Rot zeigt, neigt zur Selbstübersteigerung. Er will imponieren und sich wichtig machen oder traut sich fast gar nichts zu. Dadurch ist er in jedem Fall schnell überfordert oder gereizt. Er neigt dazu, Aggressionen zu stauen. Setzt er bei der Acht-Farben-Wahl noch das Schwarz an die erste Stelle, zeigt er seine Protest- und Negationshaltung.

Allgemein läßt sich sagen: Menschen, die das Lüscher-Blau ablehnen und das Rot bevorzugen, sind unzufrieden und schnell aggressiv. Damit reagieren die dazugehörigen Systeme Leber und Gallenblase empfindlich und neigen zur Überreizung. Die reizbare psychische und somatische Grundhaltung kann bei diesen Menschen leicht zu Autoimmunerkrankungen führen, bei denen der Körper seine Abwehrreaktion gegen sich selbst richtet.

118

Da jeder Mensch ein ganz spezielles, unverwechselbares Individuum ist, reagiert jeder anders, und seine psychischen oder somatischen Schwierigkeiten äußern sich individuell.

Grundsätzlich gilt: Es gibt keine vergleichbaren und damit gleichartigen Krankheitsfälle. Insofern können die Patientengeschichten nur Anschauungsmaterial sein.

Annemarie, deren Geschichte Sie gleich lesen, hat im Lüschertest eine solche Blau-Rot-Kolonne wie oben beschrieben. Unzufrieden und gereizt reagiert sie autoaggressiv mit Gelenkbeschwerden, die in den Beinen so massiv sind, daß sie schließlich nicht mehr laufen kann, obwohl ihr Laufenkönnen besonders wichtig ist.

»Ich habe eigentlich immer Gelenkprobleme gehabt, seit ich denken kann, meine Mutter auch. Immer wurde gesagt, das liegt in der Familie. Ich bin als Kind wie gesagt beim Bombenangriff verschüttet gewesen, und nachdem ich an der Wirbelsäule operiert worden war, hat man festgestellt, daß ich einen angeknacksten Wirbel hab', der vierte oder fünfte Lendenwirbel. Später habe ich mich mit einer perforierten Bandscheibe herumgeschleppt. 1971 hatte ich dann einen Bandscheibenvorfall. Aus geschäftlichen Gründen habe ich ein Vierteljahr damit gelebt und mich dann erst operieren lassen. Bis dahin war mein rechtes Bein völlig deformiert, wie ein Ofenrohr taub und wie abgestorben.
Der Professor hat mir gesagt: ›Ihre ganze Wirbelsäule ist schlecht, wir haben nur den schlechtesten Teil repariert.‹ Dann habe ich mit der Lendenwirbelsäule keine Probleme mehr gehabt. Aber ich hatte dann und wann rheumaartige

Beschwerden. Ich kann Ihnen keine genaue Stelle sagen, überall, wo man Gelenke hat. Das ist ganz unterschiedlich, überall und wechselnd. Ich habe es am meisten bemerkt, wenn es in den Beinen war, weil ich dann nicht mehr laufen konnte, und das ist für mich ein Alptraum, wenn ich nicht mehr laufen kann.

1988 fing das an, daß meine Gelenkprobleme extrem schmerzhaft und schwierig wurden. Das war soweit, daß ich mir die Haare kurz schneiden lassen mußte, weil ich mit den Armen nicht mehr an den Kopf kam. Es war grauenhaft. Mein Mann hat mich nachts schreiend und steif wie ein Brett in glühend heißes Badewasser legen müssen, daß ich wie ein Krebs rot wurde, und ich sagte immer: ›Heißer, heißer!‹ Denn in dem Moment, wo es heiß wurde, hatte ich das Gefühl, es gibt etwas Erleichterung. Ich hatte diese Schmerzen nachts ständig, und irgendwann meinst du, du wirst verrückt und erträgst es nicht mehr.

Ich hatte optisch sichtbar dicke Gelenke, und das war mein Glück, sonst hätten sie mich für verrückt erklärt. Die Finger waren nicht krüppelig verformt, sondern die Gelenke waren dick, und zwar die Knie und die Handgelenke.

Inzwischen kam ich nicht mehr über einen Teppichrand. Ich mußte mich füttern lassen. Ich konnte kein Blatt mehr anfassen. Das kann man alles überhaupt gar nicht beschreiben, was alles nicht mehr ging.

Ich bin zu einem Rheumapapst gegangen. Die haben sich mit den Untersuchungen unendlich viel Mühe gegeben. Die haben alle Blutuntersuchungen gemacht und haben keinen Rheumafaktor festgestellt. Der Professor sagte: ›Im Prinzip kann ich Ihnen nur mit Cortison helfen.‹

Das wollten mein Mann und ich aber nicht, weil ich auch

noch Oberbauchbeschwerden habe und schon zweimal
an der Galle (die Galle wurde entfernt, beim zweiten Mal
wurden Narbenwucherungen entfernt) operiert worden
bin. Ich hatte immer Gallenkoliken, hervorgerufen durch
Essen plus Streß, seit ich denken kann. Mein Mann sagte:
›Wenn wir das machen, können wir uns ausrechnen, wann
dein Bauch nicht mehr mitmacht. Wir probieren erst alles
andere.‹ Und ich wollte das auch nicht. Und so bin ich
auch Gott sei Dank zur Elektroakupunktur gekommen.

Ich hatte Schmerzen in den Gelenken und in den Muskeln,
und dafür habe ich die Elektroakupunkturuntersuchung
und -behandlung machen lassen. Ich bin getestet worden
und habe die Medikamente bekommen: Und mein Mann
hat mir die zu Hause gespritzt. Dann bin ich zuerst fast
verzweifelt. Wenn mein Mann mir nicht zugeredet hätte
wie einem lahmen Pferd, hätte ich wahrscheinlich das
Handtuch geworfen. Denn – ich hab das mittwochs immer
gespritzt gekriegt, und donnerstags waren die Schmerzen
so was von grauenhaft, wie man sie sich schrecklicher
nicht vorstellen kann.

Nach der siebten Spritze – erste Testung – merkte ich eine
ganz kolossale Besserung. Die Schwellungen gingen weg,
ich konnte plötzlich einen Löffel anfassen und ihn halten
und ihn benutzen. Und dann ging das raketenartig nach
oben mit mir. Dann bin ich noch einmal getestet worden,
mein Medikamentenpäckchen wurde wesentlich kleiner.
Die Sachlage wurde besser. Dreimal bin ich insgesamt getestet worden.

Durch die Elektroakupunktur wurde festgestellt, daß eine
alte Masernbelastung für meine Krankheitsentstehung
wichtig war. Ich hatte die Masern ganz, ganz furchtbar

schlimm. Seltsamerweise hatte ich bis dahin ganz dünne, spillerige Haare, nach diesen schrecklichen Masern habe ich eine dichte, feste Mähne bekommen. Und immer wieder, wenn ich sehr krank war, wachsen mir Haare wie ein Affe bis in die Stirn. Es kann nicht mit Medikamenten zusammenhängen, denn ich ertrage lieber schreckliche Schmerzen, bevor ich Medikamente nehme.

Mein Freiheitsdrang ist besonders groß. Deswegen ist Nicht-laufen-Können mein Alptraum. Das war auch der Grund, mich selbständig zu machen. Ich wär bestimmt der schlechteste Angestellte, den man sich denken kann. Ich will selbst Entscheidungen treffen können. Ich kann mich nicht reglementieren lassen. Ich kann mich ganz schlecht – nein, ich kann mich ganz gut einfügen. Aber ich habe einen ausgeprägten Freiheitsdrang. Meine Mutter hat immer gesagt, man braucht mir nur etwas verbieten, dann habe ich es sicher gemacht. Ich muß selbst Entscheidungen treffen können. Ich möchte alles immer selbst bestimmen. Dann will ich sofort.

Ich geh auch ungern zu großen Veranstaltungen, nicht da mitten drin. Ich habe auch große Angst vorm Fliegen, da kann ich nichts selbst machen, da muß ich mich auf jemanden verlassen. Wenn ich selbst fliegen könnte, hätte ich wahrscheinlich keine Angst. Ich kann mich nicht ausliefern. Ich glaube, die Angst ist entstanden, als ich mit neun Jahren verschüttet war. Ich kann mich davor nicht erinnern, daß ich in die Schule gegangen bin. Aber seltsamerweise weiß ich alles von meinem Vater.

Ich kann nicht nein sagen. Wenn Sie bei mir die ›Helf- oder Mach-Taste‹ drücken, dann springt bei mir was an. Dann hab ich nur noch Freude, weil ich das in den Griff

krieg. Und ich krieg es auch in den Griff. Und ich schaff
auch immer alles. So daß das letztlich für meine Umwelt
schwer zu ertragen sein wird.
Eigentlich würde ich mich gern mal anlehnen. Ich wäre im
Leben so gern ein Schwälbchen gewesen. Wissen Sie, was
ein Schwälbchen ist? Ein Schwälbchen ist eine Frau, wo
man sagt, sie ist zart und … ach Gott. Und die sind so
stark, und ich bin gar nicht das, was man stark nennt. Ich
hab vom Leben ein Korsett bekommen. Disziplin geht mir
über alles.
Ich vertrage keine Umweltgifte und Schwermetalle. Mein
Immunsystem ist wahrscheinlich so immer am unteren Le-
vel. Und dann kommt dieses Tröpfchen, was jeder andere
verkraftet, nur ich nicht mehr. Und da ich das jetzt weiß,
lasse ich mich dann testen und bekomme das Entsprechen-
de gespritzt. Man kann dabei stehenbleiben und zusehen,
wie das Gelenk wieder dünn wird. Und das sind Sachen,
die kann man sich ja nicht einbilden.«

Annemarie ist sich nicht bewußt, daß sie zu dem Zeitpunkt ihrer
heftigsten Gelenkbeschwerden in ihrer Ehe nicht mehr zufrieden
und glücklich war. Inzwischen ist sie sich darüber klar geworden und hat sich von ihrem Mann getrennt. Drei Jahre zuvor war
diese Tendenz in ihrem Unterbewußtsein schon am Lüschertest
ablesbar.
Der EAV-Test brachte zutage, daß Störungen des Gallenblasenmeridians Annemaries Muskel- und Gelenkrheuma auslösten.
Als Herd wirkte zum einen eine chronische Mandelentzündung,
zum anderen als übergeordneter Herd ein rechter oberer Weisheitszahn, der das System Leber-Gallenblase ebenfalls beein-
trächtigte.

Die Aussagen Annemaries stimmen in exakter Weise mit dem
überein, was auch beim Lüschertest herauskam:
Annemarie weiß nach ihren eigenen Worten sehr genau, was sie
will, und setzt das auch durch. Sie kann sich einfügen, wenn sie
dadurch ihren Willen bekommt. Gleichzeitig ist sie innerlich
weich und anlehnungsbedürftig: »Ich wäre im Leben so gern ein
Schwälbchen gewesen.« Dadurch, daß sie diese Weichheit nicht
auslebt oder ausleben kann, muß sie Härte zeigen, um ihr Ziel
zu erreichen. Da das Leben ihrem Bedürfnis nach Anlehnung
nicht entgegenkommt, sondern ihr statt dessen – wie sie sagt –
ein Korsett verpaßt, ist sie auf ihre Disziplin und Leistung besonders stolz. Daß das für andere Menschen nicht immer leicht
zu ertragen ist, weiß sie selbst. Ob sie sich auch darüber im
klaren ist, daß diese rigide Haltung in einer Partnerschaft problematisch ist, sei dahingestellt.

Unbewußt kompensiert Annemarie das Vermißte, die Zuwendung, die vertrauensvolle Verbundenheit. Andere würden sich
vielleicht mit Alkohol oder betäubenden Medikamenten trösten,
Annemarie wählt Schokolade. Anschließend leidet sie dann unter einem Migräneanfall, rechtsseitigen Oberbauchkoliken oder
dicken Gelenken!

Dazu ein grundsätzlicher Tip für alle, die mit Migräneanfällen
zu tun haben! Bei Schokolade sollten Sie generell vorsichtig
sein; ihre Inhaltsstoffe können Migräne auslösen.

Im Lüschertest wird deutlich sichtbar, daß Annemarie eine tiefe
innere Verbundenheit anstrebt, die sie in ihrem Partnerbezug
nicht bekommt. Da sie den Partner dafür verantwortlich macht,
zieht sie sich wie in eine Festung zurück und kapselt sich gegen
ihn ab: Sie sucht Nähe, entfernt sich aber vom Partner. Der
scheinbare Widerspruch entsteht durch ihr übersteigertes Inte-
grationsbedürfnis. Die Erwartungen, die Annemarie an ihren

Partner und ihre Mitmenschen stellt, sind unrealistisch und damit nicht erfüllbar.

Zu der derart gelagerten schwierigen psychischen Situation kommt Annemaries somatische Befindlichkeit: Die Kindheitsgeschichte macht deutlich, daß Annemaries Immunsystem, wahrscheinlich schon erblich bedingt, vorgeschwächt war. Durch das traumatische Erlebnis des Verschüttet-worden-Seins ist die energetische Situation weiter verschlechtert worden.

Chronische Störungen des Gallenblasenmeridians – die Patientin berichtet von mehreren Operationen – und ein als Herd wirkender Weisheitszahn haben das Immunsystem weiterhin belastet. Wie durch Testung des Milzmeridians und Dickdarmmeridians festzustellen war, war es inzwischen massiv gestört. Insofern wird verständlich, daß das Immunsystem in einer problematischen psychischen Konstellation und Situation völlig zusammenbricht, was sich in dem Muskel- und Gelenkrheuma manifestiert.

Wie Annemarie selbst erkannt hat, verträgt ihr Körper keine toxischen Belastungen, weder durch die Umwelt noch durch Metalle. Nach mehreren Elektroakupunkturbehandlungen und einer Stabilisierung ihres Gesundheitszustandes kann man heute sagen, daß sie – abgesehen von gelegentlichen Störungen durch eben diese Belastungen – gesund ist.

Die Freudlosigkeit schadet dem Herzen

Unmöglich, alle Redensarten aufzuzählen, die der Volksmund für Gefühle hat, die das Herz bewegen: Wir haben etwas auf dem Herzen, es geht uns etwas ans Herz, oder wir machen unserem Herzen Luft; etwas läßt unser Herz höher schlagen, uns klopft das Herz bis zum Hals, oder uns wird schwer ums Herz, uns bleibt das Herz stehen. Alle sprachlichen Wendungen, die das Herz betreffen, zeigen deutlich, welche zentrale Rolle das Herz für unsere Gefühle – Liebe, Freude, Angst – spielt.

Ly Luan Dong sagt: »Die Freudlosigkeit und die Furcht schaden dem Herzen, aber Affektionen des Herzens und seiner Umhüllung (Meister des Herzens bzw. Kreislaufmeridian) machen den Kranken freudlos oder ängstlich.« (Freudlosigkeit ist die Abwesenheit von Freude.)

Herz und Dünndarm gehören als System zusammen; der Dünndarmmeridian beginnt am kleinen Finger, der Herzmeridian endet dort. Beide stellen wir Ihnen jetzt vor.

Diesmal erfahren Sie etwas über: funktionelle **Herzbeschwerden, Herzinfarkt, Morbus Crohn**. Sie hören Wichtiges über die Rolle, die Weisheitszähne spielen. Am Beispiel **Zungenbrennen** beschreiben wir, wie gekoppelte Meridiane, wenn einer von beiden gestört ist, dasselbe Krankheitsbild hervorbringen können. In der Patientengeschichte und dem Kommentar geht es um **Herzrhythmusstörungen**.

 Das Herz ist ein Hohlorgan, das aus Vorhöfen und Kammern besteht. Seine Muskeln halten den Blutstrom in den Gefäßen in Bewegung, indem sie sich

abwechselnd zusammenziehen und erschlaffen. In den Lungen nimmt das Blut Sauerstoff auf, über den linken Vorhof und die linke Herzkammer wird das sauerstoffreiche Blut an die Gewebe weitergeleitet. Das CO_2-haltige Blut wird über die rechte Herzkammer und den rechten Vorhof zur Lunge gepumpt und das CO_2 dort ausgestoßen.

Der Dünndarm beginnt am Magenausgang, ist vier bis fünf Meter lang und unser Hauptresorptionsorgan. Er hat die Aufgabe, über die Darmzotten die Nährstoffe aufzunehmen (= resorbieren). Als Bestandteil des Immunsystems liegen in der Dünndarmwand kleinste Lymphknoten, die sogenannten Lymphfollikel oder Peyerschen Plaques. Sie spielen eine wichtige Rolle bei der Lokalimmunität, bei der Abwehr körperfremder Substanzen. Das Meridianpaar Herz-Dünndarm wird vom Herzmeridian und seinem Partner, dem Dünndarmmeridian, gebildet. Entsprechend den Verläufen, die Sie auf der Abbildung Herzmeridian und auf der Abbildung Dünndarmmeridian finden, gehören folgende durch die Meridiane miteinander verbundenen Körperabschnitte energetisch zum System Herz-Dünndarm.

Herz	Dünndarm
1. das Herz	
2. der Dünndarm	
3. die Halswirbelsäule	
4. der Vorderlappen der Hirnanhangdrüse (= Hypophysenvorderlappen)	
5. das äußere Ohr und der Gehörgang	
6. die Weisheitszähne im Ober- und Unterkiefer	
7. der Raum hinter den Weisheitszähnen im Oberkiefer (= Retromolarraum)	

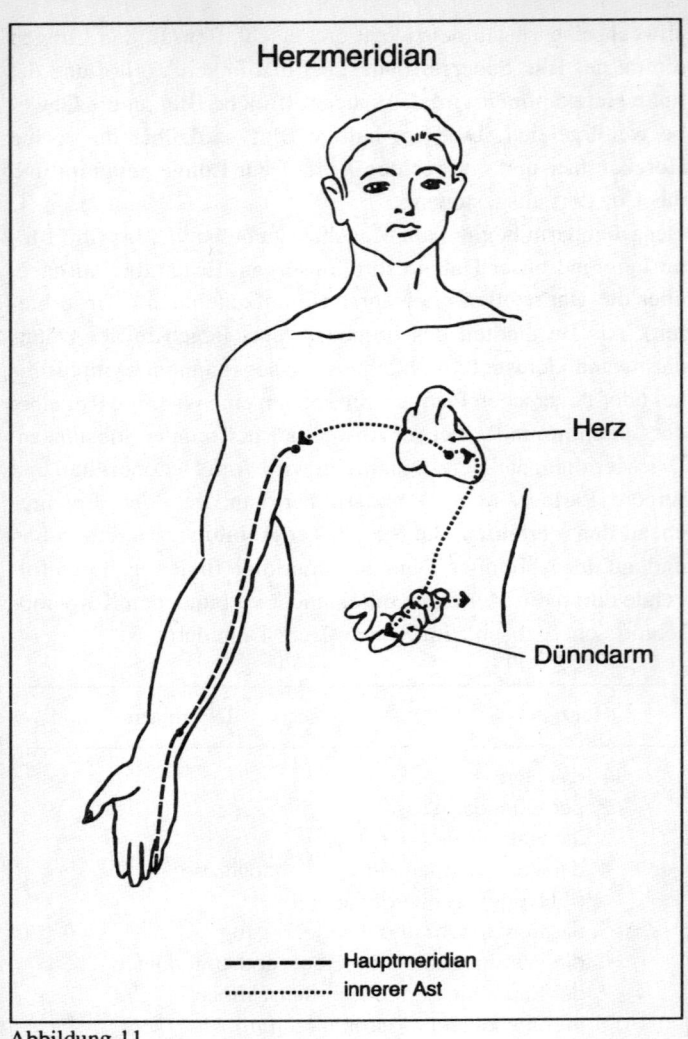

Herzmeridian

Herz

Dünndarm

------ Hauptmeridian

.... innerer Ast

Abbildung 11

Dünndarmmeridian

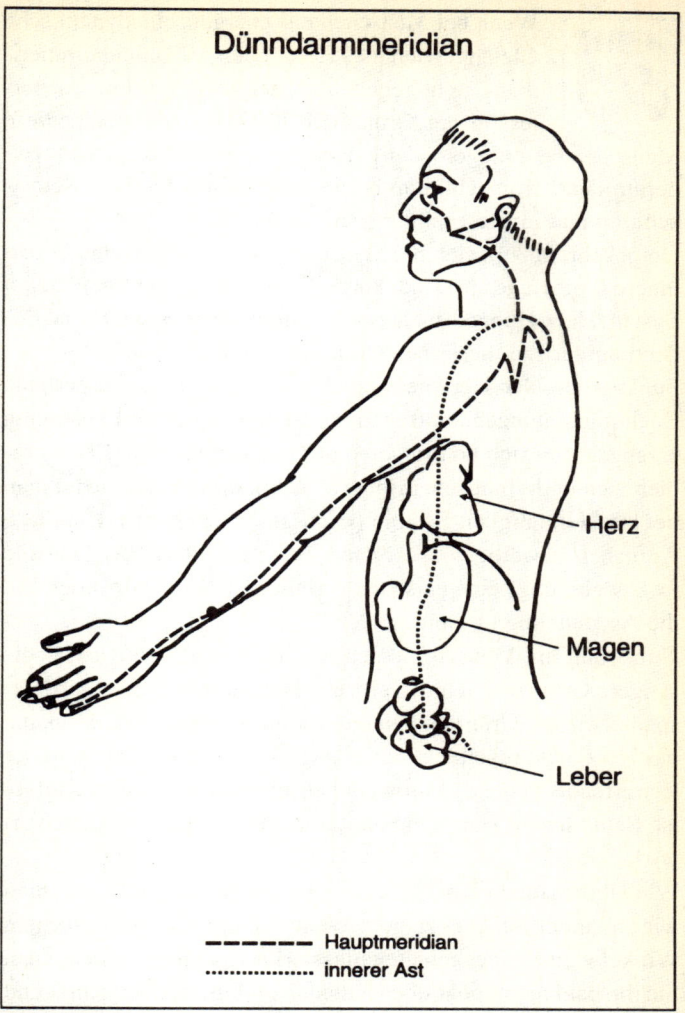

Herz

Magen

Leber

– – – – – Hauptmeridian
·············· innerer Ast

Abbildung 12

**Grün
Gelb**

Wenn bei Menschen das energetische dynamische Gleichgewicht des Herz- oder des Dünndarmmeridians nicht gegeben ist, zeigt sich das im Lüschertest in der Grün-Gelb-Kolonne. Das heißt, diese Menschen bevorzugen oder lehnen Grün und Gelb ab, was wiederum deutlich macht, daß bei ihnen die Selbstgefühle Selbstachtung und innere Freiheit beeinträchtigt sind.

Umgekehrt äußern sich bei Menschen, deren Selbstachtung und innere Freiheit gestört sind, körperliche Störungen besonders im System Herz-Dünndarm. Das wird durch die physiologische Bedeutung der Lüscherfarben Grün-Gelb klar:

Funktioniert der Herzmeridian normal und ohne wesentliche Beeinträchtigungen, muß er Energie bereitstellen und Spannung erzeugen, um sich kontrahieren (+ Grün) zu können. Er kontrahiert sich in rhythmischer Folge (- Gelb); diese Phase nennt man bei der Herztätigkeit Systole (= Zusammenziehung). Um diese Aufgaben bewältigen zu können, ist in der Phase der Diastole (= Erweiterung) eine entspannte Haltung (- Grün) erforderlich, die Ausdehnung (+ Gelb) zuläßt.

Nun wählt ein Mensch, dessen Herzmeridian gestört ist, übersteigert Grün und lehnt Gelb ab: In seiner übermäßigen Gespanntheit (++ Grün) und Neigung zum Spasmus (-- Gelb) kann das Herz nicht regelrecht funktionieren. Offensichtlich wird der Betreffende zu dieser Farbwahl getrieben, weil er »überspannt« ist. Seine innere Harmonie ist gestört; er ist aus dem Gleichgewicht.

Wie Überspanntheit bei einem Organ zu verstehen ist, möchten wir an einem Beispiel zeigen: Wenn Sie einen Arm im rechten Winkel vom Körper abhalten und stark anspannen, dann können Sie ihn bald nicht mehr oben halten. Der Arm ist überspannt und fällt runter.

130

Damit der Dünndarm Nährstoffe resorbieren kann, braucht er **Grün** einerseits die Möglichkeit, sich zu weiten (+ Gelb), dazu muß **Gelb** er entspannt und gelöst sein (- Grün). Andererseits aber reguliert er die Verdauung, indem er sich rhythmisch (- Gelb) kontrahiert (+ Grün); die Nahrung wird dadurch wellenartig weiterbewegt. Bei chronischen Erkrankungen des Dünndarmmeridians wählen die Betroffenen Farben, die eine Neigung zum Kollaps (++ Gelb) und zur Überspannung (++ Grün) ausdrücken. Entsprechend sind diese Patienten in ihrer psychischen Haltung eifrig und gleichzeitig sehr auf Respekt und Achtung bedacht. Sie klagen über Darmkrämpfe und Durchfälle.

Schauen Sie sich die Grafik an!

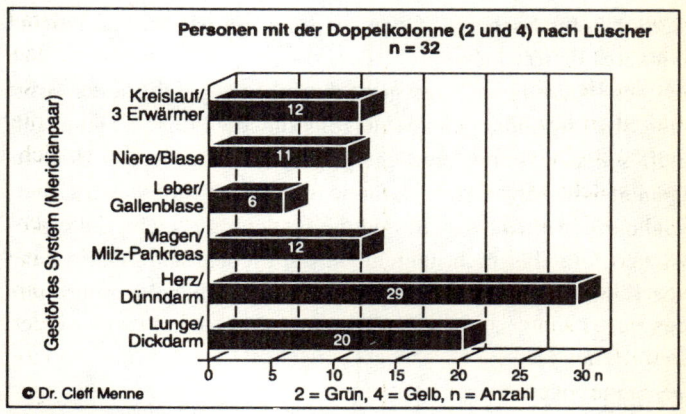

Abbildung 13

Von 32 Probanden, die eine Doppelkolonne Grün-Gelb gewählt haben, das heißt in ihren Selbstgefühlen Selbstachtung (Grün) und innere Freiheit (Gelb) gestört waren, zeigten 29 eine Störung des Meridianpaares Herz-Dünndarm.

131

Daß auch das Meridianpaar Lunge-Dickdarm verhältnismäßig oft betroffen war (20), fällt ins Auge. Es ist jedoch einsichtig, daß bei einem vorgeschädigten Verdauungstrakt leicht der andere Teil, Dünndarm oder Dickdarm, in Mitleidenschaft gezogen wird. Auch hier gilt, was wir bereits oben schon sagten, allgemein ist der Anteil des geschädigten Meridianpaares Dickdarm-Lunge hoch.

 Der Herzmeridian gehört nach der chinesischen Akupunkturlehre zu der Wandlungsphase Feuer. Diese Vorstellung liegt uns nicht ganz fern, wie Redensarten deutlich machen. Wir sagen, ein Mensch sei »Feuer und Flamme«, wenn er mit »ganzem Herzen« bei der Sache ist. Oder wir sprechen davon, daß jemand »inneres Feuer« habe.

Dieses innere Feuer kann gestört sein, Engegefühl in der Brust und Mißempfindungen des Herzens sind die Folge. Ein mangelhaftes Feuer, womit eine energetische Schwäche des Herzens gemeint ist, kann Grund dafür sein, daß sich im System Leber-Gallenblase Energie staut und die Gallenblase mehr Galle produziert, die aber nicht ungehindert abfließen kann. Darin kann die Ursache für einen erhöhten Cholesterinspiegel bei normaler oder sogar cholesterinarmer Ernährung liegen.

	Maximalzeit	Minimalzeit
Herz	11 – 13 Uhr tags	23 – 1 Uhr nachts
Dünndarm	13 – 15 Uhr tags	1 – 3 Uhr nachts

Mit dem Wissen um Maximal- und Minimalzeit können Sie für Ihr Herz viel tun. Vormittags ist das Herz am belastungsfähigsten. Nachts – das sehen Sie – ist es auf Ruhe eingestellt. Gegen die innere Uhr würden Sie handeln, wenn Sie um 23 Uhr Tennis spielen würden.

Wenn wir energetische Maximal- und Minimalzeiten akzeptieren, ist klar, wie wichtig es ist, Medikamente zum richtigen Zeitpunkt einzunehmen. Haben Sie zum Beispiel einen organischen Herzschaden, nehmen Sie Ihr Herzmittel am besten schon gegen 9 Uhr morgens ein. Es kann dann voll wirksam werden, wenn Ihr Herz es am nötigsten braucht, nämlich in seiner Maximalzeit zwischen 11 und 13 Uhr.

Unsere alten Hausärzte wußten: Zum Herzinfarkt kommt es meist zur Mittagszeit oder um Mitternacht, was der Maximal- und Minimalzeit des Herzens entspricht.

»Nach dem Essen sollst du ruhn oder tausend Schritte tun« – heißt es im Volksmund. Doch das ist ein Übersetzungsfehler. In dem alten Medizinbuch der Universität Salerno heißt es in einem Lehrgedicht: »Nach dem Essen sollst du stehen oder tausend Schritte gehen.«

Physiologisch gesehen wäre Ruhe nach dem Mittagessen für die Arbeit, die der Dünndarm zu leisten hat, förderlich und sinnvoll. Doch die Verhältnisse, »die sind nicht so« – wußte auch schon Bertolt Brecht. Die wenigsten von uns können oder wollen sich diese Ruhepause leisten; in unseren Arbeitstag ist sie nicht integriert. Eine Siesta nach dem Essen, wie die Südländer sie noch vielfach kennen, gibt es nicht.

Unsere Lebensweise ist auf krankmachenden Streß ausgerichtet. Meist essen wir hastig, ruhen nach dem Essen nicht – zehn Minuten wären schon gut – und sind angespannt. Daß wir von uns aus dann den Verdauungstrakt noch zusätzlich durch denaturierte Nahrung, die wiederum für den Körper Streß bedeutet, belasten, fördert nicht unsere Gesundheit.

Grün
Gelb
Die Maximalzeit Dünndarm liefert Ihnen die Erklärung dafür, warum Sie nach dem Mittagessen gähnen. Ihr Körper signalisiert Ihnen, daß er ein bißchen Ruhe zur Verdauung braucht. Wenn Sie nach dem Essen eine bleierne Müdigkeit überfällt, haben Sie wahrscheinlich einen gestörten Dünndarmmeridian.

Betrachten wir zunächst Lüschers Interpretation der psychischen Komponenten bei Störungen des Herzmeridians, die sich in der Kolonnenwahl Grün-Gelb äußern. Dieser Mensch hat eine gestörte Selbstachtung. Er empfindet, daß sein Geltungsanspruch behindert wird und sucht, aus Angst vor Mißachtung, unbedingte Bestätigung. Da er merkt, daß die augenblickliche Situation ihn bedrängt, möchte er dieser beengenden Situation ausweichen, entfliehen, was sich in der Bevorzugung von Gelb zeigt. Sein innerer Zwiespalt führt dazu, daß er Konflikte möglichst meidet und aus Angst vor Zurückweisung eifrig ist.
Verständlich also, daß die psychische »Enge« bei diesen Menschen häufig ein Gefühl der Enge im Brustkorb und Herzbeschwerden nach sich zieht.
In der klassischen chinesischen Medizin werden die Empfindungen Freude und Lust dem Funktionskreis des Herzens zugeordnet. Wir Europäer tun dasselbe. Sind nun Freude und Lust in ihrer Ausdrucksform gestört, »macht sich dieses in rastloser, zusammenhangloser, hektischer Aktivität, in Lachkrämpfen, auch in Launenhaftigkeit bemerkbar«, so Porkert.
Was Porkert hier beschreibt, ist eine Form, in der sich Abwesenheit von Freude äußern kann; hysterisch übersteigertes Lachen ist nicht Ausdruck echter Freude. Das ist aber weniger problematisch. Entscheidend und typisch ist, daß mit der Erkrankung des Herzens die Freudlosigkeit einhergeht.
Wie uns schon die Redensarten verraten, können Störungen des

Herzens durch psychischen Streß ausgelöst werden, auch Anfäl-
le stärksten Herzklopfens, verbunden mit heftiger Angst, das
Herz könnte stehenbleiben. Sogenannte Herzneurosen werden
durch psychische Traumen und innere Spannungszustände hervorgerufen.

 Infektiöser oder toxischer Streß, nicht nur psychi-
scher, können eine Krankheit hervorrufen. Daß das
auch bei einem **Herzinfarkt** der Fall sein kann,
zeigt die Falldarstellung von Hubertus D. deutlich.
Er ist auch ein gutes Beispiel dafür, daß die innere Überspanntheit nicht selten von der Unfähigkeit zu lieben begleitet wird.
Für viele Herzneurotiker ist es schwierig, Liebe zu empfinden.
Sie können meist nicht ehrlich mit sich selbst sein und deshalb
dem Partner nicht offen gegenübertreten.

 *Hubertus hatte sich in seine Arbeit als Tier-
arzt geflüchtet. In seiner Freizeit gönnte er
sich nicht beschauliche, ruhige Tätigkeiten
oder eine gemütliche Stunde mit seiner Frau.*
*Nein, dann machte er ausgedehnt Jogging durch den
Wald, obwohl dieser Sport seine Herzbeschwerden ver-
stärkte. Er meinte, sein Herz müsse auf Leistung getrimmt
werden, weil er unter Bluthochdruck und Extrasystolen litt.
Hubertus hatte bereits einen Herzinfarkt gehabt. Zeitweise
war ihm schwindlig. Seine Nackenwirbelsäule machte ihm
Dauerbeschwerden. In den letzten Jahren war eine Hör-
verschlechterung eingetreten.*
*Zu den toxischen und infektiösen Belastungen des Herz-
meridians kamen noch zwei belastende Faktoren aus dem
Kieferbereich. Auf der Röntgenaufnahme waren Herde*

sichtbar: Je ein verlagerter Weisheitszahn oben und unten rechts ließen eine Entzündung erkennen. Beide Zähne wurden entfernt, wobei die Systembeziehungen und das richtige Timing berücksichtigt wurden. Die Wunden verheilten komplikationslos.

Die EAV-Testung ergab, daß die toxische Belastung durch Hautkontakt und Einatmen von Antibiotika und Cortisonpulver kam, die Hubertus zweimal wöchentlich in großen Mengen für die Massentierhaltung als Futterbeigabe vermischte. Nachdem er über die Problematik der toxischen Belastung aufgeklärt war, mischte er die Pulver nicht mehr selbst an. Das muß jetzt seine Frau tun – aus Liebe zu ihm.

Viele Menschen glauben, daß es notwendig sei, das Herz durch Sport fit zu halten. Sie vergessen, daß die Herzmuskeln sich mit jedem Schlag selbst trainieren. Wenn jemand wie Hubertus ohnehin schon unter **Herzbeschwerden** leidet, ist es besser, der Enge entgegenzuwirken, sich zu lockern, tanzen zu gehen, zu singen oder sich ganz einfach zu freuen.

Der Herzkranke reagiert in der Regel auf unbedeutende Kreislaufstörungen mit intensiven Ängsten und übersteigerten hypochondrischen Vorstellungen. So kann er eine krankhafte Neigung zur Selbstbeobachtung entwickeln, was dazu führt, daß er seine Wahrnehmungen überbewertet. Auf der anderen Seite neigen Herzkranke meist dazu, ernsthafte Symptome als Vorboten eines Infarktes zu überspielen und den Arzt nicht aufzusuchen. Menschen mit organischen Herzerkrankungen sind fast immer ehrgeizig und sehr auf Respekt bedacht. Doch sie nehmen ihre innere Zwanghaftigkeit nicht wahr. Planung und Hektik stehen bei ihnen im Vordergrund. Spontane Impulse oder gar das Eingeständnis von Schwäche werden von ihnen nicht zugelassen.

Über 90 Prozent der Herzneurotiker erscheinen besonders anlehnungsbedürftig, ungewöhnlich erschöpft, innerlich unruhig
und ängstlich.

Im Lüschertest lehnen Menschen mit erlittenem Herzinfarkt das
Lüscher-Grün ab. Aber auch die Menschen, die funktionelle
Herzbeschwerden haben, weisen dieses dunkle Blaugrün unter
den Testfarben als hart und unsympathisch zurück. Gerade weil
diese Menschen unter einem Mangel an Selbstachtung leiden,
müßte alles getan werden, dieses wie ihre körperliche Stabilität
zu stärken.

Eine Aufforderung an die Partner oder Familienangehörigen also: Nehmen Sie dem Herzkranken nicht alles ab! Lassen Sie ihn
soviel wie möglich selbst tun und selbst entscheiden. Es ist gut
gemeint, wenn Sie sich für sie oder ihn stark machen, beeinträchtigt aber die Selbstachtung noch mehr.

Was die Physiotherapeutin Susanne W., deren eigene Geschichte Sie in *Himmel oder Hölle auf Erden?* lesen werden, uns über
ihre Herzpatienten berichtet, veranschaulicht diese Problematik.

>Die Leute, das waren meine Herzpatienten, mit denen ich
als Physiotherapeutin gearbeitet habe. Die Leute, wenn die
so trainiert werden, die werden auf Leistung trainiert. Das
ganze kardiale System soll möglichst leistungsfähig bleiben, damit die Menschen den Alltagsbelastungen gewachsen sind. Das ist auch an sich alles ganz gut. Aber alles,
was das Herz betrifft, was ihre Seele betrifft, das wird her-
ausgenommen. Es werden nie Übungen gemacht, um das
Herz wahrzunehmen. Was ich dann so in meiner Arbeit
mit ihnen erfahren habe, war, daß der Herzpatient ein Patient ist, der unheimlich ängstlich ist, unheimlich unsicher
ist, aber alle möglichen Mechanismen in Gang setzt, um

diese Ängste und Unsicherheiten überhaupt nicht mehr wahrzunehmen. Da laufen richtige Maschinerien wie so kleine Kraftwerke. Mit Sicherheit verdrängen sie unheimlich viele Gefühle. Ich habe immer wieder versucht, aus dem Bereich der Körperwahrnehmung Übungen mit hereinzunehmen. Und auch, was mir ein großes Anliegen war, daß sie ihre Atmung spüren sollten, fühlen sollten, wie Atem kommt und wie Atem geht, daß das etwas ist, was ihnen geschenkt wird, daß Atem von allein da ist, daß sie den Atem nicht beeinflussen können, daß sie einfach lernen sollten, ihren Atem nicht anzuhalten. Denn in dem Moment, wo man Angst hat, hält man den Atem an, dann kommt es zu einer Unterversorgung im Herzen. Und dann kommen die ganzen Krampfsituationen, und dann geht es ihnen echt nicht gut. Was noch erschwerend dazu kommt, der Herzpatient ist ein Patient, der ganz extreme Todesangst hatte. Er hat ja Momente erlebt, wo einfach nichts mehr ist, wo das Herz aufhört. Ich glaube, daß das auch Momente sind, wo sie sehr starke Schmerzen haben.

Und ich habe immer das Gefühl, ich möchte ihnen lieber in dieser Richtung etwas beibringen. Sport ist ein sehr gutes Medium, da kann man schon sehr gut entängstigen. Aber sie haben es per se abgelehnt. Denn da sind sie ein bißchen dichter an sich herangekommen, dann merkten sie auf einmal, da ist ja was, da ist ja noch ein bißchen mehr. Dann haben sie total blockiert. Und dann kamen auch so unterschwellige Aggressionen. Wobei ich erlebt habe, daß der Herzpatient jemand ist, der von unbewußten Aggressionen regiert wird. Aggression im Bauch, die er aber nicht wahrnimmt, die aber häufig der Motor ist. Alles das, was mit Herz zu tun hat, das darf alles nicht sein.

138

Die Herzpatienten können sich nicht ihrer Angst stellen.
Sie können sich sehr schlecht selbst wahrnehmen.
In den Herzgruppen nach dem Kölner Modell soll der Part-
ner an der Stunde mit teilnehmen. Ich habe es in zwei Drit-
tel aller Fälle als nicht positiv erlebt. Es ist mir mehr als
einmal passiert, daß eine Frau dann mit ihrem Mann mit-
kommt, und sie hat dann die ganzen Krankenunterlagen,
und sie stellt mir dann ihren Mann vor und sagt, der hat
und hat und hat ... und da müssen wir doch jetzt was tun.
›Ja‹, sage ich, ›was sagt denn Ihr Mann dazu?‹ Der steht
dann etwas verängstigt dahinter an der Seite. Und ich habe
dann den Mann angesprochen und versucht, ihn in die
Gruppe zu integrieren. Jeder der beiden Partner ist völlig
abhängig von dem anderen, jeder will eigentlich aber
mehr Freiraum. Und das fiel an diesen Gruppen sehr auf.
– Ich habe diese Herzsportgruppen alle an den Nagel ge-
hängt. Bei meinem Abschied kamen einige von den Män-
nern an und sagten: ›Du hast eigentlich immer recht ge-
habt, Susanne, ohne unsere Frauen macht das eigentlich
viel mehr Spaß.‹ Ich habe gesagt: ›Ja, ohne die Frauen seid
ihr lockerer, seid ihr fröhlicher, ihr könnt einfach mal nur
für euch sein.‹«

Jeder einem System zugehöriger Körperabschnitt kann einen
anderen in diesem System stören. So können **obere und untere
Weisheitszähne** störend auf das Herz einwirken. Sowohl Voll
als auch Beisch berichten, daß kein Herzinfarkt ohne ein beher-
detes achtes Zahnfach stattfindet. Auch werden Schmerzen an
klinisch unauffälligen Weisheitszähnen kurz vor Herzinfarkten
dokumentiert.

Da die Weisheitszähne eine ganz besondere Rolle spielen, gehen
wir ausführlich darauf ein.

Angelegt sind beim Menschen 32 Zähne. Die Weisheitszähne
bekommt der Mensch zwischen dem 16. und 40. Lebensjahr.
Häufig bereiten sie aber Probleme: Sie wachsen schief, sie brechen nur teilweise oder gar nicht durch. Das kann zu lokalen
Komplikationen führen, zu chronischen Entzündungen, zu Cy-
sten oder Abszessen. Je länger nun ein Weisheitszahn verlagert
bleibt, um so mehr wirkt er als Herd im System, besonders ab
dem mittleren Lebensalter.

Nach Voll stehen die oberen und unteren Weisheitszähne in
Beziehung zu Herz und Dünndarm, zu Ohren, Hypophyse, Ge-
lenken und Wirbelsäule. Von dem Knochengebiet (= Retromo-
larraum) hinter den unteren Weisheitszähnen existieren auch
Beziehungen zu Magen, Milz, Pankreas und Brustdrüse. Die
Weisheitszähne können, wenn hier Funktionsstörungen auftre-

Weisheitszähne

unterer Weisheitszahn
gehörig zum System Herz-Dünndarm
    Herz
    Dünndarm
    Halswirbelsäule
    Hypophysenvorderlappen
    äußeres Ohr und Gehörgang

System Drei-Erwärmer

oberer Weisheitszahn
gehörig zum System Herz-Dünndarm

System Niere-Blase

---

ten, in den genannten Körperbereichen am Krankheitsgeschehen beteiligt sein; sie können auch die Ursache sein.

Beisch stellte eine besondere Beziehung der unteren Weisheitszähne zur Nebenniere fest und ordnete sie deshalb dem System Drei-Erwärmer, die oberen Weisheitszähne dagegen dem System Niere-Blase zu. Nebenniere und Niere – davon werden wir noch in »Angst schadet den Nieren« sprechen – repräsentieren schon nach den Erfahrungen der alten Chinesen die Energiezentrale im Körper. Entfernt man also diese wichtigen Zähne frühzeitig, wird die Vitalität Jugendlicher erheblich geschwächt. Daher sollten Mediziner aller Fachrichtungen die Rolle und den Zustand der Weisheitszähne berücksichtigen. Diese Region im Mund repräsentiert wie keine andere das energetische Zentrum des Menschen.

Deshalb ist es auch wichtig, den nötigen Platz für die Weisheitszähne zu schaffen, was durch die Kieferorthopädie nach Balters (Bionator-Therapie, siehe im nächsten Abschnitt) und ganzheitsmedizinische Maßnahmen geschehen kann, die dafür sorgen, daß sich der Raum für die Weisheitszähne entwickelt. Ist genügend Platz vorhanden, kann man sie erhalten und harmonisch in die Zahnreihe einreihen. Die allgemeine Gesundheitsprognose ist bei vier in der Kauebene stehenden Weisheitszähnen besonders günstig.

Manchmal ist es unumgänglich, daß ein Weisheitszahn entfernt wird. Ein Operationstermin soll der Immunsituation angemessen sein. Müssen mehrere Zähne gezogen werden, sollte das jeweils in Abständen von drei Monaten geschehen; die Wunde schmerzt dann übrigens nur minimal. Schmerz – wir sprachen bereits darüber – ist ein »Schrei« nach Energie. Entfernt man die Weisheitszähne auf diese vorsichtige Weise, wird das energetische Potential am wenigsten beeinflußt.

Oft jedoch werden gleichzeitig alle vier Weisheitszähne operativ in Narkose entfernt. Anschließend bekommt der Patient Antibiotika. Daß die Wunden schmerzen, ist noch die harmloseste Folge. In den Anamnesen findet sich häufig, daß ein Heuschnupfen, massive Verdauungsstörungen oder andere ernsthafte Erkrankungen nach einem derartigen Eingriff begonnen haben.

Und was haben Weisheitszahn und Seele miteinander zu tun? Bestimmt hörten Sie schon, daß bei Liebeskummer oder während eines Examens ein Weisheitszahn Ärger machte. Liebeskummer oder Examensangst sind sicherlich psychischer Streß; meist gehen sie mit gestörter Selbstachtung einher. Der von Liebeskümmernissen Gequälte, der sich nicht angenommen weiß, kann ebenso mit Schmerzen an einem Weisheitszahn reagieren wie der Prüfling, der an seinem Können zweifelt. Machten die so Geplagten einen Lüschertest, würde ihre Grünwahl die gestörte Selbstachtung zeigen.

Beides ist möglich: Der psychische Druck kann sich sowohl in körperlichen als auch psychischen Beschwerden äußern.

 Bei **Morbus Crohn** handelt es sich um eine chronische entzündliche Erkrankung, die im gesamten Verdauungstrakt auftreten kann. Am häufigsten sind Dünndarm und Dickdarm befallen, aber auch die Mundschleimhaut und die Speiseröhre können betroffen sein. Ein Morbus Crohn äußert sich in Schmerzen (80 bis 95 Prozent), Durchfall (90 Prozent), Fieber (30 Prozent) und Verletzungen am After (20 bis 50 Prozent). Durch die chronischen Entzündungen entstehen Engstellen und damit, besonders bei ballaststoffreicher Nahrung, die Gefahr von Komplikationen. Die Schulmedizin kennt die Ursachen der Erkrankung nicht. Mit

der EAV läßt sich testen, durch welche Erreger (Viren, Bakterien oder Pilze) Dünndarm oder Dickdarm oder beide befallen sind. Die Therapie ergibt sich dann aus der Diagnose der Erreger. Durch die Zufuhr homöopathisierter Erreger lernt der Darm, sich mit seinen Feinden auseinanderzusetzen und sie zu bekämpfen. Die homöopathischen Begleitmittel und Organpräparate helfen ihm dabei.

Allerdings ist eine Mitarbeit des Patienten unbedingt erforderlich, denn ohne sinnvolle Ernährung kann der Darm in diesem Fall nicht gesunden. Wer sich wie Simon L. nur von Butterbroten und Süßigkeiten ernährt, unterstützt die Durchfälle und Entzündungen.

Man sollte solche Nahrungsmittel zu sich nehmen, die leicht verdaulich und vorwiegend basisch sind (gedämpfte Gemüse sind basisch). Milch und Milchprodukte werden schlecht vertragen, da bei Menschen mit Morbus Crohn meistens eine Laktose (= Milch)-Unverträglichkeit vorliegt.

Durch eine langwierige Erkrankung kann sich, wie die Chinesen es ausdrücken, eine »Leere«, ein energetisches Defizit des Herzmeridians ergeben. Das innere Feuer fehlt gänzlich. Der Patient friert ständig, so wie Eva R., der die Freude fehlt.

 *Eva friert selbst im Sommer bei größter Hitze. Ihre Untertemperatur verstärkt das Kältegefühl. So trägt sie im Hochsommer bei dreißig Grad im Schatten mehrere Garnituren warmer Angorawäsche und Wollstrümpfe.*
Im Sommer 1976 hatte die Lehrerin Eva, wie sie in der Anamnese berichtete, eine Herzmuskelentzündung, von der eine bleibende Störung des Herzens zurückblieb, die zu Berufsunfähigkeit führte. Hinzu kam eine chronische

Knochenentzündung im Bereich des rechten oberen Weisheitszahns, die ihrerseits dazu beitrug, den ohnehin gestörten Herzmeridian negativ zu beeinflussen und eine Heilung zu verhindern.

Als Eva zur Untersuchung kam, litt sie seit Jahren unter Zungenbrennen. Medikamente verschiedenster Art hatten die Beschwerden bis dahin nicht beheben können. Zu diesem Zeitpunkt hatte Eva den normalen Weg hinter sich, den ein Mensch mit Zungenbrennen geht: Sie war bei ihrem Zahnarzt gewesen und, als der ihr nicht helfen konnte, beim Kieferchirurgen und Neurologen.

Nachdem der Herzmeridian, der durch verschiedene Erreger – darunter Coxsackie-Viren – gestört war, mit den durch EAV ausgetesteten Medikamenten therapiert wurde, verschwand das Zungenbrennen bei Eva sehr schnell.

 Wenn der Therapeut sich nicht die Systemzusammenhänge vergegenwärtigt, besteht bei **Zungenbrennen** (Zungenschmerzen mit Mißempfindungen) die Gefahr, daß nur das Symptom therapiert wird, aber nicht die Ursache behoben wird. Dabei war schon in der traditionellen chinesischen Medizin bekannt, daß Zungenbrennen Ausdruck dafür ist, daß das System Herz-Dünndarm gestört ist.

Weil jeweils zwei Meridiane miteinander gekoppelt sind, kann dasselbe Symptom, in diesem Fall Zungenbrennen, einmal von einer Störung des Dünndarmmeridians herrühren, ein anderes Mal von einem gestörten Herzmeridian hervorgerufen werden. Dieses Phänomen wird auch im Lüschertest sichtbar. Ein Mensch kann zunächst Grün ablehnen (-- Grün) und Gelb (++ Gelb) bevorzugen. Er fühlt sich als jemand Besonderes und

144

sucht Bestätigung in immer neuen Ablenkungen. Im Innersten aber fühlt er, daß er eigentlich nicht so ein außergewöhnlicher Mensch ist. Deswegen pocht er auf Respekt (++ Grün) und ist eifrig darauf bedacht, keine Zurückweisungen zu erleben (-- Gelb).

Versteht man diese Wechselwirkungen, wird klar, warum Charlotte E. mit ihren massiven Störungen des Dünndarmmeridians ebenso unter Zungenbrennen leidet wie Eva, die Funktionsstörungen des Herzmeridians hat.

 *Charlotte litt schon seit einigen Jahren unter Zungenbrennen, als im Herbst 1988 nach einem Infekt eine leichte Lähmung der Zunge eintrat, die im Lauf der nächsten Monate immer stärker wurde. Schließlich folgte eine komplette Zungenlähmung. Charlotte sprach völlig unverständlich. Sie lallte mühsam mit verzerrtem Gesicht unartikulierte Laute. Lediglich ihr Mann verstand ungefähr das, was sie ausdrücken wollte.*

Bei der ausführlichen klinischen neurologischen Untersuchung fanden sich lediglich mit Hilfe der Kernspintomographie »helle Punkte« im Hirnstamm, die möglicherweise auf eine Entzündung hindeuten konnten. Genaue Blutuntersuchungen zeigten, daß Antikörper gegen Polioviren (= Kinderlähmung) erhöht waren. Alle anderen Untersuchungsergebnisse waren unauffällig.

Die Untersuchung von Charlotte brachte eine Überraschung: Die Patientin hatte im Lüschertest nicht nur zwei, sondern vier Kolonnen. Sie lehnte Grün, danach Blau ab und bevorzugte Gelb. Rot wurde an zweiter Stelle als Kolonne bevorzugt gewählt.

In der Wahl der acht Farben drückte sich eine bemerkenswerte psychische Situation aus: Charlotte ist erschöpft und ängstlich gespannt. Dabei ist sie eigenwillig und beharrlich. Sie hat einen ausgeprägten Wunsch nach Unabhängigkeit. Aber sie ist auch bedrückt, daß ihr Partner ihr nicht die gewünschte Zuwendung und Zuverlässigkeit bietet. Aggressionen stauen sich bei ihr, und sie fühlt sich in der gegenwärtigen Situation mißbehaglich. Denn sie sehnt sich nach liebevollem und warmherzigem Entgegenkommen.

Doch schon bei oberflächlicher Betrachtung der beiden Ehepartner wurde offensichtlich, daß Charlottes Wünsche nicht einmal annähernd beachtet wurden. Herr E. kümmerte sich zwar um seine Frau, wirkte aber gleichzeitig frustriert, desinteressiert und lieblos.

Im EAV-Test stellte sich heraus, daß Charlottes darmassoziiertes Immunsystem zusammengebrochen war. Da die Patientin angab, seit Jahrzehnten an Verstopfung zu leiden, war davon auszugehen, daß das Immunsystem schon über einen sehr langen Zeitraum nicht in Ordnung war. Als Anzeichen für die seit langem gestörte Darmfunktion der Patientin konnte auch der Zustand ihres Zahnfleisches und des Kieferknochens gewertet werden. Die Parodontose war so weit fortgeschritten, daß alle Zähne bis auf fünf entfernt werden mußten. Durch den massiven Knochenabbau bedingt, standen von den meisten Zähnen nur noch die Wurzeln im Kieferknochen. Bei Charlotte kam zu der Parodontose ein weiterer Störfaktor im Mund hinzu. Sie hatte zahlreiche, große Amalgamfüllungen. Man konnte sehen, daß unter einer nicht korrekt gelegten Amalgamfüllung ohne Unterfüllung eine Karies entstanden war. Die Quecksil-

*ber- und Kupferwerte in ihrem Urin waren dreimal so hoch
wie normal, nachdem sie mit dem spezifischen Medikament Dimaval mobilisiert worden waren.*

Wie bei den meisten Patienten, so liegt auch bei Charlotte ein
multikausales Krankheitsgeschehen vor, allerdings stehen die
Funktionsstörungen des Dünndarmmeridians im Vordergrund.
Charlotte ist psychisch so angespannt und ängstlich, daß sie da-
mit somatische Störungen programmiert.
Immer wieder beweist sich: Eine Erkrankung darf nicht isoliert
betrachtet werden, sondern muß im Zusammenhang des ganzen
Systems gesehen werden. Die Kinderarztpraxis kann davon ein
Lied singen. Kinder bekommen nach einem Durchfall häufig
Mittelohrentzündung. Der mittlere Verdauungstrakt wie das
Mittelohr gehören zum System Herz-Dünndarm.
Unter diesem Aspekt muß man auch die **Parodontose** betrach-
ten, wie sie bei Charlotte vorlag. Jeder Erkrankung des Zahn-
halteapparates, also auch der weitverbreiteten Parodontose, liegt
eine Störung des Darmtraktes zugrunde.

 Herzrhythmusstörungen können – das spürt man oft
selbst – von bestimmten Nahrungsmitteln ausgelöst
werden. Man nimmt ein Nahrungsmittel zu sich,
das man nicht verträgt. Bald nach dem Essen bekommt man Herzrhythmusstörungen, wie Christoph W., dessen
Geschichte Sie gleich lesen werden. Die Erklärung dafür ist einfach: Unverträglichkeit führt zu einer Störung, die sich auf den
Herzmeridian auswirkt. Im Dünndarmmeridian ist nicht genügend Verdauungsenergie vorhanden; diese energetische Leere
versucht der Herzmeridian auszugleichen, indem er Energie zum
Dünndarmmeridian pumpt. Folge: Das Herz wird schwach.

Grün
Gelb
Christoph kommt zu Beginn des Jahres 1992 in die Behandlung. Er ist 31 Jahre alt, Schriftsteller und leidet seit 1987 unter Herzrhythmusstörungen.

»*Die Arrhythmien waren teilweise so massiv, daß sie stationär behandelt werden mußten. Zweimal wurden bei mir wegen Kammerflimmern elektrische defibrillierende Maßnahmen eingesetzt. An Medikamenten erhielt ich welche gegen Rhythmusstörungen des Herzens (den Namen erinnere ich nicht mehr) und schließlich Beta-Blocker.*
Der therapeutische Erfolg war, na ja, äußerst gering. Dafür kann ich angeben, was die Arrhythmien ausgelöst hat: akute Infekte zum Beispiel oder psychischer Streß. Ich bekam von Nahrungsmitteln Herzrhythmusstörungen, manchmal auch, wenn ich Bier getrunken habe. Einmal löste eine besonders kräftige Shiatzu-Massage (= Meridianmassage) im Nacken einen Anfall von Herzrhythmusstörungen aus, hier.«
Christoph zeigt auf den Dünndarmmeridian.
»*Meine Verdauung machte mir übrigens schon viele Jahre Beschwerden. Der Streß, wissen Sie. Wahrscheinlich bin ich aber selbst derjenige, der mir diesen Streß macht. Ich setze mich dauernd unter Erfolgszwang. Als ich zwanzig war, habe ich mir vorgenommen, bis zum dreißigsten Lebensjahr ein erfolgrreicher Autor zu werden. Verstehen Sie, das wollte ich unbedingt.*
Na ja, das hat nicht so geklappt, wie ich mir das vorgestellt habe. Mit 26, als die Herzrhythmusstörungen anfingen, hatte ich noch kein Buch veröffentlicht.
Ich bin immer mit Schreibmaschine gereist, habe ständig den Wohnort gewechselt. Ich bin geflüchtet, wenn Sie so

wollen. Mal lebte ich in Südfrankreich, mal in New York; zur Zeit wohne ich in Berlin. Aber eigentlich hasse ich Deutschland und besonders Österreich, wo ich geboren bin.«

Die folgenden Zitate stammen aus dem Buch »Paris – Berlin – New York« eines Schriftstellers desselben Jahrgangs, von Wolfgang Hermann. Der Patient Christoph hat sie ausgewählt, um sein Lebensgefühl zu beschreiben.

Niemals der gleiche, und immer derselbe, verdammt, diesen trägen Leib mit mir herumzutragen, den Gassenwinden ein Spiel, nackt im kalten Herzen der Stadt.

In solchen Augenblicken fragte ich mich, weshalb ich mein Leben in Angst und Vorsicht zubrachte, wenn doch ringsum der offene Tag wartete.
Ohne zu wissen wie, war ich ein Verstörter, Zögernder geworden, einer, der zwanghaft um sich selber kreist (und sich dabei zusieht), mit einem alten guten Wort: ein Hasenfuß. Eng sind die Kreise, die ein solcher Hasenfuß um sich zieht, unausweichlich geschlossen, und da er auf der Stelle tritt, versinkt er tiefer und tiefer im Morast der Angst.
Der andere, der ich gern sein wollte und der mir nahe war wie ein Freund, den man aus unerklärlichen Gründen vernachlässigt hatte, dieser andere lebte, ohne zu zögern, war ganz da, erfüllt von Leidenschaft, für die er jedes Risiko auf sich nahm. Er verlangte nach dem Leben, war auf der Suche nach ihm, jeden Augenblick, überall. Ich spürte, daß der Weg zu diesem anderen gangbar war, aber ich konnte

149

das Tor nicht finden, hinauszutreten ins Licht dieses anderen Wegs.

Und ein wieder anderer der Student, der durch die graue Winterstadt Wien ging, eine Verlorenheit im Herzen, wie sie größer in der Wüste Taklamakan nicht sein kann. Anfangs die kleinen Fluchten von dort, wo ihm alles erstorben schien, nach Venedig, nach Rom, nach Florenz, nach Padua, nach Korsika, nach München, Kopenhagen und Stockholm, Tage, Wochen, aus denen später Monate wurden, bis es nur noch die unendliche Reise gab, ohne Ziel, ohne Rückkehr ...

Zu Zeiten guter, andauernder Arbeit – die mich die Schwelle des Tages leichter passieren ließ –, bedeutete die heranrückende Reise eine unliebsame Unterbrechung, der ich aber, kaum über den Wolken oder die Stadtgrenze im Reiserhythmus des Zuges hinter mich gebracht, eine andere Farbe, die der Freiheit, abgewann ... Ich lebte mit den vorgestellten Bildern des anderen Ortes, aber es war mehr ein Träumen, ein Ungläubigsein, manchmal auch ein Gefühl des Verlustes, würde ich doch wieder einmal eine mühsam zusammengeschusterte Ordnung gegen erneute Ungewißheit eintauschen.

Dennoch war die Reise alles, was blieb. Der Reisende mußte sich in beständig wechselnden Situationen zurechtfinden, mußte auf Menschen zugehen, um sich mit dem Nötigsten zu versorgen, und geriet auch immer wieder in den Sog von Menschen, deren Leben ihn verblüffte und mitriß. Dem Zögernden blieb dann keine Wahl, er mußte

sich in einen Handelnden, einen Teilnehmenden verwandeln, mußte den Flecken Erde behaupten, auf dem er stand.
Nach Berlin zurückgekehrt, versank ich ein ums andere Mal in jenen Trägheits- und Leblosigkeitsschlund, der mich mir selbst zum Fremden machte. Ich hatte keine Wahl: mir blieb nur die unendliche Reise, von Stadt zu Stadt, von einer flüchtig gemieteten Wohnung zur andern, von einem windigen Zimmer in einem lausigen Hotel zum nächsten. So habe ich es bis auf den heutigen Tag gehalten.

Unruhig wie dieser Mensch ist ein Herz, das »gespannt« ist und sich leicht zusammenkrampft. Es gerät schnell aus dem Rhythmus und bekommt dann Rhythmusstörungen. Die Ursachen können körperlicher oder psychischer Art sein.

Bei Christoph scheint zunächst beides gegeben. Wie er selbst weiß, können Speisen oder Getränke, die er zu sich genommen hat, Herzrhythmusstörungen bei ihm auslösen. Er ist sich auch dessen bewußt, daß ein Infekt dieselbe Wirkung haben kann. Daß auch eine zu harte Massage seine Beschwerden auslösen konnte, hat seinen Grund. Durch Massage wie hier Shiatzu-Massage werden Meridiane aktiviert, in Christophs Fall der Dünndarmmeridian im Nacken. Seine ohnehin schwache Energie dezimierte sich weiter. Um diesen Energieverlust auszugleichen, holte sich der Dünndarmmeridian Energie von seinem Partner, dem Herzmeridian, der wegen seiner nun übermäßigen energetischen Mangelsituation mit Rhythmusstörungen darauf antwortete.

Da Christoph Schriftsteller ist, liegt Selbstbeobachtung nahe. Er hat sich mit seiner Krankheit auseinandergesetzt, wovon nicht nur die Sprache zeugt. Seine Selbsterkenntnis hinsichtlich seiner psychischen Situation ist größer als bei anderen. Er ist sich bewußt, daß er selbst den Streß verursacht, unter dem sein Körper und seine Psyche leiden. Er sieht durchaus, in welchem Maß er sich unter Erfolgszwang gesetzt hat und heute noch setzt.

Was er aber nicht bekennt, ist, daß Angst mit den Herzrhythmusstörungen verbunden ist. Offensichtlich ist es leichter, sich in der dichterischen Form einzugestehen, daß man in »Angst und Vorsicht« sein Leben verbringt, zum »Hasenfuß« wird, zu einem, der auf der Stelle tritt und im »Morast der Angst« versinkt. Und genau diese Bilder veranschaulichen die Freudlosigkeit im Leben des Herzkranken.

Körperlicher und psychischer Streß also erzeugen bei Christoph die somatischen Beschwerden. Im EAV-Test waren beide Meridiane durch infektiöse und toxische Belastungen und durch einen verlagerten unteren Weisheitszahn geschwächt. Die somatische Therapie mußte auf die beiden Meridiane des Systems Herz-Dünndarm eingehen. Dazu paßt die Tatsache, daß Christoph im Kieferbereich den Weisheitszahn verlagert hat, dessen Herdwirkung zum Herz- und Dünndarmmeridian deutlich meßbar war.

Christophs Lüschertest ergab psychisch und somatisch krankmachende innere Konstellationen; er wählte: ++ Grün und -- Gelb. Diese Kolonnen im Lüschertest entsprechen somatisch dem System Herz-Dünndarm.

Wenn Christoph das feste, dunkle Lüscher-Grün so deutlich bevorzugt, macht das deutlich, daß er unbedingt Kompetenz und Respekt beansprucht. Er will, wie er selbst eingesteht, mit Macht berühmt werden, Bücher schreiben und dafür öffentliche Anerkennung bekommen und Achtung genießen. Insofern wird verständlich, daß die Herzrhythmusstörungen zu einem Zeitpunkt einsetzten, als er sein hochgestecktes Ziel immer noch nicht erreicht hatte.

Es ist auch kein Wunder, daß er seinen damaligen Zustand mit dem Zitat gut beschrieben sieht, in dem von dem »kalten Herzen der Stadt« die Rede ist. Daß Menschen mit Herzstörungen über mangelnde Wärme klagen, haben Sie schon aus der Geschichte von Eva erfahren. Dem kranken Herzen fehlt das notwendige Feuer, die Energie; deshalb wohl empfindet Christoph den eigenen Leib als träge und wünscht sich, voll Leidenschaft und Risikobereitschaft zu sein (Rot). Aber er lehnt das Lüscher-Rot ab, er empfindet es als zu erregend, weil er überreizt ist.

++ Grün
bedeutet psychisch Anspruch auf Kompetenz,
somatisch übermäßige Gespanntheit
-- Gelb
bedeutet psychisch Angst vor Verlorenheit, vor
Veränderung, vor Zurückweisung, vor
Beziehungsverlust, somatisch Spasmus.

Das kranke Herz ist ein »kaltes« Herz, weil es freudlos ist und ihm das Gefühl für andere Menschen, Anteilnahme und liebevolle Zuwendung abgehen. Nicht nur das Märchen Wilhelm Hauffs erzählt davon, daß es Menschen gibt, die statt eines Herzens einen Stein in der Brust tragen. Sie können nicht mehr von Herzen lachen und sich richtig freuen. Hermanns geschilderte Begegnungen mit Frauen sind auch durch Freudlosigkeit charakterisiert und zeigen das Zwanghafte der Isolation und der Distanz zu anderen Menschen. Und auch das Zitat aus Hermanns Buch, das Christoph ausgewählt hat, zeugt davon: Er lebt

153

in einem »Trägheits- und Leblosigkeitsschlund«, einer zwang-
haften Enge, aus der er kaum herauskommen kann. Nur auf
Reisen gelingt ihm das manchmal. Dann nämlich muß er auf
Menschen zugehen, wird er mitgerissen.

Es ist die Angst vor Mißerfolg und Mißachtung (-- Grün), die
ihn in diese Enge getrieben hat. Und wenn sie sich steigert, er
immer mehr um sich selbst kreist, kommt es zu einer psychischen Umkehrung seiner Angst, die sich in übersteigertem Anspruch auf Respekt (++ Grün) ausdrückt. Das aber führt zu einer
zwanghaften Haltung, die er kompensieren muß. Er tritt die
Flucht an: »Anfangs die kleinen Fluchten von dort, wo ihm alles
erstorben schien ...«

Nehmen wir das wortwörtlich, können wir sagen: Es gibt einen
Punkt, wo die Herzenskälte so groß ist, daß sie psychischen,
aber auch somatischen Tod bedeutet.

Daß Christoph im Lüschertest Gelb ablehnt, zeigt seine Angst
vor Zurückweisung, vor Verlust, auch Beziehungsverlust, und
vor Veränderung. Deshalb wohl ist jede Reise, die ihm Befreiung bringen soll, verbunden mit dem Bedauern, daß er Ordnung
zugunsten der Ungewißheit aufgeben muß. Doch diese Ordnung
ist nicht selbstverständlich und natürlich gegeben, für ihn ist sie
»mühsam zusammengeschustert«, ein inneres Korsett, das ihn
stützen und halten soll.

Inzwischen hat Christoph mehrere Bücher veröffentlicht, ist
aber dennoch nicht glücklich und gesund. Von Zeit zu Zeit stellen sich die Herzrhythmusstörungen wieder ein. Denn Christoph
ist immer noch auf der Flucht, seine Reisen nehmen kein Ende:
»So habe ich es gehalten bis auf den heutigen Tag.«

Das Grübeln schadet der Milz

Anders als die Chinesen kennen wir Redensarten, die sich mit dem Magen befassen: Aufregung schlägt uns auf den Magen, es liegt uns etwas schwer auf dem Magen, oder etwas liegt uns wie ein Stein im Magen. Es kann vorkommen, daß unser Magen rebelliert, ebenso daß er sich umdreht. Wenn wir jemanden nicht mehr leiden können und zornig auf ihn sind, haben wir ihn im Magen. Und wenn etwas Unangenehmes passiert, rufen wir schon einmal aus: Und das auf nüchternen Magen!

Doch Ly Luan Dong nimmt als Repräsentant für das System die Milz: »Das Grübeln schadet der Milz, aber die Affektionen der Milz machen den Kranken grüblerisch.«

Milz oder Magen, wir werden jetzt vom Milz-Pankreas- und Magenmeridian sprechen.

Sie hören jetzt einiges über **Streß – Dauerstreß, kurzfristigen Streß** – und über die Krankheitsbilder **Magenschleimhautentzündung, Brustkrebs** sowie **Autoimmunkrankheiten**. Aus dem wichtigen Zahnbereich stellen wir diesmal **Beschwerden** im **Kiefergelenk, Bruxismus, Zahnstellung** und **Kieferfehlbildungen** vor. Da unser Patient diesmal ein Kind ist, wird die Mutter die Geschichte erzählen. In ihr geht es um den Zusammenbruch eines Immunsystems aufgrund einer **Kuhmilchallergie**.

In der Akupunkturlehre der Chinesen wird die Stellung der Milz hervorgehoben. Bei uns dagegen wurde die Milz lange Zeit als weniger wichtig angesehen, sie konnte man unbedenklich entfernen, glaubte man. Wenn man die Milz herausoperierte, ging man

155

davon aus, daß Leber, Lymphknoten und Knochenmark ihre Aufgaben übernehmen könnten. Erst in den letzten 20 Jahren wurde die große Bedeutung dieses Organs in der Immunologieforschung gewürdigt.

Die Milz ist ein in den Blutkreislauf eingeschaltetes Organ. Sie hat drei wichtige Aufgaben: Erstens bildet sie, unterstützt von Lymphknoten, Lymphozyten, jene kleinen weißen Blutkörperchen, die für die Immunabwehr zuständig sind. Zweitens bauen sehr aktive Mesenchymzellen (= Retikulumzellen) Fremdstoffe ab und beseitigen sie. Außerdem liefert die Milz Stoffe für die Blutgerinnung.

Damit nicht genug. Für alle Formen des Stütz- und Bindegewebes und für fast alle glatten Muskelzellen bilden die Mesenchymzellen die Ausgangszellen. Deshalb wohl haben schon die Chinesen das Bindegewebe richtig dem Milzmeridian zugeordnet, wie Sie unten sehen werden. Wie wichtig das Bindegewebe ist, haben die Forschungen Professor Pischingers gezeigt, der dem Bindegewebe wie der Milz eine zentrale regulierende Bedeutung beimißt.

So setzt sich die Milz wie das Mesenchym mit Schwermetallen, Umweltgiften, Chemotherapeutika und Krankheitserregern, wie Viren, Bakterien, Pilzen und Einzellern, auseinander und sorgt für deren Abtransport. Auch hochmolekulare Fremdstoffe und körpereigene Zellen werden durch sie abgewehrt.

Nach der klassischen chinesischen Medizin verteilt die Milz die aus den Nahrungsstoffen gewonnene Nährenergie über den ganzen Körper und reguliert den Abtransport und die Umwandlung von Körperflüssigkeiten.

Auch das Pankreas (= die Bauchspeicheldrüse) hat wichtige Verdauungsfunktionen: Es bildet eine große Anzahl von Fer-

156

menten für die Verdauung von Eiweißen, Fetten und Kohlen-
hydraten. Sobald der vom Magen vorbereitete Speisebrei in den
Zwölffingerdarm kommt, werden ihm die vom Pankreas gebil-
deten Fermente zugesetzt. Täglich produziert der Mensch etwa
zwei Liter Pankreassekret.

Der Magen nimmt unsere Nahrung auf und bereitet sie auf die
Verdauung vor, indem er sie durchknetet und ihr Enzyme zu-
setzt. Dann gibt er die Nahrung langsam an den Dünndarm ab.

Der Milz-Pankreas-Meridian ist der einzige nichtpaarige Meridian, alle anderen Meridiane verlaufen – wie Sie schon wissen
– paarig rechts und links. Lediglich Milz und Pankreas bilden
ein unpaariges gemeinsames Meridiansystem. Der Milzmeridian verläuft auf der linken, der Pankreasmeridian auf der rechten Körperhälfte.
Der Milz-Pankreas-Meridian ist der Partner des Magenmeridians. Zusammen bilden sie das System Milz-Pankreas-Magen.
Entsprechend den Verläufen, die Sie auf der Abbildung Milz-
Pankreas-Meridian und auf der Abbildung Magenmeridian finden, gehören die folgenden von den Meridianen verbundenen
Körperabschnitte energetisch zum System Milz-Pankreas-Magen.

Milz-Pankreas-Meridian

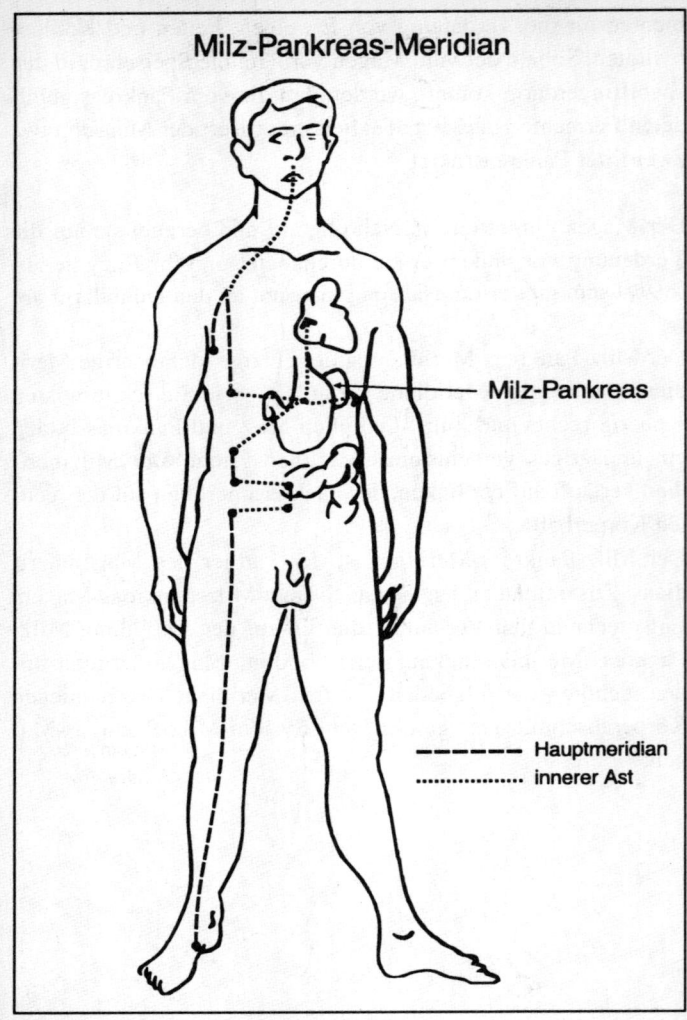

Milz-Pankreas

------- Hauptmeridian
.... innerer Ast

Abbildung 14

Magenmeridian

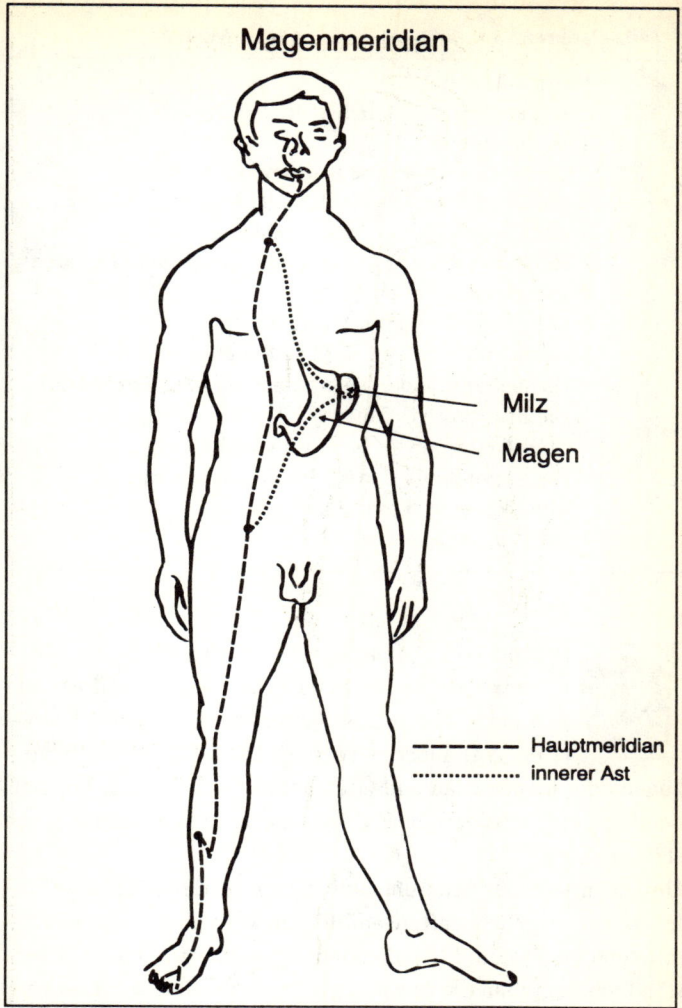

Milz

Magen

- - - - - - Hauptmeridian
.... innerer Ast

Abbildung 15

Blau Grün	Milz-Pankreas	Magen

1. die Milz
2. das Pankreas (= Bauchspeicheldrüse)
3. der Magen
4. die Ohrspeicheldrüse (= Glandula parotis)
5. die Zungentonsillen (= Tonsilla lingualis)
6. die Kieferhöhle (= Sinus maxillaris)
7. die Zahnfächer der oberen Backenzähne (= Molaren) und unteren Praemolaren
8. der untere Teil des Kiefergelenks
9. die Schilddrüse (= Glandula thyreoida)
10. die Nebenschilddrüse (= Glandula parathyreoida)
11. die Brustdrüse (= Thymus)
12. der XII Hirnnerv (= Nervus hypoglossus)
13. der Raum hinter den Weisheitszähnen im Unterkiefer (= Retromolarraum)
14. die Brust (= Mamma)

 Stockt bei Menschen der Energiefluß des Milz-Pankreas-Meridians oder des Magenmeridians, erscheint das im Lüschertest als Blau-Grün-Kolonne. Mit anderen Worten: Diese Menschen bevorzugen oder lehnen Blau und Grün ab; das weist darauf hin, daß bei ihnen die Selbstgefühle Zufriedenheit und Selbstachtung gestört sind.

Umgekehrt können Menschen mit diesen gestörten Selbstgefühlen davon ausgehen, daß sie anfällig für körperliche Beeinträchtigungen im System Milz-Pankreas-Magen sind. Das wird verständlich, legt man die physiologische Bedeutung der Lüscher-Farben Blau-Grün zugrunde.

160

Die Milz muß Schwerstarbeit leisten. Sie benötigt dazu Antrieb (- Blau) und die Möglichkeit, Belastungen auszuhalten (+ Grün). Zwischenphasen der Ruhe (+ Blau) und Entspannung (- Grün) sind notwendig. Wählt nun jemand übersteigert Blau und lehnt Grün ab, zeigt er körperlich ein dringendes Bedürfnis nach Ruhe mit somatischer Lähmung als Folge (++ Blau) und Labilität durch Überspannung (-- Grün). Das ist für Therapeuten der Hinweis, daß dieser Meridian gestört ist. Der Betreffende ist unzufrieden und überspannt, in psychischer wie in somatischer Hinsicht.

Höchstleistung wird auch dem Pankreas abverlangt, um die enorme Menge an Sekret produzieren zu können. Dazu benötigt die Bauchspeicheldrüse Antrieb (- Blau) und gespannte Kontraktion (+ Grün). Wenn sie sich wieder füllt, ist sie ruhig (+ Blau) und entspannt (- Grün). Der Kranke dagegen trifft die übersteigerte Farbwahl. Zuckerkranke wirken zum Beispiel durch die Krankheit überfordert und durch das gestörte Pankreasmeridiansystem angegriffen, besonders häufig unzufrieden (-- Blau) und angespannt (++ Grün).

Zwischen den Mahlzeiten ist der Magen ruhig und entspannt (+ Blau) und gelöst (- Grün). Antrieb (- Blau) und Kontraktion (+ Grün) werden notwendig, wenn Nahrung den Magen erreicht und für die Verdauung vorbereitet werden will. Störungen des Magenmeridians führen häufig zu krampfartigen Beschwerden. Sie entstehen durch labile Überspannung (-- Grün) und Lähmung (++ Blau) oder durch Gereiztheit (-- Blau) und übermäßige Gespanntheit (++ Grün).

Wir wollen auch hier nicht den Blick auf die Grafik versäumen!

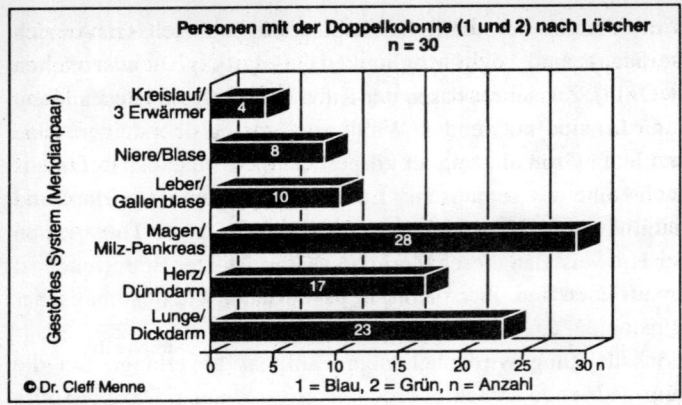

Abbildung 16

Von 30 Probanden, die eine Doppelkolonne Blau-Grün gewählt haben, das heißt in ihren Selbstgefühlen Zufriedenheit (Blau) und Selbstachtung (Grün) gestört waren, zeigten 28 eine Störung des Meridianpaares Milz-Pankreas-Magen.

Die Abbildung führt uns auch wieder vor Augen, daß alle Systeme, die an der Verdauung beteiligt sind (hier Lunge-Dickdarm und Herz-Dünndarm), betroffen werden können, wenn ein System, in diesem Fall das Meridianpaar Milz-Pankreas-Magen, vorgeschädigt ist. Wir sprachen schon oben darüber.

 Nach der Theorie der »fünf Wandlungsphasen« verteilt die Milz die aus dem Magen aufgenommenen Nährenergien auf den Körper. Die Verdauungswege werden durch den Milz-Pankreas-Meridian mit Energie versorgt, die Chinesen sprechen von Erwärmung. Ist die Energieversorgung durch die Milz ungenügend, will der Dickdarm energetisch ausgleichen. Überfordert reagiert

er mit Durchfall und Verstopfung; häufig wechselt auch beides miteinander ab. Nicht nur der Lungen- und der Dickdarmmeridian können von einer energetischen Leere des Systems Milz-Pankreas-Magen betroffen sein. Auch das System Herz-Dünndarm kann durch eine Energieschwäche der Milz in ein Defizit geraten. Schmerzen an der Innenseite des linken Arms zum Beispiel können eine solche Schwäche des Herzmeridians anzeigen.

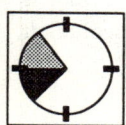

	Maximalzeit	Minimalzeit
Magen	7 – 9 Uhr tags	19 – 21 Uhr nachts
Milz-Pankreas	9 – 11 Uhr tags	21 – 23 Uhr nachts

Sitzt bei Ihnen ein Familienmitglied am Tisch und hat überhaupt keinen Appetit aufs Frühstück? Das läßt auf eine Störung des Magenmeridians schließen. Das Verkehrteste, was Sie in diesem Fall tun könnten, wäre, das Frühstück ausfallen zu lassen. Denn das schädigt das Immunsystem. Könnten Sie demjenigen nicht wenigstens Obst schmackhaft machen?

Ein Milz-Pankreas-Schwächling ist, wer morgens um 10 Uhr im Büro seiner Müdigkeit kaum Herr wird oder gar einen kleinen Büroschlaf hält.

Konferenzen und wichtige Besprechungen sollte man auf den Vormittag verlegen. Und die alte Schulweisheit, daß die schwierigsten Fächer am besten vormittags zwischen 9 und 11 Uhr zu liegen haben, hat etwas mit der Maximalzeit Milz-Pankreas zu tun: Schon die Chinesen schrieben Milz und Pankreas einen großen Einfluß auf die geistige Tätigkeit zu: Lernen, Leistung, Konzentration und Vorstellungsvermögen sind von ihnen abhängig.

163

Die Schulmedizin nützt – wenn auch vielleicht unbewußt – die Organzeiten aus, wenn sie dem Diabetiker rät, das Insulin morgens kurz vor der Maximalzeit von Milz-Pankreas zu spritzen. Im »Hoang Ti« heißt es zwar: »Die Milz liebt das Süße«, aber es steht auch da: »Eine zu süße Nahrung führt zu Knochenschmerzen und Haarausfall.« Menschen, die Süßes übermäßig lieben und verzehren, schädigen die Milz und damit ihr Immunsystem. So erzählte uns ein Freund, daß er morgens gegen 11 Uhr einen wahren Heißhunger auf Süßes fühlt und diesem Bedürfnis nachgibt. Daraufhin bekommt er regelmäßig Magenschmerzen. Aber dennoch läßt er nicht von seiner Gewohnheit, die ihn krank macht.

 Ist der Körper zuviel gespannter Kontraktion und zuviel Antrieb ausgesetzt, führt das zu **Dauerstreß**. Hält Streß über einen langen Zeitraum an, schädigt er das Immunsystem. Darüber müssen wir etwas ausführlicher sprechen, weil mit der EAV über die Meßpunkte der Milz eine dauerhafte immunologische Belastung gemessen werden kann.

Psychoimmunologische Untersuchungen haben ergeben, daß durch Dauerstreß Zellen meßbar verändert werden. Von diesen Veränderungen sind vor allem die weißen Blutkörperchen (= Leukozyten) betroffen. Darum macht der Arzt ein Blutbild – bei einer Blinddarmentzündung etwa oder einer Infektionskrankheit. Es gibt ihm Auskunft darüber, ob sich die weißen Blutkörperchen im Blut vermehrt haben. Diese Vermehrung findet bei Entzündungen oder Infektionskrankheiten sehr frühzeitig statt. Es ist, wenn Sie so wollen, die unspezifische Immunantwort des Körpers auf Streßsituationen.

Auch die Lymphozyten haben ihren Anteil an der Immunantwort auf Streß – gleich, ob durch eindringende Erreger oder durch psychische Belastungen. Sie sind eine Untergruppe der Leukozyten. Beim Erwachsenen machen sie 20 Prozent aller weißen Blutkörperchen im Blutkreislauf aus. Bei Kindern sind es – je nach Alter – weniger. Sind diese lymphatischen Zellen ausgereift, können sie mehrere Jahre leben und bewahren in diesem Zeitraum Informationen, sie sind Gedächtniszellen.

Das kann sich die Elektroakupunktur zunutze machen. Da diese Lymphozyten langlebig sind und ein Gedächtnis haben, können mit ihr länger zurückliegende Infektionen gemessen werden.

Schon Kinder werden oft psychischem und somatischem **Streß** ausgesetzt. Wenn sie dann mit Halsweh oder Bauchschmerzen reagieren wie Maja O., werden die psychischen Ursachen dieser Beschwerden oft nicht wahrgenommen.

 *Übermäßiger psychischer Streß führte bei Maja zu körperlichen Beschwerden. Das Mädchen war neun Jahre alt, als die Ehe der Eltern in die Brüche ging. Emotional zwischen Vater und Mutter hin und her gerissen, reagierte Maja häufig ungeduldig und überempfindlich. Sie wünschte sich, daß ihre Person angemessen beachtet werde, doch die dringend ersehnte Zuwendung blieb aus.*

Abends hatte Maja Angst, allein zu schlafen oder allein im Zimmer zu bleiben. Immer mußte die Mutter an ihrem Bett sitzen, bis sie eingeschlafen war.

Unter diesem psychischen Druck bekam Maja extrem häufig Infekte des Magen-Darm-Traktes. Bauchschmerzen quälten das Kind täglich, dazu gesellten sich Herzschmerzen und Halsweh. Chronische Infekte im Kopfbereich hat-

165

ten Lymphstauungen entwickelt, die ihrerseits eine normale Kiefer- und Zahnentwicklung behinderten. Die bleibenden Zähne brachen bei Maja engstehend durch.

Maja wurde mit EAV behandelt. Ihr Milz-Pankreas-Meridian wurde energetisch durch bakterielle und virale Nosoden von Viren ausgeglichen. Außerdem wurde bei ihr eine ganzheitliche kieferorthopädische Behandlung nach Professor Balters, die insbesondere für einen besseren Lymphabfluß sorgt, begonnen. Die kombinierten Maßnahmen behoben bald die Beschwerden und verbesserten die energetische Situation Majas.

Ein Jahr lang war das Mädchen ohne jegliche körperliche Beschwerden. Auch seine Angstgefühle verflüchtigten sich. Es konnte wieder allein einschlafen.

Nach Jahresfrist zeigte der zweite Lüschertest, daß sich die psychische Situation stabilisiert hatte. Maja hatte ihre Selbstachtung wiedergefunden; in der Grünwahl ergaben sich keine nennenswerten Auffälligkeiten. Emotional waren aber die zwischenmenschlichen Beziehungen noch nicht befriedigend für das Kind, was in der Blauwahl zutage trat. Maja reagierte auf ihre psychischen Verstimmungen wieder mit leichten körperlichen Anzeichen. Sie bekam erneut Bauchschmerzen. Man entschloß sich, die Therapie der körperlichen Beschwerden, der Bauchschmerzen, zunächst Gesprächen zwischen Mutter und Kind zu überlassen. Und tatsächlich halfen in diesem Fall liebevolle Gespräche. Majas Bauchschmerzen verschwanden wieder ohne jegliche medikamentöse Unterstützung.

Menschen wie Maja, die das Lüscher-Blau bevorzugen, haben ein starkes Bedürfnis nach entspannter Ruhe. Sie fühlen sich iso-

liert und einsam. Das kann leicht zu somatischen Störungen führen. Denn ihnen fehlt der für die somatische Steuerung des Meridians notwendige Antrieb. Funktionsstörungen des Milzmeridians sind die Folge, was sich häufig wie bei Maja in unspezifi-
schen Bauchschmerzen äußern kann. Auch nach dem Wissen der
klassischen chinesischen Medizin zeigen Bauchschmerzen unklarer Herkunft oft Störungen des Milz-Pankreas-Meridians an.

 Mit der Kieferhöhle, Zahnfächern, einem Teil des
Kiefergelenks sowie der Ohrspeicheldrüse und den
Zungentonsillen ist der Anteil der Körperabschnitte, die im Mundbereich liegen, bei diesem Meridiansystem groß.

Störungen der Mundraumfunktion – und das sind alle Verfor-
mungen im Gebiß – deuten auf Kommunikationsstörungen der
Außen- und Innenwelt hin. Wie überhaupt Anomalien in der
Zahnstellung kann der Engstand der Zähne ein Zeichen für eine
belastende psychische Situation sein und auf eine psychische
Enge hinweisen. Ein Vorbiß des Unterkiefers (= Progenie) etwa
läßt vermuten, daß der Betreffende unbedingt respektiert werden und Erfolg haben möchte.

Kieferfehlbildungen sind nicht nur auf psychische Störungen,
sondern ebenso auf Lymphstauungen im Nasen-Rachen-Raum
zurückzuführen. Chronische Infekte behindern das Sprechen,
das Schlucken, das Atmen, das Riechen und bedingen zudem
eine ständige Auseinandersetzung der Lymphknoten mit den Erregern. Folglich sind die Lymphknoten ständig angeschwollen,
die Lymphe staut sich. Ist der Lymphabfluß in der Weise ge-
staut, kommt es zu Störungen des Knochenwachstums.

Professor Balters bezog als erster Arzt die Funktionen des
Lymphsystems in die Therapie der Kieferanomalien mit ein. So

Blau
Grün ist der von Balters entwickelte Bionator vor allem ein Gerät, das gestörte Abläufe von Lymphe, Blut und Luft im Mund-Rachen

Dem könnten Kritiker entgegenhalten, Kieferfehlbildungen seien genetisch bedingt. Aber genetische Einflüsse verursachen nur einen geringen Teil der Fehlbildungen.

Eine psychische Konstellation wie Majas kommt nicht selten vor. Damit sind auch die gehäuften Störungen des Milz-Pankreas-Meridians erklärlich, die nach Störungen des Dickdarmmeridians an zweiter Stelle stehen.

Das psychische Defizit kann als **Dauerstreß** wirken, was dazu führt, daß ein Teil dieser psychischen Probleme von dem entsprechenden somatischen Bereich übernommen wird, dem Milz-Pankreas-Meridian.

Wenn Sie nun die Krankengeschichte von Julia B. lesen, werden Sie selbst feststellen, wie unter Dauerstreß bestimmte Beschwerden bei vielen Menschen in denselben Kombinationen immer wieder auftreten.

 *Als Julia zur Untersuchung kam, schrieb sie in der Anamnese in der Rubrik »Aktuelle Beschwerden« kurz und knapp: Abgeschlagenheit. Als sie dazu befragt wurde, sagte sie: »Ich fühle mich schlapp und energielos. Ich habe häufig und grundlos Depressionen. Dann habe ich zu nichts Lust. Alles ist mir zuviel, der Mann, die drei Kinder, die Arbeit, der Haushalt, der Hund.«*
Vor ihrer Periode hatte Julia jedesmal für zwei bis drei Tage Migräne. Beidseitig zogen die starken Schmerzen über den Kopf bis zur Stirn. Wenn die Periode einsetzte, verschwand die Migräne. Weiterhin klagte Julia über gele-

168

gentliche Verstopfung und Durchfälle. Der Nacken und die rechte Schulter waren häufig verspannt.

Natürlich hatte Julia auch psychische Probleme. Im Lüschertest zeigten sich stark belastende Konfliktsituationen: Julia wollte der inneren Einsamkeit entfliehen. Sie fühlte sich von ihrem Mann mit den alltäglichen Sorgen allein gelassen, denn ihr Partner war in seiner Freizeit nicht ansprechbar. Er ging dann seinen privaten Vergnügungen nach, weil er sich »entspannen mußte«.

Da sich Julia in einem Zustand angespannter Selbstbehauptung befand, führte das bei ihr zu Migräneanfällen. Durch die auf Dauer nicht erträgliche psychische Überforderung hatte das Immunsystem, das Soma, mit einem Kollaps reagiert. Im EAV-Test war dies durch auffällige Werte aller Meßpunkte des Milz-Pankreas-Meridians, hervorgerufen durch infektiöse Belastungen, erkennbar. Außerdem zeigte das Zahnfach des vor einigen Jahren gezogenen linken unteren Backenzahnes eine chronische Entzündung des Knochens, die die Röntgenaufnahme ebenso bestätigte wie die nachfolgende Gewebeuntersuchung.

Julias Immunsystem wurde in drei Behandlungsfolgen gestärkt. Vertrauensvolle Gespräche halfen ihr, ihre psychischen Probleme zu bewältigen.

Im Jahr darauf kam Julia wieder in die Praxis, doch nicht als Patientin; sie brachte ein Kind zur Behandlung. Sie berichtete, daß sie ihre organischen Beschwerden weitgehend. »Mir geht es viel, viel besser. Ich habe nur noch leichte Kopfschmerzen, und das nur, wenn andere Menschen auch mal Kopfschmerzen haben. Meine Verstimmungen belasten mich kaum noch. Wenn, dann treten sie selten und kurzfristig auf.«

Immer wieder können wir feststellen, daß Menschen, deren somatischer Zustand gestärkt wird, auch psychisch widerstandsfähiger werden. Leichte Ansätze zu Depressionen wird Julia aufgrund ihrer problematischen Partnerbeziehung immer haben. Allerdings kapituliert sie, körperlich gestärkt, nicht mehr. Sie ist jetzt bereit, sich innerlich unabhängiger zu machen, um weniger leicht verletzlich zu sein. Nun erwartet sie auch Toleranz von ihrem Mann.

Dauerstreß wie bei Julia schädigt das Immunsystem, während **kurzfristiger Streß**, wie zum Beispiel ein bevorstehendes Examen, sogar anregend auf das Immunsystem wirken kann, wie Kropiunigg und andere in ihrem Buch »Psyche und Immunsystem« beschreiben.

Jeder von Ihnen hat das Phänomen sicher schon einmal erlebt; eine besonders arbeitsreiche und turbulente Zeit übersteht man ohne Infekt, obwohl die ganze Umgebung hustet und prustet. Sind dann die streßreichen Tage vorbei, wird man von einer Grippe überfallen.

Die Erklärung ist einfach: Zunächst paßt sich das Immunsystem dem erhöhten Streß an, indem es (meßbar) mehr Lymphozyten produziert. Nach der Phase großer Anspannung folgt dann der Abfall, das heißt, die Anzahl der Lymphozyten wird wieder geringer. Ein Infekt findet seinen Nährboden und keinen Widerstand. Kurzfristiger Streß wird demnach vom Immunsystem gut verkraftet, er stimuliert. Erst Dauerstreß schädigt die Abwehrkräfte.

Um so wichtiger ist es, das Immunsystem zu stärken. Ab und zu einen Infekt zu bekommen, ist sogar sehr gut. Das Immunsystem braucht Training. Wenn Sie einen grippalen Infekt mit hohem Fieber bekommen sollten, freuen Sie sich und unterdrücken Sie das Fieber nicht. Ein, zwei Tage hohes Fieber sind von Vorteil, denn Viren verbrennen im Feuer des Fiebers. Außerdem hat das Mesenchym durch die erhöhte Temperatur einen gelösteren Zustand und kann dadurch bedingt besser Schlacken abtransportieren. Trinken Sie reichlich Lindenblütentee und schwitzen Sie, wenn Ihr Kreislauf es verträgt. Lassen Sie von Ihrem Hausarzt wohl die Diagnose stellen, aber greifen Sie nicht gleich zu Antibiotika. Geben Sie Ihrem Immunsystem eine Trainingschance!

Ihrem Immunsystem hilft sicherlich auch, wenn Sie die Ratschläge befolgen, die Lüscher für eine derartige psychische Disposition gibt: »Wenn Sie eine bedrückende Stimmung verspüren, ist es in Ihrer Situation vor allem wichtig, daß Sie nicht in der Passivität verharren. Grübeln Sie nicht darüber nach, ob Sie benachteiligt sind und lassen Sie keine Art von Selbstmitleid aufkommen. Achten Sie deshalb streng darauf, daß Sie sich nicht nachgeben und sich nicht verwöhnen (mit bequem sein, mit Essen, Alkohol oder mit Beruhigungsmitteln).

Sie sollten auch nicht bloß dem Frieden zuliebe Kompromisse machen. Wichtig für Sie ist, daß Sie unbedingt aktiv sind und die Situation aus eigener Initiative selbst gestalten, wie Sie sie gerne haben möchten.«

 Manchmal versagt bei **Dauerstreß** die Toleranz gegenüber der Immunantwort. Körperabwehrkräfte wechseln die Front. Sie beginnen, sich gegen den eigenen Körper zu richten und gesundes Gewebe zu attackieren. Die dadurch entstehenden Krankheiten nennt man **Autoimmunerkrankungen.** Multiple Sklerose, Aids, Krebs, juveniler Diabetes, eine jugendliche Zuckerkrankheit, Colitis ulcerosa und rheumatoide Arthritis gehören dazu.

Das Spektrum der Erkrankungen reicht von organspezifischen, wie dem juvenilen Diabetes, der auf die Bauchspeicheldrüse (= Pan-kreas) ausgerichtet ist, bis zu nicht organspezifischen, wie Arthritis, die viele Gelenke befällt. Als Zielorgane der spezifischen Erkrankungen sind häufig die Nebenniere, die Schilddrüse, der Magen und das Pankreas befallen. Außer der Nebenniere, die zu einem anderen Meridiansystem gehört und als übergeordnet anzusehen ist, gehören die genannten Organe zum Milz-Pankreas-Magen-Meridian.

Der Körper kann die eigenen Organe zum Ziel seiner Aggression machen; die Mediziner sprechen dann von autoaggressivem Verhalten. So kann es zum Beispiel zu einer Nierenentzündung durch Giftstoffe kommen oder zehn Tage nach einem Herzinfarkt zu einer fiebrigen Entzündung.

 Funktionsstörungen eines oder mehrerer Teile des Gesamtsystems erfordern eine Überprüfung der anderen Teile des Systems und eine eventuelle übergreifende Therapie. Bei unserem Beispiel geht es um **Beschwerden im Kiefergelenk**.

In der Zahnheilkunde ist es üblich, Schmerzzustände oder Irritationen des Kiefergelenks rein mechanistisch zu behandeln. Die Bewegungen der Kiefergelenke werden aufwendig mechanisch vermessen, es wird eine Aufbißschiene verordnet, die Kauflächen der Zähne werden rekonstruiert, manchmal wird der Biß erhöht. Trotzdem können die Schmerzen oft nicht behoben werden.

Der untere Teil des Kiefergelenks gehört zum System Milz-Pankreas-Magen, genauer, durch ihn läuft der Magenmeridian. Der obere Teil des Kiefergelenks hingegen wird dem System Drei-Erwärmer zugeordnet, über das Sie in »Der Steuermann auf diesem Fluß« mehr erfahren. Zwei verschiedene Meridiansysteme können also an einem Schmerzgeschehen beteiligt sein.

In der Akupunkturlehre wird stets die Frage gestellt: Welcher Meridian zieht durch das Schmerzgebiet? Denn Störungen des betreffenden Meridians, seine mangelhafte Energieversorgung oder seine gestaute Energie, können Schmerzen der unterschiedlichsten Art auf dem Meridianverlauf auslösen. Verletzungen sind Ausnahmen.

Sucht man also bei Schmerzen im Kiefergelenk nach den Ursachen, muß der Therapeut sowohl den Magenmeridian als auch den Drei-Erwärmer berücksichtigen.

Bei der Suche nach der Schmerzursache sind die psychischen Komponenten einzubeziehen. Meist haben wir es mit Menschen zu tun, die stark angespannt, verkrampft und ruhelos sind.

Zu dieser Gruppe gehören diejenigen mit **Bruxismus** (= Knirschen). Sie kompensieren ihre innere Anspannung mit Zähneknirschen. Karl-Heinz Thuir hat 1983 in einer Untersuchung nachgewiesen, daß diese Menschen eine hohe Antipathie gegen Lüscher-Grün haben. Während der Durchschnitt der Bevölkerung zu 4 Prozent das Lüscher-Grün ablehnt, lehnen Patienten mit Bruxismus zu 55,8 Prozent das Lüscher-Grün ab.

Ähnlich wie die Bauchspeicheldrüse alle 24 Stunden die meisten ihrer Zellen ersetzt, erneuert sich die Magenschleimhaut alle drei Tage. Das ist ein gutes Beispiel für Selbsterneuerung, die für sich selbst organisierende Systeme typisch ist.

»Mir läuft das Wasser im Mund zusammen« ist ein gängiger Spruch, wenn wir etwas Leckeres sehen, schmecken oder riechen. Doch diese Sinnesempfindungen regen nicht nur die Speicheldrüsen im Mund an, sondern ebenso die Magensäfte, die zur

Verdauung nötig sind, wenn der Magenmeridian gesund ist und richtig funktioniert. Spätestens aber dann produziert der Magen Sekrete, wenn die Nahrung in den Magen eintritt. Bei gestörter Funktion des Magenmeridians versagt dieser Mechanismus wie bei Alexander L., der unter einer infektionsbedingten chronischen **Magenschleimhautentzündung** litt.

Magenschleimhautentzündungen können durch chemische Einwirkungen (Alkohol, Medikamente), durch zu kalte oder zu heiße Speisen und Getränke oder, wie bei Alexander, durch Infektionen entstehen. Häufig verursacht eine Magenerkrankung allein keine Beschwerden. Nur teilweise treten Völlegefühl, Schmerzen, Appetitmangel, Übelkeit, Erbrechen oder allgemeines Krankheitsgefühl auf. Als Therapie wird in der Schulmedizin neben Diät und säurehemmenden und schleimhautschützenden Medikamenten Psychotherapie empfohlen. Bei Alexander war psychischer Streß einer der Auslöser für die Erkrankung.

 *Alexander hatte im Lauf eines Jahres viele Kilo an Gewicht verloren. Extremer beruflicher Streß – er hatte seinen Arbeitsplatz verloren und eine unsichere selbständige Existenz gegründet – baute bei Alexander den »Stein« im Magen auf. Eine chronische Magenschleimhautentzündung hatte sich entwickelt.*

In dieser Streßphase wurden ihm operativ die beiden oberen verlagerten Weisheitszähne auf Empfehlung des behandelnden Zahnarztes entfernt. Auf seinem Anamnesebogen schreibt Alexander: »Die Wunde links oben heilt nicht normal, sondern eiterte, verbunden mit Schmerzen. Trotz Einnahme von Antibiotika und Konsultation verschiedener

Fachärzte besserte sich der Zustand nur sehr langsam (ca. **Blau**
4 Monate). Zurück blieb ein periodisch (ca. alle 2 Tage) **Grün**
auftretender Schmerz im linken Oberkiefer sowie in die
Mundhöhle einfließendes Sekret (Eiter?).«
Nachdem die chronische Entzündung der Kieferhöhle un-
ter Berücksichtigung der systemischen Beziehungen zum
Magen (die Kieferhöhle gehört zum Magenmeridian) be-
handelt war, verheilte die Wunde problemlos. Alexander
wurde schmerzfrei, auch das Sekret floß nicht mehr in den
Mund. Die Magenschleimhautentzündung heilte aus.
Trotzdem blieb Alexander in dem Beobachtungszeitraum
sehr infektanfällig. Er wirkte immer besonders gestreßt und
sehr grüblerisch.
Bei ihm zeigte sich der Zusammenhang von Immunsystem
und Psyche in eindrucksvoller Weise im Lüschertest: Alex-
ander hat einen Wall um sich gebaut. Er isoliert sich von
anderen und ist ihnen gegenüber autoritär, um seine Unsi-
cherheit zu verbergen (++ Grün). Er wäre so gern zufrieden
und entspannt. Statt dessen ist er ruhelos (-- Blau).
Augenblicklich sieht Alexander keine Möglichkeit, seine
Lage zu ändern. Er will den gestellten Anforderungen un-
bedingt gewachsen sein. Er hält es für notwendig, sich zu
behaupten und sich durchzusetzen, und er will sich nicht
gehenlassen. Dafür ist er auch ohne weiteres bereit,
Schwierigkeiten in Kauf zu nehmen.

Bei Alexander verhinderten vor allem energetische Störungen
des Magen- und Dickdarmmeridians, daß die Wunde heilen
konnte. Es war zwischen der Mundhöhle und der Kieferhöhle
eine Verbindung entstanden, und die Kieferhöhle hatte sich entzündet. Sie heilte erst aus, als die Systeme Magen und Dickdarm

gekräftigt waren. Magen und Dickdarm stehen akupunkturphysiologisch in besonderer Beziehung zueinander.

Bei vielen Menschen kann, wie bei Alexander, die psychosomatische Spannung durch äußere Umstände steigen und unterhalten werden. Das aber hält auf Dauer kein Immunsystem aus.

 »Mir liegt ein Stein im Magen«, sagen wir und hören wir oft. Die »Steine im Magen« sind Zeichen für innere Anspannung und Unruhe, also das Gegenteil von dem, was für den Magen gut ist, und sie werden häufig als »bedrückend« empfunden.

»Steine im Magen« haben häufig Frauen mit **Brustkrebs**, und das längst, bevor ihre Erkrankung auftritt. Die Brustdrüse gehört zum Magenmeridian.

Im Lüschertest erscheinen diese Frauen als perfektionistische, pflichtbewußte, ihre Emotionen unterdrückende Menschen.

In einer Auswertung der Lüschertests von 50 krebskranken Patienten ergab sich eine hochsignifikante Farbwahl. Die Farbfolge bei der Acht-Farben-Wahl entspricht der eines depressiven, unsicheren Menschen. Lüscher schließt aus der Farbwahl der Krebspatienten generell, daß diese vermutlich schon vor Ausbruch der Erkrankung das Verhaltensmuster eines zwanghaften, perfektionistischen Menschen zeigten. Wenn es sich – zusätzlich zur konventionellen Krebstherapie – nicht ändert, ist eine Therapie zwar möglich, doch die dauerhaften Erfolgschancen sind sehr beschränkt.

Nach der Farbkombination im Lüschertest kann man davon ausgehen, daß der Ausbruch der Krebserkrankung auf dem den Farben entsprechenden Meridiansystem erfolgt, das heißt bei Ablehnung (--) und Bevorzugung (++) von Blau-Grün mit großer Wahrscheinlichkeit in dem System Milz-Pankreas-Magen.

Neben der Brustdrüse können also auch der Magen selbst, die Schilddrüse oder ein anderer Teil dieser Meridiane betroffen werden.

Bei der Entstehung von Krebserkrankungen liegen psychische Komponenten zugrunde wie immunologische Ursachen, zum Beispiel infektiöse, durch Viren bedingt. Auch die Umwelt liefert krebserzeugende Stoffe, wie Dioxin, Asbest, Benzol oder Schimmelpilzgifte (= Mykotoxine). Zu den physikalischen krebsauslösenden Ursachen zählt man unter anderem Röntgenstrahlen, UV-Strahlen und radioaktive Strahlung.

Auch hier gilt: Nur die Kenntnis von den Gesamtzusammenhängen und der feinen Vernetzung ermöglicht eine koordinierte Therapie mit optimalen Heilungsmöglichkeiten. Das Ganze ist eben mehr als die Summe seiner Teile.

 Wenn Kinder krank sind, ist gleich die ganze Familie betroffen. Welch verheerende Folgen eine nicht erkannte Kuhmilchallergie für die Entwicklung eines Kindes haben kann, werden Sie durch die Geschichte von Patrick erfahren, die seine Mutter erzählt.

In »Die Traurigkeit schadet den Lungen« werden wir Sie ausführlich über Allergien informieren. Allgemein sind Allergien dem System Lunge-Dickdarm zuzuordnen, trotzdem haben wir in diesem Abschnitt Patricks Geschichte zur Anschauung ausgewählt. Auslöser für seine Erkrankung war die **Kuhmilchallergie** und damit verbundene Störungen des Dickdarmmeridians. Seine Krankengeschichte zeigt sehr anschaulich, wie das Immunsystem unter einer derartigen Belastung zusammenbrechen kann. Patricks Erkrankung manifestierte sich vor allem auf dem Milz-Pankreas-Meridian.

Daß hemmende Wirkungen der Systeme, der Theorie der »fünf

Wandlungsphasen« zufolge, untereinander möglich sind, zeigt sich in diesem Fall besonders deutlich: Die Leere im Dickdarmmeridian, hervorgerufen durch die Kuhmilchallergie, hat hemmend auf den Milzmeridian übergegriffen, der daraufhin Erreger nur noch ungenügend abwehren konnte.

»Er war, als er kam, drei Wochen zu früh, in der 37. Schwangerschaftswoche, war ein zierliches Kind. Ich habe ihn genau sechs Wochen gestillt. Der Junge hatte einen Mordsappetit, blieb aber relativ zierlich. Nach den sechs Wochen hatte ich keine Milch mehr. Ich fing also an, das Kind mit normaler Milch, mit gekaufter Säuglingsnahrung zu ernähren, also mit Kuhmilch.

Zwei Wochen später bekam Patrick daraufhin einen furchtbaren Husten. Es war ein starker Reizhusten, ohne Auswurf, ohne alles. Ich bin dann zu einem Kinderarzt gegangen. Er schaute sich das Kind an und sagte, das sei ein ganz normaler Husten, er würde wohl ein bißchen überreagieren. Das Kind wäre nur normal erkältet. Ich bräuchte mir keine Gedanken zu machen.

Der Zustand verschlechterte sich. Abends gegen zehn holte ich ihn aus seiner Wiege. Da war er schon ganz grau und reagierte total apathisch. Wenn man einem kleinen Kind von drei Monaten ins Gesicht pustet, dann zuckt es ja. Er zeigte kaum noch Reaktion. Auf dem Weg in die Klinik hat er Erbrochenes in die Lunge gezogen und hat in den Armen der Notärztin einen Atemstillstand gehabt. Nun haben die also versucht, einen Tubus einzuführen. Durch diesen Reizhusten war der Kehlkopf verengt. Sie hatten Schwierigkeiten durchzukommen. Sie haben es aber glücklicherweise geschafft. Ich hab auf die Uhr geschaut, ich war schon ganz kribbelig, ich komm selber aus der medizinischen Branche. Dann haben sie gesagt, sie können das Kind nicht behalten, sie haben nur eine Kinderintensiv-, keine Neugeborenenintensivstation.

Also wurde das Kind nach Stuttgart gefahren, in eine große Spezialklinik nur für Kinder. Dort kam er auf die Intensivstation, wurde sofort künstlich beatmet. Dann war der Junge zwei Wochen auf der Intensivstation, man hat ihn durch eine Magensonde ernährt. Und es ging ihm dann auch soweit wieder gut. Man hat gemerkt, er kam wieder zu sich. Er hatte eine Lungenentzündung. Man hat dann Röntgenaufnahmen gemacht. Theoretisch hätte ich ihn mitnehmen können, aber die Stationsärztin von der Intensivstation machte uns den Vorschlag, ob wir den Jungen nicht noch zwei Tage auf die normale Station bringen wollten, um zu gucken, ob er die normale Flaschennahrung wieder annimmt. Und mir war das auch sehr recht, ich hatte eine kleine Tochter daheim.

Auf der normalen Kinderstation war eine unerfreuliche Atmosphäre, der Junge wurde wieder so apathisch wie vorher, und dann wollte ich also das Kind am Freitag mitnehmen, dann hat mir die Schwester gesagt, nein, ich hätte einen Termin bei dem Stationsarzt. Der hat mir dann erklärt, unser Sohn sei körperlich und geistig behindert. Da habe ich gefragt: ›Wie kommen Sie darauf?‹ ›Ja‹, sagte er, ›so wie er sich verhält, das ist kritisch. Er kann den Kopf noch nicht anheben.‹ Und da habe ich gesagt: ›Er ist doch erst drei Monate alt und wiegt im Moment weniger als bei seiner Geburt.‹ Er sah aus wie ein Biafrakind und war ganz schwach. Der Arzt sagte, das Kind würde einen nicht anschauen beim Füttern, es würde nicht normal reagieren.

179

Andere Eltern sagten, wenn einer von uns käme, wäre das Kind ganz anders. – ›Also wissen Sie‹, sagte der Stationsarzt, ›das Kind wird außerdem seit Tagen überwacht, am Herzgerät.‹ Er hat das Gefühl, das Kind stirbt an einem Herzfehler. Er wollte das Kind dabehalten. ›Gut‹, habe ich dann gesagt, ›dann nehme ich das Kind mit, unser Kinderarzt kommt am Montag. Ich gehe dann sofort am Montag in seine Praxis.‹ Da wurde ich ein bißchen zurechtgestutzt. Ich habe dann das Kind ausgepackt und gesehen, daß das Überwachungsgerät gar nicht angeschlossen war.

Ich habe den Patrick mit heimgenommen und habe versucht, ihn normal zu ernähren. Am Anfang hat er gut darauf angesprochen. Er hat relativ schnell zugenommen und konnte den Kopf auch bald heben. Wir dachten, nun haben wir das Schlimmste hinter uns. Der Junge war von Anfang an ein ruhiges Kind: er aß und schlief. Essen und Schlafen, das war sein Lebensziel.

Am Anfang macht man sich da keine großen Gedanken, wir haben gedacht, das kommt davon, daß er diese Krankheit hatte, der Krankenhausaufenthalt … Unsere Tochter war ganz anders, quirlig, er war immer der passive, melancholische Typ.

Der Junge kam aus dem Kindergarten und schlief während des Essens schon mal ein. Dann habe ich ihn ins Bett getragen. Er hat geschlafen, dann habe ich ihn geweckt, er hat ein bißchen gegessen, gespielt, dann mußte er schon wieder schlafen. Er hat Unmengen gegessen und ist nie dick geworden. Er hat nachmittags bestimmt zehn Scheiben Brot gegessen. Als Dreijähriger hat er lässig eine große Pizza verdrückt. Er blieb extrem dünn und immer blaß, dunkle Augenränder.

Und dann habe ich einen Anruf aus dem Kindergarten bekommen, was mit dem Jungen sei. Er hat wiederholt den
anderen Kindern das Frühstücksbrot weggemopst und sich
dann anschließend in die Puppenecke gelegt und geschlafen. Man hat mich so komisch angeguckt. Da habe ich
gedacht, es ist anscheinend doch was, er ist doch irgendwie körperlich oder geistig behindert.

Er war wirklich anders. Er hat fast keine Bilder gemalt, er
wollte auch keine Bilder malen. Und wenn, hat er einen
Kringel gemalt und gesagt, das wäre ein Auto. Ein sehr
ähnlicher Kringel sollte ein Haus sein. Die Farben der Bilder waren alle sehr dunkel. Am liebsten hatte er traurige
Farben, Schwarz, Dunkelblau, Matschgrau. Er hat die Sonne schwarz gemalt, er hat nie eine Beziehung zu Farben
gehabt. Das war ganz schlimm. Er hat auch kein Interesse
gehabt. Alles war ihm egal. Hauptsache, er hatte ein Brot
in der Hand.

Als Patrick viereinhalb war, hatte ich mich schon damit
abgefunden, daß dieses Kind nicht auf eine normale Schule gehen könnte. Der Kinderarzt hat mir auch gesagt, daß
er ein Spätentwickler ist, und erklärt, daß seine Reaktionen
verzögert seien. Er war in allem sehr langsam. Er war
phlegmatisch, apathisch. Er hat im Kindergarten nie Rol-
lenspiele mitmachen können, weil er sie nicht behalten
konnte. Die Kinder können Lieder mitsingen, er konnte
keine Lieder mitsingen. Außerdem hatte er zu diesem Zeitpunkt seit einem Jahr einen Dauerschnupfen.

Über die Empfehlung einer Freundin bin ich mit Patrick zu
Frau Dr. Cleff-Menne zu einem Elektroakupunkturtest gekommen. Da sie feststellte, daß er Kuhmilchallergiker war,
habe ich sofort die Ernährung umgestellt. Dazu hat Patrick

verschiedene ausgetestete homöopathische Medikamente bekommen.

Innerhalb von drei Wochen war der Junge völlig verändert. Ich habe einen Anruf bekommen vom Kindergarten, er bekommt auch dort mit Sicherheit keine Kuhmilch mehr, beim gemeinsamen Frühstück keinen Joghurt. Er bekam dort Unterstützung. Nach drei Wochen war ich mal da, und da waren alle begeistert. Er hatte sich total verändert, er würde auch auf jemanden mal zugehen. Er hatte sich sonst immer zurückgezogen, er hatte sonst immer panische Angst vor anderen. Er würde viel aufgeweckter sein, er male ganz anders, er male die Sonne gelb, er würde auch mit den Kindern spielen. Er war früher so ein Streiter, er hat wild drauflosgeschlagen. Er war unfähig, in einer Gemeinschaft irgend etwas zu tun. Er war ein Außenseiter. Entweder war er müde, oder er wollte essen. Dazwischen gab es nichts.

Am Anfang wollten meine Mutter und meine Schwiegermutter nicht glauben, daß die Behandlung und die Ernährungsumstellung helfen sollten, daß er sich durch andere Ernährung und homöopathische Behandlung verändern könnte. Nun waren alle glücklich. Meine Mutter hatte sich so viele Sorgen um unseren Sohn gemacht, nun war sie ganz begeistert. Er ist ruhig geblieben, aber draußen im Dorf ist er der ganz große Anführer. Er ist jetzt wirklich ein ganz normales Kind. Vorher hat er nur gestritten und gekabbelt, es war schon nicht mehr schön. Jetzt spielt er viel. Er ist jetzt in der zweiten Klasse.

Die Lehrerin hat gesagt, er hat sich unheimlich gut gemausert. Die Gesamtbeurteilung des Halbjahreszeugnisses: ›Patrick ist ein interessierter, lebhafter Schüler, er ist in den

*letzten Monaten ausgeglichener und verträglicher gewor-
den, muß sich aber weiterhin bemühen, seinen starken Äu-
ßerungsdrang zu steuern.‹
Im Kindergartenalter kam während der Behandlung der
drastische Umschwung von passiv zu aktiv. Ein Vierteljahr
hat das gedauert, bis das richtig sichtbar war. Er war vorher
von sich so überzeugt, daß er nicht normal ist. Alle haben
ihm gesagt: ›Mein Gott, du bist nicht normal, kannst du das
nicht, du bist ein Baby.‹ Das ist schlimm, wenn man vier
Jahre alt ist und von allen so eingestuft wird. Was man da
auch einem Kind seelisch antut, das kann man gar nicht
begreifen.«*

Bei einem Kind wie Patrick, das drei Wochen zu früh auf die
Welt gekommen ist, kann man davon ausgehen, daß das Immunsystem nicht so wie üblicherweise bei einem Neugeborenen entwickelt ist.

Schon die von seiner Mutter erwähnte Tatsache, daß das Kind
zwei Wochen nach der Umstellung auf Flaschenmilch einen
starken Reizhusten bekam, führt uns mitten hinein in die Problematik einer Kuhmilchallergie. Sie kommt zunehmend häufig
bei Kindern vor, wird aber als solche schulmedizinisch oft wie
auch in diesem Fall nicht erkannt. Der Arzt diagnostiziert bei
Patrick einen »normalen« Husten und Überreaktion, ohne nach
der Ursache zu suchen.

Da die Ursache nicht erkannt wird, das Baby also weiterhin mit
seinen Allergenen gefüttert wird, muß sich notgedrungen sein
Zustand verschlechtern. Körper (»Er war schon ganz grau«) und
Psyche (»Er zeigte kaum noch Reaktion«) reagieren auf diesen
Dauerstreß. Die Lungenentzündung zeigt, daß sich die Belastun-
gen im System Lunge-Dickdarm weiter manifestiert haben.

Patrick geht es besser, als er durch eine Magensonde ernährt und nicht mehr mit Kuhmilch gefüttert wird; der Zustand des Kindes bessert sich vorübergehend so lange, bis es wieder »normale Flaschennahrung« erhält.

Daß sich daraufhin die Apathie wieder einstellt, wäre für einen systemisch denkenden und behandelnden Arzt ein Hinweis auf eine Nahrungsmittelunverträglichkeit gewesen. Die Aussage »Das Kind ist körperlich und geistig behindert« belastet die Eltern unnötig und entspricht, wie sich später herausstellt, in keiner Weise der Realität.

Das Kind wird apathisch und von seiner Mutter als blaß im Kleinkindalter beschrieben; die blasse (= weiße) Hautfarbe des Kindes ist ein deutliches Zeichen für das gestörte System Lunge-Dickdarm.

Auf eine Störung des Verdauungstraktes läßt auch das seltsame Eßverhalten Patricks schließen. Bei einem Kind, das nach den Worten seiner Mutter ungeheure Mengen ißt und nicht dicker wird, funktioniert mit Sicherheit das Verdauungssystem nicht richtig.

Unverträglichkeit von Nahrungsmitteln kann starke Müdigkeit hervorrufen oder wie bei Patrick ein extremes Schlafbedürfnis. Zu der Kuhmilchunverträglichkeit kamen bei ihm infektiöse Belastungen der Systeme Dickdarm und Milz hinzu. Die häufigen Infekte hinterließen ihre Spuren und schwächten sowohl das darmassoziierte als auch das Immunsystem der Milz.

In dieser Zeit ist Patrick Tag für Tag extremen Belastungen körperlicher und seelischer Art ausgesetzt. Die somatischen und psychischen Signale, mit denen er seinen Zustand offenbart, werden nicht erkannt. Er bleibt sehr dünn, ist müde, blaß und hat dunkle Augenringe. Später bekommt er Dauerschnupfen. Er zieht sich zurück, entwickelt panische Angst vor anderen, er ist einerseits

passiv, phlegmatisch und melancholisch; andererseits explodiert
er plötzlich, wird aggressiv und schlägt andere Kinder.
Die Mutter stellt Patricks Abneigung gegen Malen und Farben
heraus: Er malt ungern und sehr undifferenziert. Bemerkenswert
ist, daß er die Sonne schwarz malt.
Patricks Verhältnis zu Farben während seiner Erkrankung läßt
sich nur sehr vorsichtig bewerten. Lüscher sagt, daß der »Klinische Farbtest« erst bei einem sechsjährigen Kind greift.
Trotzdem lassen sich aus Patricks Vorliebe für dunkle Farben –
die Mutter nennt Schwarz, Dunkelblau und Matschgrau – Schlüs-
se ziehen. Ganz offensichtlich bevorzugt der Junge diese dunklen
Farben. Schauen wir uns nun an, welche Bedeutung diesen drei
Farben im Lüschertest zukommt, wenn sie exponiert auftreten.

Grau:	Abschirmung, vorsichtige Zurückhaltung, Verschlossenheit, Tarnung, soziale Isolierung
Dunkelblau:	Ruhebedürfnis, intensives Bedürfnis nach gemüthafter Bindung und Befriedigung, Harmoniestreben, Empfindsamkeit
Schwarz:	Schwere Protesthaltung, Negativismus, aggressiv-destruktive Triebdynamik

Die Aussage aller drei Farben trifft bei Patrick zu: Das Kind
schirmt sich ab, fühlt sich isoliert; im Kindergarten spielt er
nicht mit den anderen Kindern, sondern liegt schlafend in der
Puppenecke. Wenn der somatische und psychische Druck, unter
dem er steht, zu groß wird, reagiert er aggressiv, dann streitet er

und schlägt um sich. Aus dieser schweren Protesthaltung heraus malt er die Sonne schwarz.

In zunehmendem Maße werden heute Kinder, deren Verhalten von der Norm abweicht, als »verhaltensgestört« oder »hyperaktiv« bezeichnet und schulmedizinisch entsprechend durch Medikamente ruhiggestellt oder als »Phosphatkinder« eingestuft und einer strengen Diät unterworfen.

Systemisch arbeitende Ärzte stellen dagegen immer wieder fest, daß auffälliges Verhalten von Kindern auf energetisch schwache Meridiane zurückzuführen ist.

Der Arzt Daniel, ein EAV-Arzt der ersten Generation, sagte schon vor vielen Jahren: »Nach meiner Behandlung verlassen viele verhaltensgestörte Kinder die Praxis als liebe Jungen oder Mädchen.«

Im Elektroakupunktur-Test verhaltensauffälliger Kinder werden immer wieder infektiöse und/oder nahrungsmittelallergische Belastungen festgestellt. Werden die Allergene, die die Allergie auslösenden Nahrungsmittel, entzogen und die gestörten Meridiane behandelt, verändert sich das Verhalten so, wie Daniel es erlebte.

Zur Schwächung des Immunsystems vieler Kinder tragen Antibiotika und Impfungen bei. Durch Antibiotika wird das Fieber unterdrückt und das Bakteriengleichgewicht im Darm zerstört. Fieber bietet die große Chance, daß Toxine von Erregern und Umweltgiften aus dem Mesenchym, der Substanz zwischen den Zellen, abtransportiert werden können. Impfungen nehmen ebenso wie Antibiotika die Chance, Fieber zu bekommen. Durch die fehlende Auseinandersetzung mit dem Fieber und den Erregern kann das Immunsystem nicht ausreifen und trainieren. Das sollten Eltern, die immer Einfluß auf die Therapie nehmen können, bedenken.

Die Traurigkeit schadet den Lungen

»Schone deine Lunge!« sagen wir, wenn einer sehr viel redet. Und wenn er laut schreit, wissen wir, daß er eine gute Lunge haben muß. Es kommt auch vor, daß sich jemand die Lunge aus dem Hals schreit. Manchmal bleibt uns die Luft weg, vor Staunen oder vor Schreck. Oder etwas schnürt uns die Luft ab. Sind wir erregt, müssen wir die Luft rauslassen, und erst wenn wir nicht mehr unter Druck stehen, können wir wieder Luft holen. Manchmal sind wir auch tieftraurig, und deshalb wird uns eng in der Brust. Ly Luan Dong erklärte schon damals, warum das so ist: »Die Traurigkeit und Besorgnis schaden der Lunge, aber Lungenaffektionen machen den Kranken traurig und pessimistisch.«

Da Lunge und Dickdarm ein zusammengehöriges System bilden, geht es hier um den Lungen- und den Dickdarmmeridian. Hier beschäftigen wir uns mit falschen **Zahnentfernungen**, den Krankheitsbildern **Bronchitis, Depression, Akne** und **Allergien**. Bei der ersten Patientengeschichte geht es auch um **toxische Belastungen**, wie **Umweltgifte**, und **Herpes**. Da die Allergien besonders bei Kindern zunehmen, stellen wir eine zweite Patientengeschichte vor, die Sie mit der **Neurodermitis** konfrontiert.

 Die Lunge ist unser wichtigstes Atmungsorgan. In den zahllosen Bläschen der beiden Lungenflügel findet der Gasaustausch statt, das heißt, Sauerstoff wird durch feinste Äderchen, die Kapillaren, aus der eingeatmeten Luft ins Blut aufgenommen und CO_2 an diese Luft abgegeben und ausgeatmet.

Am Ende des Verdauungstraktes, der mit der Mundhöhle beginnt, über Speiseröhre, Magen und Dünndarm weiterführt, liegt der Dickdarm. Die bislang nicht resorbierten Bestandteile der Nahrung geraten im Dickdarm unter den Einfluß der dort siedelnden Bakterien. Bakterium coli und Bacterium lactis aerogene vergären die unverdaulichen Kohlenhydrate, vor allem Zellulose. Fäulnisbakterien zerlegen den Rest der Eiweißkörper. Die dabei entstehenden giftigen Abbauprodukte werden im Regelfall von der Leber entgiftet. Ein meßbarer Energieverlust ergibt sich aus der bakteriellen Nachverdauung im Dickdarm nicht. Der Dickdarm scheidet eine Reihe anorganischer Stoffe aus, wie Eisen, Kupfer und Quecksilber. Er kann seine Aufgabe nur richtig erfüllen, wenn die Zusammensetzung der Bakterien im Gleichgewicht bleibt. Nehmen die einen oder anderen überhand, gerät die gesamte Verdauung und Entgiftung durcheinander.

Der Dickdarmmeridian ist mit dem Lungenmeridian gekoppelt; die beiden bilden zusammen das System Dickdarm-Lunge. Entsprechend der Verläufe, die Sie auf der Abbildung Dickdarmmeridian und auf der Abbildung Lungenmeridian finden, gehören die folgenden von den Meridianen verbundenen Körperabschnitte energetisch zum System Dickdarm-Lunge.

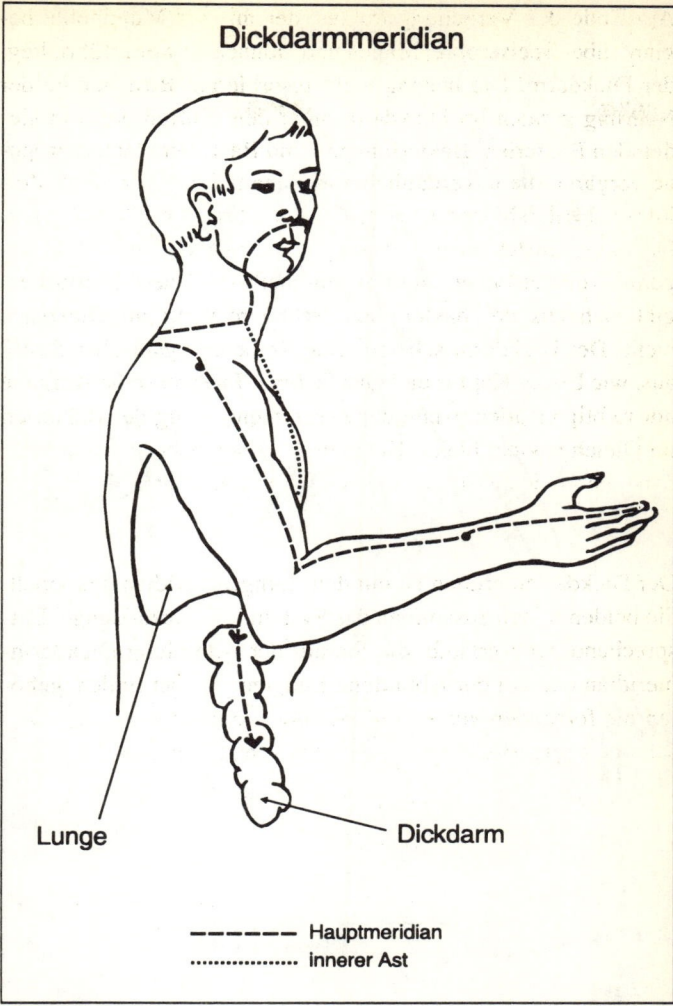

Dickdarmmeridian

Lunge

Dickdarm

------- Hauptmeridian
.... innerer Ast

Abbildung 17

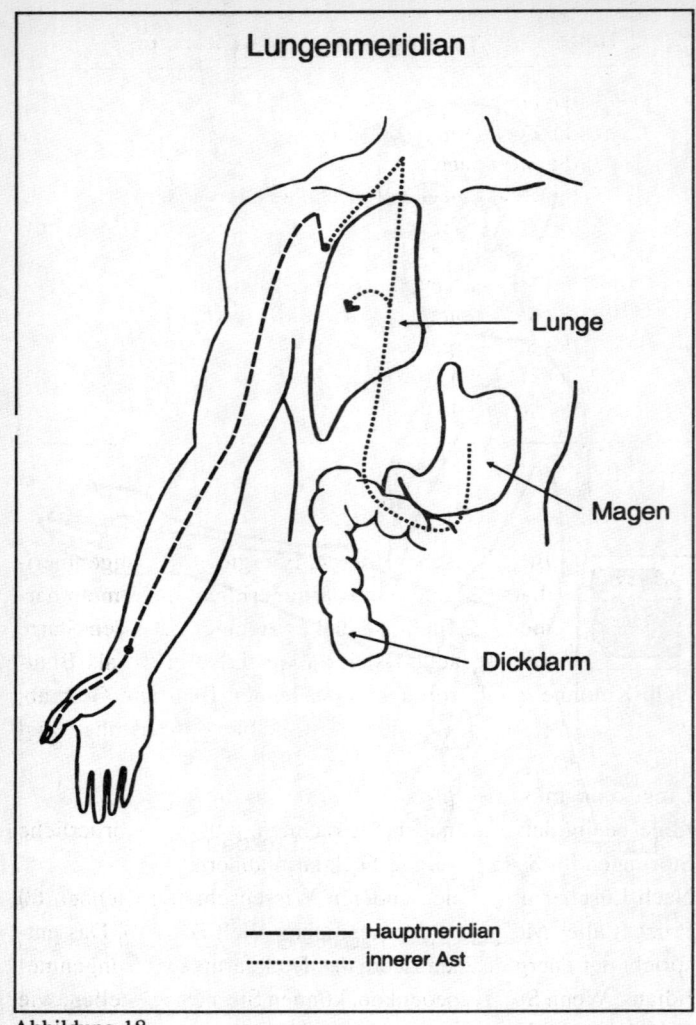

Lungenmeridian

Lunge

Magen

Dickdarm

– – – – – Hauptmeridian
. . . . innerer Ast

Abbildung 18

1. die Lunge
2. der Dickdarm
3. die Bronchien
4. die Siebbeinzellen (= Cellulae ethmoidales)
5. die Zahnfächer der unteren Backenzähne (= Molaren)
6. die Vorbackenzähne (= Praemolaren)
7. die Tubenmandel (= Tonsilla tubaria)
8. die Kehlkopfmandel (= Tonsilla laryngis)
9. das Schultergelenk vorn
10. der Ellbogen vorn
11. die Handwurzel innen

Bei Menschen, deren Energie des Lungenmeridians oder des Dickdarmmeridians nicht mehr harmonisch fließt, so daß es zu einer gewissen Starre kommt, äußert sich das im Lüschertest als Blau-Gelb-Kolonne; sie bevorzugen oder lehnen Blau und Gelb ab, was zeigt, daß bei ihnen die Selbstgefühle Zufriedenheit und innere Freiheit gestört sind.

Umgekehrt müssen Menschen, bei denen diese zwei Selbstgefühle beeinträchtigt sind, damit rechnen, daß sich körperliche Störungen im System Lunge-Dickdarm äußern.

Nach Lüscher und vielen anderen Wissenschaftlern lehnen 60 Prozent aller Menschen der westlichen Welt Blau ab. Das entspricht der energetischen Leere des Dickdarm- und Lungenmeridians. Wenn Sie das bedenken, können Sie sich vorstellen, wie eingeschränkt die Immunabwehr und insgesamt damit die Vitalfunktionen sind. Entsprechend ruhelos und unzufrieden sind sehr, sehr viele Menschen. Die physiologische Bedeutung der Lüscher-Farben Blau-Gelb macht die Zusammenhänge verständlich:

Im Ruhezustand ist der Dickdarm sediert (+ Blau). Er hat die Fähigkeit, rhythmisch zu regulieren (- Gelb). Erreicht ihn zu verdauende Nahrung, so weitet er sich (+ Gelb) und beginnt sie zu verwerten und weiterzuschieben (- Blau). Menschen, deren Dickdarmmeridian gestört ist, wählen häufig -- Blau (Gereiztheit, den übersteigerten und unkontrollierten Antrieb) und ++ Gelb (Kollaps als Übersteigerung der Erweiterung). Dann läuft nicht mehr viel ab. Der gestörte Dickdarm versucht kompensatorisch durch überschießende, unkontrollierte Reaktionen die Dysfunktionen auszugleichen. Er reagiert abwechselnd mit Lähmung (++ Blau) und Spasmus (-- Gelb). Das kann sich in Verkrampfungen, Verstopfung, Durchfall, Schmerzen und Nahrungsunverträglichkeiten ausdrücken. Die psychische Überkompensation zeigt sich in der Ablehnung oder Bevorzugung von Blau und Gelb.

Was benötigt nun der Lungenmeridian als Partner zum gesunden Funktionieren? Ein Mensch kann gut durchatmen, wenn genügend Antrieb vorhanden ist (- Blau) und sich die Lungen weit entfalten (+ Gelb). Für eine ruhige regelmäßige Atmung braucht er Ruhe (+ Blau) und rhythmische Regulation (- Gelb). Ein Mensch mit chronischen Störungen des Lungenmeridians atmet nicht kräftig und tief durch. Er atmet flach, kurz und unregelmäßig, das heißt, die Weitstellung (+ Gelb) der Lunge fehlt. Die Atmung droht, vor lauter Spasmen (-- Gelb) zu erliegen (++ Blau) oder vor lauter Gereiztheit (-- Blau) zu kollabieren (++ Gelb). Das hat schwerwiegende Folgen; denn die Zellen des gesamten Organismus werden nicht mit genügend Sauerstoff versorgt und damit anfällig gegenüber eindringenden Erregern. In einer so unkoordinierten und wenig effektiven Art und Weise atmet etwa ein Mensch mit einer spastischen Bronchitis oder einem Asthma bronchiale.

Die körperliche Situation repräsentiert sich auch im Lüschertest. Bei Menschen, deren Lungenmeridian gestört ist, sind die Selbstgefühle Zufriedenheit und innere Freiheit beeinträchtigt. Sie würden so gern aus ihrer Verkrampfung herauskommen und sehnen sich nach Entspannung; der Teufelskreis aber hat sich geschlossen. In psychischer Hinsicht zeigen diese Menschen ein dringendes Bedürfnis nach Ruhe und Entspannung. Sie klammern sich oft an eine Bindung, in der sie Sicherheit suchen (++ Blau), weil sie Angst haben, sie könnten allein sein oder irgend etwas könnte sich ändern (-- Gelb). Oder sie sind ruhelos (-- Blau) und suchen dringend nach Ablenkungen (++ Gelb).

Vergessen Sie nicht den Blick auf die Grafik!

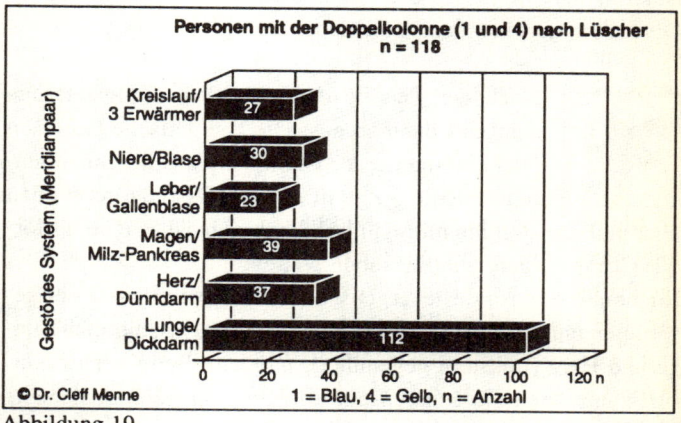

Abbildung 19

So eindeutig wie in dieser Statistik ist das gestörte Meridianpaar bisher noch nicht in Erscheinung getreten. Wir wiesen schon in »Meßbar und testbar« darauf hin, daß die häufigste Störung von zwei Selbstgefühlen im Bereich von Zufriedenheit (Blau) und innerer Freiheit (Gelb) vorkommt. Auch bei Cleff-Mennes Erhebungen wurde deutlich, daß diese Störungen in der Überzahl sind. Auffällig ist das gehäufte Vorkommen von Verdauungsstörungen. Aber auch eine erhöhte Infektanfälligkeit der Nasennebenhöhlen kommt von einem gestörten Dickdarm. Allergische Reaktionen der Nasenschleimhäute (= Heuschnupfen) oder der Bronchien (= Asthma) hängen von Störungen des Lungen- und Dickdarmmeridians ab. Wegen der massiven Zunahme an Allergien werden wir uns in diesem Abschnitt ausführlich damit beschäftigen.

Von den 118 Probanden, die eine Doppelkolonne Blau-Gelb gewählt hatten, zeigten 112 eine Störung des Meridianpaares Dickdarm-Lunge. Ist der Dickdarmmeridian gestört, stimmt die Bakterienzusammensetzung nicht, was häufig eine Störung im Dünndarmmeridian nach sich zieht.

 Nach der Theorie der »fünf Wandlungsphasen« sieht das dann so aus: Die energetische Leere im Dickdarmmeridian, bedingt durch die Bakterienfehlbesiedlung, greift auf den Dünndarmmeridian über und schädigt ihn mit. Klinisch kann sich das in einem Morbus Crohn zeigen, wie Sie schon wissen.

Eine andere Form des energetischen Übergriffs ist von den jeweiligen Partnern des Dickdarms und Dünndarms, nämlich Lunge und Herz (im Stern gegenüber), möglich. Bei einer Herzinsuffizienz kann ein Lungenstau erfolgen, der dann seinerseits das Herz weiter schädigt.

194

	Maximalzeit	Minimalzeit
Lunge	3 – 5 Uhr nachts	15 – 17 Uhr tags
Dickdarm	5 – 7 Uhr nachts	17 – 19 Uhr tags

Nachts um drei, also zur Maximalzeit Lunge, hustet ein Bronchitiskranker meist besonders heftig.

Wer regelmäßig zwischen 5 und 7 Uhr von alleine aufwacht, hat einen gestörten Dickdarmmeridian. Und wenn er um diese Zeit auch noch kolikartige Schmerzen hat, sollte er seinen Dickdarm untersuchen lassen.

Ist der Darm gesund und funktioniert er richtig, hat der Mensch nach dem Aufstehen Verdauung.

Patienten, die die Farben Blau und Gelb ablehnen oder bevorzugen, also unter einer Störung des Dickdarmmeridians leiden, sind sehr häufig von unruhigen, verdeckten **Depressionszuständen** geplagt. Lüscher beschreibt den psychischen Zustand so:

Dieser Mensch, »ein ruheloser ›Paradies-Sucher‹, hat ein bindendes Engagement oder eine Partnerschaft erlebt, die keine beruhigende Zufriedenheit gewährte, hat sich ihr deshalb entfremdet. Ist durch die fehlende Zufriedenheit innerlich einsam und möchte dem unbefriedigenden Zustand entfliehen und leichter erträgliche Verhältnisse finden. Sucht daher ruhelos und ungeduldig nach neuen, besseren Verhältnissen oder Beziehungen, die eine harmonische Lebenssituation ermöglichen.«

Charakteristisch für diese Menschen ist die Ungeduld, die schon in der traditionellen chinesischen Medizin beschrieben wird. Bei

195

**Blau
Gelb**

den 25 Prozent der Probanden, die die Doppelkolonne -- Blau
++ Gelb wählten, traf eine solche psychische Situation zu; die
meisten von ihnen, darunter auch Kinder, litten unter Depressionen. Die traurige psychische Situation läßt einen solchen
Menschen das helle Gelb wählen, die Farbe der Heiterkeit und
Weite. Das dunkle Lüscher-Blau ist für ihn schwer und be-
drückend. Er lehnt es ab, denn er hat Angst vor dem »depressiven Versinken«. Da er Erleichterung und Befreiung wünscht,
bevorzugt er die Farbe Gelb.
Auch übertriebene Fröhlichkeit ist oft Ausdruck einer depressiven Grundstimmung. Die Patientin Susanne W. betritt zu jedem
Behandlungstermin ungewöhnlich fröhlich und heiter die Praxis. Allein mit der Ärztin und auf ihre Probleme angesprochen,
beginnt sie zu weinen und erzählt von ihren **Depressionen**. Sie
erinnert an ein Kind, das allein durch einen dunklen Wald geht
und pfeift, um seine Angst nicht zu zeigen.

Oscar Wilde erzählt in »Die Phantasie eines Millionärs«: »Oberst
a. D. Morton hatte sowohl Temperament als auch Verdauung in
Indien verloren und keines von beiden wiedergefunden.«
Bei Oberst Morton ist durch die fremdartige Kost, das tropische
Klima und wahrscheinlich auch durch tropische Krankheiten
das energetische Gleichgewicht des Dickdarmmeridians sowie
das Immunsystem insgesamt gestört worden. Das zeigt sich an
seiner gestörten Verdauung. Er leidet unter Verstopfung, und er
leidet an allgemeiner Antriebsschwäche, was zusammengehört.
Nicht nur für Oberst Morton, für uns alle bringen Reisen in
exotische Länder – auch wegen der Impfbelastungen – ein großes immunologisches Problem mit sich.
Menschen, bei denen das System Lunge-Dickdarm gestört ist,
neigen zu Traurigkeit. Der Traurige aber ist oft auch humorlos,

ihm fehlen im wahrsten Sinne des Wortes die humores (= Säfte). Er ist psychisch »trocken«. Dazu kommt häufig eine körperliche **Trockenheit**. Die Menschen, die über trockene Schleimhäute, ob im Mund oder in der Vagina, oder über trockene Haut klagen, haben Störungen des Dickdarmmeridians. Danach erscheint es wenig sinnvoll, zum Beispiel Trockenheit im Mund mit Mundwässern oder verschiedensten Medikamenten zu begegnen; besser wäre es, im System Lunge-Dickdarm nach der Ursache zu suchen, die diese Trockenheit bewirkt.

Durch die psychische Situation kann ein Meridiansystem geschwächt werden, wie aber auch eine länger währende Krankheit, ein Defekt oder ein Störfaktor des Systems Lunge-Dickdarm einen Menschen psychisch schwächen können. Es ist nicht immer einfach, den Verursacher zu finden. Schwierig war das auch im Fall der Patientin Nina A. Thema: **Bronchitis**.

 *Mit fast dreißig Jahren wohnte Nina immer noch zu Hause bei ihren Eltern und wurde wie ein kleines Kind behandelt. Kein Wunder also, daß die junge Frau innerlich enttäuscht und verzweifelt war, daß ihre Erwartungen und Ansprüche mißachtet wurden. Sie befand sich in einer zwiespältigen Situation. Einerseits wollte sie sich die angenehmen Vorteile bewahren, die das Wohnen zu Hause mit sich brachten. Andererseits fühlte sie sich von den Eltern ausgenützt und um ein eigenständiges Leben betrogen. Als Folge davon suchte sie sich mit problemlosen, sinnlichen Genüssen und Behaglichkeit zu betäuben.*
Als ihre innere Gespanntheit besonders groß geworden war, brach das Immunsystem und damit die Fähigkeit, Infekte

abzuwehren, zusammen. Die Erreger hatten entsprechend der psychischen Konstellation eine Bronchitis ausgelöst. Sie widerstanden trotz eines stationären Aufenthaltes im Krankenhaus jeglichen Therapieversuchen. Mit einer inzwischen chronischen, vier Monate währenden Bronchitis wurde Nina aus dem Krankenhaus entlassen.

Cleff-Menne gab bei dem bestehenden Beschwerdebild, das auf körperliche und psychische Probleme hinwies, zunächst der Therapie der somatischen Beschwerden (= Bronchitis) den Vorzug. Mit der EAV ließ sich Mykoplasma pneumonia, ein Erreger, der vorwiegend Lungenentzündungen hervorruft und der die Bronchitis ausgelöst hatte.

Bei Nina behinderten verschiedene Störfaktoren zusätzlich den Energiefluß. Die im Mund vorhandenen Amalgamfüllungen mit ihrem Quecksilberanteil störten den Lungen- und Dickdarmmeridian. Außerdem belasteten im Haus reichlich vorhandene toxische Holzschutzmittel das System Lunge-Dickdarm.

Unter der homöopathischen Therapie klang die Bronchitis ab, allerdings nur langsam, weil die psychische Situation sich nicht wesentlich besserte. Auch hinsichtlich der Holzschutzmittel konnte Nina nicht geholfen werden. Nur ein Wohnungswechsel oder eine totale Sanierung des Hauses hätten hier Abhilfe schaffen können.

Weiterhin versuchte Nina, Konflikten mit den Eltern auszuweichen. Dennoch erhielt sie nicht die Schonung und die liebevolle Zuwendung, die sie brauchte. Erst mit zunehmender Ausheilung der Bronchitis und nach einigen Gesprächen war sie bereit, ihre psychischen Probleme anzugehen. Die Zukunftsaussichten sind positiv: Inzwischen hat Nina beschlossen, aus dem elterlichen Haus auszuziehen.

Allgemein läßt sich sagen: Psychische Störungen größeren Ausmaßes verzögern den Heilungsprozeß einer körperlichen Erkrankung. Bestimmte psychische Konstellationen behindern eine Genesung extrem. Nach den Untersuchungen verläuft eine Heilung beschleunigter, wenn im Lüschertest keine besonderen Auffälligkeiten wie Doppelkolonnen auftauchen. Ursula K. zum Beispiel verlor innerhalb einer Woche sämtliche Beschwerden, obwohl die Bronchitis schon lange bestanden hatte.

 *Ursula bekam im dritten Monat ihrer vierten Schwangerschaft eine Kieferhöhlenentzündung und eine Bronchitis, begleitet von ungewöhnlichen Blutungen des Zahnfleisches.*
Die Kieferhöhlenentzündung und die Bronchitis waren von ihren Ärzten mit verschiedenen Medikamenten behandelt worden, erfolglos. Über ein halbes Jahr lang hustete Ursula heftig; das Zahnfleisch blutete unvermindert stark, obwohl sie diverse Mundspülmittel anwendete.
In ihrer Anamnese schrieb Ursula: »Der Kopf ist ›zu‹, Schleim läuft hinten durch den Hals in den Magen, Hustenanfälle, Erbrechen des weißen Schleims, anfangs zu jeder Mahlzeit, jetzt nachts gegen 5 Uhr. Ohren haben Druck.«
Ihr psychisches Befinden sei ausgeglichen. Sie fühle sich in ihrer Partnerbeziehung und mit ihren drei Kindern wohl, sagte die Patientin selbst, was auch der Lüschertest bestätigte. Ursula hatte keine Kolonne. Nur in der Wahl der acht Farben zeigte sich, daß die schwangere Frau erschöpft war. Das schien nicht weiter verwunderlich bei jemandem, der seit geraumer Zeit ununterbrochen hustete.
Die Testung mit EAV ergab, daß die Kieferhöhlenentzün-

*dung und die Bronchitis durch Mikroorganismen, Myko-
plasmen, ausgelöst worden waren, die schlecht auf Antibiotika reagieren. Nachdem der Erreger gefunden und die
richtige Therapie angewendet worden war, heilten beide
innerhalb von sieben Tagen, und das, obwohl die Krankheit schon so lange andauerte.*

Nun muß man sich fragen, wodurch bei Ursula der Lungenmeridian derart geschwächt werden konnte. Der Grund dafür lag
in einer **Zahnentfernung**, die ohne Kenntnis der Systemzusam-
menhänge erfolgt war. Aus kieferorthopädischen Gründen hatte
man ihr wegen eines Engstandes im Ober- und Unterkiefer vier
Zähne gezogen, die Praemolaren, die – wie Sie wissen – zum
System Lunge-Dickdarm bzw. Milz-Pankreas-Magen gehören.
Das entsprechende System wird geschwächt, wenn ein Zahn,
der zu diesem System gehört, gesund gezogen wird. Das hat
zwei Gründe. Zum einen verheilt die Wunde im Knochen nar-
big. Zum anderen tritt ein energetisches Defizit ein, wenn man
den gesunden Zahn entfernt.

Heutzutage werden viele Tausende von Kindern einer kieferorthopädischen Behandlung unterzogen. Leider ist es übliche
Praxis, gesunde Zähne zu ziehen, wenn nicht alle Zähne genügend Platz im Kiefer haben. Auch Weisheitszähne werden oft
prophylaktisch entfernt, damit sie erst gar keine Schwierigkeiten machen. Deshalb sagen wir deutlich: Jeder Zahn hat eine
Bedeutung für den Organismus, ebenso wie ein Finger oder ein
Zeh. Niemand würde auf die Idee kommen, einen Zeh zu entfernen, nur weil er ein bißchen eng zwischen zwei anderen
steht.

Fragen Sie nun: »Darf man denn auch nicht Zähne ziehen, die
krank sind?«, so lautet die Antwort: »Doch, selbstverständlich!

Denn kranke Zähne schädigen durch ihre Wirkung als Herde das System. Hier ist der Schaden, den sie anrichten, größer als ihr Nutzen.«

 Der Patient, der Sie mit seiner Krankengeschichte bekannt macht, ist von Beruf Schreiner. Er hat also einen Beruf, in dem er in besonderem Maße **toxischen Belastungen** durch Holzschutzmittel ausgesetzt war.

»Ich denke, der Anfang meiner Krankheit liegt 15 Jahre zurück. Ich hatte 15 Jahre lang Herpes in verschieden starker Form. Anfangs habe ich es auf Ekelgefühle geschoben, der Herpes war nur im Mundwinkel und ging dann nach einer Zeit zurück. Die Auslöser waren Ekel, einige Obstsorten oder kaltes Essen.

Richtig zum Ausbruch kam er 1987. Wir waren in Dänemark in Urlaub. Wir hatten viel Sonne und ich einen Herpes, der ging von der Nase bis zum Kinn. Nachts habe ich das Gesicht mit einem Taschentuch abgetupft, weil das Kopfkissen von den aufgeplatzten Wasserbläschen schmutzig wurde und ich mich immer weiter infizierte. Bis er wegging, das hat lange Zeit gedauert, und seitdem hatte ich ihn im verstärkten Maße. Das war nie mehr so wie früher, daß er nur in einem begrenzten Bereich war, wie im Mundwinkel. Wenn ich einen Schnupfen hatte, dann hatte ich hinterher Herpes an den Nasenflügeln. Jeder hat mir gesagt: ›Mit diesem Virus mußt du leben. Den hast du im Körper, der ist im Hinterkopf, der zieht sich zurück und blüht dann wieder aus.‹ Wenn das eben so ist, dann muß ich damit leben, dachte ich damals.

*Dann kam ich über Bekannte zu Dr. Cleff-Menne. Wenn
ich ehrlich bin, war ich ja ein bißchen skeptisch. Ich war
schon mal beim Heilpraktiker gewesen, ohne großen Erfolg. Dann bin ich von ihr getestet worden, habe die Medikamente gespritzt bekommen und abgewartet. Nach der
Behandlung ist der Herpes nicht mehr aufgetreten. Ich war
ein Jahr in Behandlung, und der Herpes war gut im Griff.
Einmal im Jahr lasse ich mich jetzt testen und behandeln.
Seitdem habe ich auch nie wieder eine Grippe gehabt.*

*Früher habe ich am Tag mindestens fünf bis sechs Tassen
Kaffee getrunken. Nachdem mir gesagt worden ist, daß
Kaffee für mich belastend ist, trinke ich nur noch hin und
wieder Kaffee. Jetzt trinke ich Tee, und mein Gesamtbefin-
den und besonders mein Magen haben sich gebessert. Ob
meine Magenprobleme mit dem Herpes in Zusammenhang zu bringen sind, kann ich nicht sagen. Ich weiß nach-
träglich, daß nach Kaffee und Kuchen mit Sahne ein Völlegefühl im Magen entstand und danach häufig ein Herpes
kam.*

*Was verkehrt ist in meiner Ernährung, ist mein unheimli-
cher Verbrauch an Süßigkeiten. Deswegen verläuft die Behandlung vielleicht nicht so optimal, obwohl sie ja gut geholfen hat. Wenn ich das bei meinem normalen Leben
schon so positiv nachempfinden kann, müßte bei konsequenter Lebensweise noch mehr rauskommen.*

*Im Lüschertest habe ich Schwierigkeiten mit der Farbwahl.
Eigentlich kann ich mich für gar keine Farbe entscheiden.
Ich nehme dann die, die mir am wenigsten schlecht gefällt.
Die Auswertung des Lüschertests kommt meinem Wesen
sehr nahe. Und das ist schon verwunderlich, daß ein Frem-
der über die Farben sagt, was ich für ein Mensch bin.*

202

Bis ich etwas ändere, das ist bei mir ein langfristiger Prozeß.
Aber es hat mich zum Nachdenken angeregt. Ich kann teilweise schlecht Kritik vertragen, sagt man mir, und das sagte der Lüscher auch. Von daher bin ich vielleicht schwieriger. Ich kann auch keinen Menschen loben, das ist ein negativer Zug. Bis ich jemanden lobe, muß der wirklich schon gut sein, so Gute gibt es gar nicht. Ich nehme mir auch leicht mehr vor, als ich schaffen kann, ich setze mich unter Erfolgszwang. Nach dem Lüschertest arbeite ich daran. Er hat mich auf den Weg gebracht, mich zu ändern.

Ich sehne mich so ein bißchen nach Ruhe und Besonnenheit, obwohl ich teilweise impulsiv bin. Wer keine Behaglichkeit gibt, kann sie von anderen auch nicht erwarten. Das hat mir im Grunde sehr zu schaffen gemacht. Als Kind bin ich immer schon zur Arbeit und Leistung angehalten worden.

Ich denke über die Ratschläge nach und bemühe mich, sie zu beherzigen. Ich war früher ein ganz Hektischer, ich bin ja jetzt schon sehr ruhig geworden. Erst habe ich angefangen mit autogenem Training. Aber seitdem wir Yoga machen, ich war immer gegen Yoga, bin ich etwas ruhiger geworden. Ich atme bewußter. Ich rege mich nicht mehr so schnell auf. Geholfen hat mir für meine Psyche aber noch mehr die Spritzenkur als das Yoga. Das Yoga ist eher ein Nebenprodukt, um mich etwas ruhiger zu machen.

Zu meiner täglichen Anspannung brauche ich am Abend Entspannung und Ruhe. Im Urlaub lese ich auch gerne, aber zu Hause, da muß ich um jede Seite kämpfen. Zu Hause meine ich, ich muß dieses und jenes machen. Aber davon will ich wegkommen. Und mit der Spritzenkur und dem Yoga werde ich das leichter schaffen.

*Ich habe noch ein körperliches Problem, das besser gewor-
den ist. Vor 25 Jahren hatte ich Abszesse am Gesäß, am
Darmausgang. Und da hat man die in einem Bundeswehr-
lazarett geöffnet und ausgedrückt. Seitdem hatte ich da immer Probleme. Das war teilweise durch starkes Jucken und
Nässen extrem. Die Analrisse sind seit der Spritzenkur ohne eine andere zusätzliche Behandlung verschwunden,
das Jucken ist auch weniger geworden. Vor der Behandlung hatte ich Schlafstörungen, jetzt schlafe ich gut.«*

Günthers chronische Herpesinfektion verlief auf dem Ast des
Dickdarmmeridians, der um den Mund und unter der Nase ent-
langzieht. In diesem Bereich bekommen sehr viele Menschen
die mit seröser Flüssigkeit gefüllten Hautbläschen, die langsam
verkrustend eintrocknen: **Herpes**. Doch das muß nicht sein; wie
Sie schon gehört haben, kann sich der Herpes zum Beispiel auch
im System Dünndarm manifestieren und dann Schulterschmer-
zen verursachen. Viele Menschen bekommen Aphthen im
Mund. Auch diese unangenehmen brennenden kleinen Erosio-
nen werden durch Herpesviren verursacht.

In einem hat Günther recht: Herpesviren wird man sein Leben
lang nicht mehr los. Doch sie sind nicht immer aktiv, sondern
können sich auf Nervenknoten (= Nervenganglien) zurückziehen. Durch infektiösen oder psychischen Streß (zum Beispiel
Ekelgefühl) oder auch einfach durch thermische Reize wie Son-
neneinstrahlung können sie wieder aktiv werden und einen akuten Herpes an der Haut oder Schleimhaut hervorrufen.

Daß sich bei Günther der Herpes auf dem Dickdarmmeridian
manifestierte, wurde durch eine unvernünftige Ernährung unterstützt. Günther trank viel Kaffee, er selbst gibt fünf bis sechs
Tassen pro Tag zu, und liebte Süßigkeiten.

Kaffee greift durch seine Säure genau wie Zucker den Magen und den Darm an. Dazu paßt, daß der Herpes verstärkt nach dem Genuß von Kuchen, Kaffee und Obst auftrat.

Im EAV-Test wurde festgestellt, daß bei Günther außer den funktionellen Störungen des Dickdarmmeridians keine wesentlichen energetischen Defizite vorlagen.

Wovon Günther nicht spricht, was aber in das Bild eines gestörten Systems Lunge-Dickdarm paßt, ist die Tatsache, daß er, als er zum ersten Mal in die Praxis kam, insgesamt unter sehr unreiner Haut litt. Er hatte überall Pickel, besonders auf dem Rücken, am Gesäß und den oberen Oberschenkelrückseiten. Die Pusteln hatte er an den typischen Stellen, an denen sich Zuckerunverträglichkeiten (= Kristallzuckerallergien) zeigen.

Belastend auf seinen Dickdarmmeridian wirkte sich ein seit drei Jahren chronisch entzündeter rechter unterer Backenzahn aus. Günther hatte ab und zu Schwellungen und Schmerzen in diesem Bereich, gelegentlich entleerte sich dort Eiter.

Zu Beginn der Behandlung war Günthers Dickdarmmeridian, wie der EAV-Test ergab, massiv durch Holzschutzmittel, Herpesviren und Kaffee belastet.

Diese Störfaktoren aber wurden sicher durch seine massiven psychischen Probleme mitgetragen. Der Lüschertest bestätigt, was Günther selbst über seine psychische Situation sagt: Er war sein Leben lang ruhelos und übereifrig, was sich in Arbeitswut, Leistungszwang, Hektik und darin zeigt, daß er zu Hause nicht zur Ruhe kommt: »Zu Hause, meine ich, da muß ich dieses und jenes machen.«

Da er sich seine Ziele zu hoch steckte – er spricht davon, daß er sich selbst unter Erfolgszwang setzt –, war er ständig agitiert und unzufrieden. Wer zu hohe Anforderungen an sich selbst stellt, mißt die Leistung anderer Menschen mit demselben hohen

Maßstab und schätzt sie dadurch oft falsch ein. Daß das so ist und er damit anderen Unrecht tut, sieht Günther selbst; er nennt das einen »negativen Zug«. Kein Wunder also, wenn die Mitarbeiter sich durch diesen Chef frustriert fühlen. In Günthers Fall ergibt sich daraus eine problematische Beziehung zu seiner Frau, die im Geschäft mitarbeitet und von ihm manchmal ebenso barsch behandelt wird wie die anderen Mitarbeiter.

Wer, wie Günther, das Lüscher-Blau übermäßig bevorzugt, sehnt sich nach Ruhe und Besonnenheit. Günther hat das selbst erkannt. Wird sein Bedürfnis danach nicht befriedigt, neigt ein Mensch wie er dazu, zu kompensieren; er tröstet sich mit Süßigkeiten und Kuchen mit Sahne. Zu einer beinahe weisen Einsicht kommt er, wenn er feststellt: »Wer keine Behaglichkeit gibt, kann sie vom anderen nicht erwarten.«

Erst seit sein Dickdarmmeridian durch die EAV-ausgetesteten Medikamente (Holzschutzmittel, Herpes simplex, Coffea) entlastet wurde und er zusätzlich auf Anraten Yoga macht, kann Günther von sich selbst sagen: »Ich bin jetzt schon sehr ruhig geworden.«

Da er selbst nicht mehr in der Werkstatt arbeitet und so kaum Nachschub an toxischen Holzschutzmitteln bekommt, sind in den letzten EAV-Tests keine Belastungen mehr feststellbar gewesen.

Jeder Patient kann das Seinige dazu tun, um gesund zu werden. Dafür ist Günther ein gutes Beispiel. Er trinkt keinen Kaffee mehr, sondern Tee. Er macht Yoga. Nur weil er auch die Zuckermenge drastisch reduzierte, konnten die Pusteln mit Hilfe der EAV-Behandlung ausheilen. Doch er weiß, daß die EAV-Testung einen noch größeren Erfolg hätte, wenn er noch konsequenter wäre.

Insgesamt sind wir alle heute toxischen Belastungen ausgesetzt.

Das kann, wie bei Günther, berufsbedingt sein. Viele dieser Stoffe sind aber umweltbedingt. In »Himmel oder Hölle auf Erden?« werden wir ausführlich darauf eingehen.

 Neben Psoriatikern, von denen Sie schon in »Der Zorn schadet der Leber« gehört haben, hat Steinke Patienten mit **Akne** und atopischer Dermatitis untersucht, worunter man »sonderbare (= atopische) entzündliche Hautreaktionen versteht, die von allergischen Reaktionen gesteuert werden«. Nach Steinke lehnen Menschen mit dieser Hauterkrankung und Akne das Lüscher-Blau gleichermaßen ab. Ihnen fehlt entspannte Ruhe und Zufriedenheit. Schwarz tritt bei der Acht-Farben-Wahl häufig auf den ersten drei Plätzen der Rangfolge auf, was auf eine besonders konflikthafte Protesthaltung hinweist und Ausdruck für eine verstärkte Unruhe und Unzufriedenheit ist, die sich somatisch zum Beispiel als Akne manifestiert.

Auch **Allergien** zählen wie Hauterkrankungen, insbesondere aber **Neurodermitis**, zu Funktionsstörungen des Dickdarmmeridians. Allergien nehmen allgemein zu, das weiß inzwischen jeder. Lehrerinnen und Lehrer können es bestätigen: Waren früher höchstens ein oder zwei Schüler mit Heuschnupfen in der Klasse, so sind es heute acht oder zehn. Häufig sind Kinder schon im Kleinkindalter und als Babys von Allergien betroffen. Waren es vor 30 Jahren noch 5 Prozent, ist der Anteil der Allergiker in der Gesamtbevölkerung auf 25 bis 30 Prozent gestiegen.

 In der Patientengeschichte berichten die Eltern des inzwischen sechsjährigen Paul, der mit zwei Jahren an einer Allergie erkrankte, die sich vor allem auf den Wangen als rundes Ekzem zeigte, folgendes:

»Diese ganz normale Säuglingsmilch hat Paul nicht vertragen. Und dann hat er hypoallergene Milch gekriegt, und die hat er dann sehr gut vertragen. Und danach, als er angefangen hat, feste Dinge zu essen, da war eigentlich total auffällig, daß er eben sehr viel Kuhmilch trank und auch sehr viel Käse aß. So Goudakäse. Wenn wir da was im Kühlschrank hatten, das hat er aufgegessen, eine Zeitlang. Erst hat er kleine Beschwerden gehabt, kleine Verdauungsbeschwerden.

Dann mit zwei Jahren fing das an, daß er eine Stelle an der Backe kriegte, so ein Pünktchen, und das wurde dann zu einem Ekzem. Und da haben wir erst mal nichts gemacht, weil wir gedacht haben, das ist irgendwie ein Ausschlag. Mal ein bißchen einkremen, das war alles. Zu der Zeit hat das so ausgesehen, als ob das nur ein Pickelchen war, und das ist auch ganz lange in dem Stadium geblieben. Bis es sich weiterentwickelt hat, das ging eigentlich sehr, sehr langsam.

Dann sind wir erst mal zur Kinderärztin gegangen, und die hat eben zuerst Linolafett zum Einkremen verschrieben und gesagt, wir sollten noch einmal wiederkommen. Monate später sind wir noch einmal hingegangen, und dann hat sie eben die Diagnose gestellt: Neurodermitis. Da hat sie noch einmal Linolafett und ein Ölbad verschrieben. Ja, und dann hat sie uns den Tip gegeben, wir sollten Schokolade, Nüsse und Zitrusfrüchte weglassen.

Das sollten wir mal versuchen. Dann habe ich das nächstemal, als wir da waren, gesagt, wir könnten doch einmal versuchen, Kuhmilch wegzulassen. Da hatte ich mir schon ein Buch gekauft, in dem drinstand, daß es mit Kuhmilchallergie zusammenhängen könnte. Und da hat die Kinder-

ärztin gesagt, nein, das würde sich nicht lohnen. Bei Neurodermitis wäre es eben so, daß es total unberechenbar sei.
Es könnte sein, daß es irgendwann einmal von allein weg-
geht und da jetzt irgendwas auszuprobieren, das würde
sich nicht lohnen. Paul hätte das auch nicht so schlimm.
Wenn man Kuhmilch weglasse, wäre eben die Schwierig-
keit mit der Ernährung. Die Kinderärztin hat gemeint, der
Bluttest auf Nahrungsmittelallergien wäre ja schon eine
sinnlose Quälerei für das Kind.
Ich habe dann jedenfalls darauf bestanden, daß wir diesen
Test machen lassen. Sie war die Vertreterin dieser Theorie,
daß es eben Neurodermitis ist, so allgemeiner Art irgendwie psychisch, und daß man nichts dagegen machen
könnte.
Also, es werden nicht einzelne Nahrungsmittel getestet,
sondern Mischungen: Pollenmischungen, ob wer gegen
Heuschnupfen allergisch ist, und dann eben auch Essens-
mischungen. Bei Paul war das Ergebnis, daß er gegen eine
bestimmte Essensmischung allergisch ist. Sie nannte sich
Kindernahrung. Da war Kuhmilch drin, Eiweiß – Hühnereiweiß –, Nüsse, Soja. Und Weizen war dabei. Okay, das
Ergebnis hat die Kinderärztin uns per Telefon mitgeteilt.
Aber sie hat uns nicht den Auswertungsbogen gezeigt, und
sie hat niemals mit uns besprochen, was eigentlich zu machen ist. Hinweise, jetzt eine Diät zu halten oder so, gab
es nicht.
Wir haben dann angefangen, eine strenge Diät zu halten.
Das Eigentümliche an der Ärztin war ja, daß sie zwar gesagt hat, daß es eine furchtbare Krankheit ist und daß sie
das Kind jetzt sehr, sehr oft sehen und den Krankheitsverlauf besichtigen und kontrollieren müsse, daß sie aber

nichts – was das Wichtige gewesen wäre – in Art einer Ernährungsberatung gesagt hat.

Ja, und dann haben wir von allein versucht, das mit der Diät zu machen. Das Letzte eigentlich, bevor wir hierher gegangen sind, das war auch, daß wir diese Suchdiät probiert haben. Das ging jedoch bei Paul überhaupt nicht.

Das Problem war auch, daß das für Paul – er hat bei den Diäten toll mitgemacht – eine starke Belastung war, weil man ihm nicht erklären konnte, warum das nötig war.

Ja, und dann haben wir eben das mit der Elektroakupunktur gemacht. Das war dann unsere letzte Entscheidung.

Das Ergebnis war, daß Paul eben nur gegen Kuhmilch allergisch ist. Die Ärztin hat das damit begründet, daß Paul am zweiten Tag nach der Geburt eine Tuberkuloseimpfung bekommen hat. Sie hat uns gesagt, wir sollten weiter Kuhmilchdiät halten, keine Kuhmilch geben und eben diese homöopathische Behandlung durchführen. Ja, und das hat auch ganz toll geholfen. Paul hat das nicht gespritzt gekriegt. Er hat das getrunken und sollte das immer zehn Sekunden im Mund behalten. Das hat er wirklich super gemacht. Die Besserung war ja wirklich wahnsinnig. Was für uns das Überraschende war, was wir nicht glauben konnten – wir haben wirklich viel darüber gesprochen –, daß Paul nur gegen Kuhmilch allergisch ist. Wir haben überhaupt keine Milch mehr gekauft, auch für uns nicht; das war für ihn einfacher, er kam gar nicht in Versuchung.

Nach dieser homöopathischen Kur ging es Paul sehr gut. Er ist total gesund. Er hatte ja vorher immer so geschwollene Mandeln, wo auch der HNO-Arzt gesagt hat, die sollen raus. Die Mandeln sind jetzt wirklich sehr gut gewor-

den. Sie sind dick, es sind vergrößerte Mandeln, das ist bei Kindern – glaube ich – immer so. Aber die Kinderärztin meinte das letztemal auch, daß die Mandeln von ihm sehr gut aussehen.

Paul ist überhaupt total fit und ist auch kaum krank gewesen. Jetzt über den Winter, ein bißchen Schnupfen, als du auch erkältest warst, ein bißchen Fieber. Aber das ist ja normal. Daß er ständig einen Schnupfen hätte wie andere Kinder im Kindergarten, nein, da ist er wirklich ganz stabil. Die Kuhmilchdiät, die halten wir durch. Bloß eben jetzt, als die ganzen Geburtstage waren, da kommt es natürlich vor, daß er ein bißchen was kriegt, weil sich das einfach nicht verhindern läßt. Im Kuchen zum Beispiel. Ich finde schon, daß die Haut dann wieder schlechter wird, daß man das merkt.

Als die Kinderärztin gesagt hat, Paul habe Neurodermitis, ging ich natürlich los und kaufte mir ein Buch. Da waren wirklich Horrorfotos drin. Dann war die Aussage drin, das wird man sein Leben lang nicht los. Und drittens, was einen wirklich fertigmacht, das ist das mit dem Psychischen. Ich meine, wenn du wirklich ein Kind hast und dann wird dir gesagt, das ist eine psychische Veranlagung, das macht einen irgendwie total fertig.

Wir waren dann ganz froh, daß es die Möglichkeit gab, es mit Elektroakupunktur zu heilen – eventuell. Oder wenigstens einen neuen Ansatz zu finden.

Was ich für unbefriedigend halte, ist die ganze Geschichte mit dem ewigen Einkremen, das sagen eigentlich alle Kinderärzte. Die Kinderärztin hat immer gesagt, er soll aussehen wie eine Ölsardine. Er soll so eingefettet sein. Ich hatte bei Paul immer das Gefühl, daß das der Haut nicht guttut.

211

Mit dem Ölbad habe ich ziemlich schnell aufgehört, er
hatte nämlich ein paarmal daraufhin ganz kleine Pöck-
chen, Pickelchen am ganzen Körper, so nach dem Baden.
Er hat das auch gehaßt wie die Pest. Das ist ja klar, wenn
du überall Öl am Körper hast, das ist kein schönes Gefühl,
besonders im Sommer nicht. Irgendwie war ich davon
nicht überzeugt.

Das ist eben so eine allgemeine Therapie, die normalerweise bei Neurodermitis gemacht wird. Diese Idee eben,
daß die Haut nicht austrocknen darf. Paul hat schon ziemlich trockene Haut. Aber ich hatte auch immer das Gefühl,
daß ihm das eigentlich nicht guttut, das mit diesem Einfet-
ten.

Das liegt wahrscheinlich auch daran, daß das medizinisch
überhaupt nicht erforscht ist, diese Allergien. Aber gerade
die Kinderärzte, die müßten da ja Bescheid wissen, weil
viele Kinder davon betroffen sind – allein die, die wir kennen aus dem Kindergarten, von Paul die Freunde, die alle
Allergien haben, die nicht alles vertragen, das sind bestimmt schon an die 30 Prozent.

Trotzdem, wenn ich jetzt erzähle, was wir bei Paul gemacht haben, eben Elektroakupunktur und homöopathische Behandlung – die Mütter, die Paul vorher kannten,
haben ja gesehen, wie toll das bei ihm gewirkt hat –, sind
sie nicht bereit, das selber zu machen. Das finde ich schon
komisch. Niklas zum Beispiel hat sehr schlimme Neurodermitis, schrecklich. Er hat immer offene Ohren, und er
leidet vollkommen, der Junge, und die Mutter macht eigentlich auch strenge Diät. Aber es ist damit nicht zu beeinflussen. Sie merkt es auch selber. Sie weiß manchmal
nicht, warum es schlechter wird. Trotzdem ist sie nicht be-

reit, ihn einmal homöopathisch behandeln zu lassen. Ich
weiß nicht warum, obwohl sie so offen dafür ist und es auch will. Ich weiß nicht richtig, wo da die Sperre ist. Er ist erst anderthalb Jahre alt.

Genau, in diesen Broschüren der Arbeitsgemeinschaft ›Allergiekrankes Kind‹ ging eigentlich die Tendenz in die Richtung, daß das eher nahrungsmittelbedingt ist, weniger psychisch. Das ist ja wirklich schwer zu glauben, wenn ein Kind ein Jahr alt ist, warum das jetzt plötzlich so psychisch krank sein soll, wenn es einen glücklichen Eindruck macht.

Nein, die Diagnose Neurodermitis, die hat mich total aufgeregt, die hat mich wirklich fertiggemacht, daß ich mir echt Sorgen gemacht habe. Eben diese Aussage mit dem Psychisch: Also, das ist so eine Veranlagung, die wird man nie wieder los, und in einer Streßsituation wird es immer schlimmer. Wenn du das als Aussicht hast für dein Kind, das ist furchtbar. Außerdem machst du dir auch wirklich Vorwürfe.

Als Mutter – Väter werden da nicht so in Verantwortung genommen – aber als Mutter bist du letztendlich immer dafür verantwortlich, was aus dem Kind wird. Das gibt es bestimmt immer, man kann ja nicht ein Kind perfekt erziehen, das ist mir auch klar. Dann denkt man, so eine schreckliche Krankheit, warum soll Paul die haben? Das ist wirklich wie so ein Schicksalsschlag.

Ja, sicher, mit den Nahrungsmitteln ist das halt schon schwierig gewesen. Wenn er tatsächlich das alles gehabt hätte, was damals in dem Bluttest herausgekommen ist. Es wäre fast unmöglich gewesen, das Kind überhaupt noch zu ernähren.

213

Also jedesmal, wenn ich zu der Kinderärztin gehe, dann ist sie total begeistert von den Bäckchen. Dann sagt sie immer: ›Ganz tolle Haut, phantastisch!‹ und: ›Wie haben Sie das nur gemacht, die homöopathische Behandlung?‹ Und sie streicht ihm so ganz selig da drüber. Aber sie will eben nicht mehr davon wissen. Sie fragt mich, ob ich noch die Kuhmilchdiät mache. ›Ja.‹ Und ob ich eincreme. ›Nein.‹ Das findet sie aber toll alles, ganz toll geworden bei Paul, phantastisch, aber für sie unerklärlich.«

Schon daß sich die ersten kleinen Pickelchen und später die größeren ekzemartigen Stellen auf Pauls Wangen, einer für Kuhmilchallergie typischen Stelle zeigten, hätte der Kinderärztin einen Hinweis auf diese Allergie geben müssen. Auch die im weiteren Verlauf der Erkrankung auftauchenden Ekzeme in den Kniekehlen sind ein Hinweis darauf.

Nach dem Rust-Test lag eine Allergie gegen Hühnereiweiß, Weizen, Kuhmilch, Soja und Erdnüsse vor, nach dem EAV-Test lediglich gegen Kuhmilch.

Dieser Widerspruch läßt sich damit erklären, daß im Rust-Test mit einer Nahrungsmittelmischung getestet wird, die alle diese Bestandteile enthält. Insofern ist sie nicht besonders spezifisch. Mit dem EAV-Test dagegen kann man das einzelne Nahrungsmittel identifizieren. Das wäre in der Schulmedizin nur mit einer invasiven Methode möglich, bei der die Allergene unter die Haut gespritzt werden – eine für Kleinkinder nicht besonders geeignete Methode.

Mittels EAV-Test konnte bei dem Vierjährigen festgestellt werden, daß sein Immunsystem die Tuberkuloseimpfung zwei Tage nach der Geburt nicht toleriert hat.

Wir haben bereits im Zusammenhang mit der Krankengeschichte des kleinen Patrick darauf hingewiesen, daß das Immunsystem eines Kindes nach der Geburt noch nicht voll entwickelt ist. Eine Impfung, in Pauls Fall mit Tuberkulinum, ist für den kleinen Körper eine große Belastung. Da der Tuberkuloseimpfstoff von Rindern gewonnen wird, die eine Tuberkulose durchgemacht haben, kann es bei entsprechender Disposition des jeweiligen Kindes zu einer Unverträglichkeit von Kuhmilch und Kuhmilchprodukten kommen.

Aus diesem Grund hat Paul gleich zu Beginn seines Lebens eine Kuhmilchallergie entwickelt. Anders als Patrick hatte er Glück. Die Eltern erkannten bald, daß er die normale Milch nicht vertrug und fütterten ihn mit hypoallergener Milch. Wahrscheinlich hat das dazu beigetragen, daß das Kind sich zunächst normal und gesund entwickelte.

Der enorme Appetit, den das Kind auf Kuhmilch und Käse verspürt, als es anfängt sich sein Essen selbst auszusuchen, hätte ebenfalls einen Hinweis auf eine Kuhmilchallergie abgeben können. Wir betonen es noch einmal: Der Allergiker liebt die Stoffe, die seine Allergien auslösen – deshalb der Heißhunger auf Süßigkeiten, Kuhmilch oder bestimmte Getreide.

Neben der infekttoxischen Belastung durch Tuberkulinum wurde mittels EAV ausgetestet, daß bei Paul das System Dickdarm-Lunge durch weitere, für sein Immunsystem bedeutsame Erreger gestört war. Es handelte sich um Bakterien (Diphtherie), Viren (Zytomegalie) und Pilze.

Allgemein läßt sich sagen: Virusinfekte und Pilzinfekte fördern Allergien.

Die Haut gehört zum System Lunge-Dickdarm. Von daher fallen Erkrankungen der Haut wie Neurodermitis und Akne unter Funktionsstörungen der Meridiane Dickdarm und Lunge.

Die schulmedizinische Behandlung der Neurodermitis löst nicht nur bei Paul, sondern auch bei den Eltern Unbehagen aus. Die Eltern erkennen nach dem Eincremen allergische Reaktionen in Gestalt von Pickelchen. Wahrscheinlich hat Paul allergisch auf die Konservierungsmittel oder Zusatzstoffe der Creme reagiert. Nachdem Pauls infektiöse Belastungen und die Kuhmilchallergie mit homöopathischen Medikamenten (die ein Kleinkind dieses Alters nicht gespritzt bekommt, sondern trinkt) behandelt worden waren, verschwanden die ekzemartigen Stellen auf den Wangen. Kuhmilch allerdings wird der Junge weiterhin meiden müssen.

Die Patientengeschichte macht deutlich, daß eine allergische Erkrankung wie Neurodermitis das psychische Klima der gesamten Familie beeinflußt: Die Eltern leiden unter – wenn auch ungerechtfertigten – Schuldgefühlen und machen sich Vorwürfe. Es besteht die Gefahr, daß das Kind durch die Maßnahmen, die verhindern sollen, daß es mit seinen Allergenen in Berührung kommt, zum Außenseiter wird. Ähnliche Isolierung erfährt es dann in anderen Gruppen, etwa dem Kindergarten oder der Schule. Hier kann Isolierung zudem extrem werden, weil die ekzematische Haut abstoßend wirken kann. Kinder sind da oft von brutaler Ehrlichkeit in ihren Äußerungen. Ein ansatzweises Gefühl der Isolierung war bereits – selbst wenn man das Alter des Kindes hinsichtlich der Aussagekraft berücksichtigt – in Pauls Lüschertest ablesbar.

Wenn die Familie, wie in Pauls Fall, mitarbeitet – Pauls Eltern verbannen Kuhmilch aus ihrem Haushalt –, können mögliche psychische Belastungen gemildert werden. Integration des an seiner Allergie erkrankten Kindes in der Familie (und in die Kindergartengruppe oder die Schulklasse) hilft ihm, die gesundheitlichen Belastungen besser zu verkraften.

Inzwischen ist Pauls Immunsystem insgesamt gestärkt. Wie die

216

Eltern selbst betonen, ist er »total« gesund, hat auch im Gegensatz zu früher den Winter ohne schwerwiegendere Infekte überstanden. Weiteres Zeichen für sein gestärktes Immunsystem ist die Tatsache, daß er erst jetzt seine erste Kinderkrankheit, den Keuchhusten, bekommen hat.

Es ist sicher falsch, in Kinderkrankheiten nur eine Bedrohung zu sehen. Durch jede Kinderkrankheit wird das Immunsystem trainiert. So wie Muskeltraining nötig ist, muß auch das Immunsystem für seine vielfältigen Aufgaben in Übung bleiben.

Bei Paul wurde die schulmedizinische Therapie, Antibiotika bei Keuchhusten, nach drei Tagen abgebrochen. Man konnte bei ihm davon ausgehen, daß durch weitere Antibiotikagaben das Zusammenleben der Bakterien im Darm, das durch die EAV-Behandlung gerade ins Gleichgewicht gebracht worden war, wieder durcheinandergerät und einer Pilzinfektion Vorschub geleistet würde. Mit homöopathischer Therapie und der Nosode Keuchhusten hatte Paul die Krankheit in ein paar Tagen und problemlos überstanden.

Ähnlich wie bei Patrick ist die psychische Situation nicht sicher durch den Lüschertest greifbar. Daß die strenge Diät das Kind schwer belastet hat, steht außer Frage, zumal man einem Kind in diesem Alter die Sachlage nicht erklären kann. Es ist schwer, einem Vierjährigen klarzumachen, daß er nicht alles essen darf; es ist noch schwerer, ihm klarzumachen, warum er nicht wie seine Geschwister Milch trinken oder Joghurt oder Schokolade essen darf. Im Kindergarten hatte Paul – wiederum anders als Patrick, bei dem das Immunsystem kollabiert war – nie Probleme, außer wenn es ums Essen ging. Er fand schnell Kontakt und hat auch jetzt noch die Freundschaften, die er schon zum Zeitpunkt seiner Erkrankung geknüpft hat. Zu Hause möchte er wie jedes Kind Zuwendung und Aufmerksamkeit, in Gegenwart der

217

Freunde rücken die Eltern in den Hintergrund, Paul kuschelt ein
bißchen, langanhaltendes Schmusen allerdings ist nicht sein
Fall.

 **Allergien**, das steht fest, beeinflussen das Leben
des Kindes, das betroffen ist, in großem Maße wie
die übrige Familie. Die Ratlosigkeit, gerade bei
Neurodermitis, ist groß; die schulmedizinischen
Hilfen und Therapievorschläge sind begrenzt. Deshalb werden
Sie jetzt einiges über Allergien erfahren. Matthias Bauer, Kinderarzt und Allergologe in Bad Wildungen, hat uns als Fachmann bei diesem Thema beraten.

Man unterscheidet Allergien nach akuten und zentralen (= chronischen) Allergien. Die akuten Allergieformen sind allergische
Reaktionen auf Substanzen, gegen die eine Sensibilisierung erfolgt ist und mit denen der Körper nur zeitweise oder gelegentlich in Kontakt kommt.

Haut:	Erscheinungen wie Nesselsucht, Quaddeln oder Schwellungen
Augen und Nase:	saisonbedingte Bindehautentzündung und Schnupfen (Heuschnupfen)
Bronchien:	chronische Bronchitis, akutes allergisches Asthma bronchiale
Darm:	akute allergische Magen- und Darmentzündungen

Die wichtigsten Allergene, mit denen man in Berührung kommt,
weil man sie einatmet, sind: Pollen, Schimmelpilze, Milben,
Tierhaare, Federn, Chemikalien.

218

Die zentralen Allergien entstehen bei genetisch meist stark belasteten Menschen schon in früher Kindheit. Der Körper wird in der Regel durch ein häufig zugeführtes Grundnahrungsmittel oder gegen eine Substanz, die im Körper dauernd vorhanden ist wie Candida (= Pilz) oder Quecksilber, sensibilisiert. Diese Allergieformen sind oft maskiert, das heißt, nicht immer ist ein unmittelbarer Zusammenhang zwischen dem Stoff, der die Allergie auslöst, und der Erkrankung zu erkennen.

Das Phänomen der Maskierung ist in der Schulmedizin bisher nicht akzeptiert. Es ist jedoch das Verdienst der ökologischen Medizin, diesen Zusammenhang klar aufgedeckt zu haben. Die häufigsten zentralen Allergene sind: Eier, Kuhmilch, Weizen, Nüsse, Fisch und Soja.

Klinisch gibt es eine Vielzahl von Hinweisen auf zentrale Allergien. Es gibt typische Bilder, die nicht nur dem Therapeuten einen Hinweis auf die Ursache geben, sondern auch Ihnen, den Eltern:

Als Zeichen der im Kindesalter sehr häufigen **Kuhmilchallergie** findet man bei kleinen Säuglingen sehr starke durch entzündliche Ausschwitzungen hervorgerufene Veränderungen, die vor allen Dingen die Wangen und den behaarten Kopf betreffen, die Augenlider und die Mundregion sind dabei praktisch nicht befallen. Hinzu kommen stärkere Ekzeme und zumeist auch Ausschwitzungen in den Arm- und Kniekehlen.

Bei der **Weizenmehlallergie** sind die Hautveränderungen mehr trocken und schuppig. Sie befallen bevorzugt die Scheitel- und Mundregion. Die Lippen sind oft stark entzündlich verändert und unscharf zur Haut abgegrenzt. Die Haut des Halses ist infiltriert, und chronische Pusteln haben sich an den Streckseiten der Unterarme, Handgelenke und Handrücken gebildet.

Die Unverträglichkeiten von **Kristallzucker** sieht man sehr häufig an Pusteln oder an oft sogar entzündlichen Veränderungen im Bereich des Gesäßes und der oberen Oberschenkelrückseiten.

Ein häufiges Hinweiszeichen auf Unverträglichkeiten von **Quecksilber** und anderen **Schwermetallen** sind die schweren und chronischen Hand- und Fußekzeme.

Kontaktallergien sind im Kindesalter nicht selten. Sehr häufig findet man kontaktallergische Reaktionen auf bestimmte Kleidungsstücke oder deren Zusatzstoffe. Des weiteren kommen allergische Reaktionen auf Kobalt und Nickel besonders oft vor.

Zunehmende Bedeutung gewinnen die sogenannten **Pseudoallergien**, scheinbare Allergien. Im Kindesalter sind die auslösenden Substanzen sehr häufig chemische Nahrungsmittelzusatzstoffe oder aber auch die in vielen Nahrungsmitteln schon enthaltenen Mediatoren (= Vermittlerstoffe). Nicht die Nahrungsmittel als solche, sondern Zusätze in ihnen lösen die allergische Reaktion aus. Pseudoallergien können durch Nahrungsmittelfarbstoffe, Käse, Rotwein, Hartwürste, Spinat, Alkohol, Sauerkraut, Erdbeeren, Tomaten, Kiwis, Schokolade, Ananas usw. verursacht werden.

Eine ganz wichtige Sache ist die Kreuzallergie. Allergien können sich kreuzen, und das heißt praktisch: Wer gegen einen bestimmten Stoff allergisch ist, sollte immer auch das meiden, was strukturelle Ähnlichkeiten mit dem allergieauslösenden Stoff aufweist.

Kreuzallergien	
Gras- und Getreidepollen	Getreidekörner, Getreideflocken, Müsli, Mehl, Kleie, Brot, Sellerie
Haselnußpollen	Haselnüsse, Nußmus, Nutella, Schokolade
Birkenpollen	Steinobst, Kernobst, Kartoffeln, Shampoos, Haarwasser, grüne Äpfel
Obstbaumpollen	Stein- und Kernobst
Kräuter- und Blumenpollen	Kräutertees, Pfefferminz, Medikamente aus Kräutern, verwandte Gemüse
Schimmelpilze	Bäcker- und Bierhefe, Nährhefe, Medikamente aus Schimmelpilzenzymen, mit Schimmelpilzenzymen behandelte Nahrungsmittel
Vogelfedern und Vogelexkremente	Eier, Geflügelfleisch
Kuhmilch	Kalb- und Rindfleisch

Wie Sie aus der Zuordnung ersehen können, bedeutet das für einen Kuhmilchallergiker wie Paul, daß er Rindfleisch und Kalbfleisch meiden sollte.

Das IgE (= Immunglobulin-E im Serum), womit man IgE-spezifische Antikörper gegen biologische Allergene untersucht und das nach Bauer eine große Bedeutung in der Diagnostik hat, war in Pauls Fall wenig hilfreich. Im Befundbericht von 1991 sind die Allergene als Mischungen, zum Beispiel Bäumemischung, Milbenmischung oder Getreidemischung, aufgeführt. Alle Mischungen waren negativ, nur die Mischung »Kindernahrung«

wurde als positiv ausgewiesen. Dazu heißt es: »Bei einem positiven Ergebnis der Kindernahrung kann davon ausgegangen werden, daß der Patient IgE-spezifische Antikörper gegen ein oder mehrere Antigene (Hühnereiweiß, Milcheiweiß, Weizenmehl, Erdnuß, Sojabohne) gebildet hat.«

Die EAV-Testung dagegen konnte die Antigene viel genauer einkreisen: Paul ist Kuhmilchallergiker.

Die Schulmedizin bietet dem Allergiker viele Behandlungsmethoden an, mit denen wir bestimmt nicht immer konform gehen können. Wir wollen hier, wo es um das System Lunge-Dickdarm geht, vor allem auf folgendes aufmerksam machen:

Stark umstritten ist immer noch die Bedeutung der gesunden Darmflora für die Therapie der allergischen Erkrankungen, doch ist für jeden Therapeuten, der sich mit Naturheilverfahren beschäftigt, eine Sanierung der Darmflora Bedingung. Bei extrem vielen Patienten findet sich eine Störung der Darmflora und insbesondere eine starke Vermehrung der Pilze im Darm.

Aus der Sicht Bauers ist nachstehendes Vorgehen sinnvoll, wenn der Körper eine anlagenbedingte Bereitschaft zu Allergien zeigt.

- Ausschaltung der Primär- und Sekundärallergene
- Darmsanierung
- Behandlung der gestörten Meridiane
- Beseitigung von Störfeldern
- Beseitigung von Therapieblockaden (besonders Herde im Kopfbereich)

Die Angst schadet den Nieren

Uns geht etwas an die Nieren, sagen wir, wenn uns ein Ereignis mitnimmt, besonders betroffen macht oder aufregt. Man sagt auch, ich muß ihn erst auf Herz und Nieren prüfen. Und salopp behaupten wir sogar, jemand habe sich vor Angst in die Hosen gemacht.

Hören wir, was Ly Luan Dong sagt: »Angst schädigt die Nieren, aber Nierenerkrankungen machen den Kranken ängstlich.«

In diesem Abschnitt geht es um den Nieren- und Blasenmeridian. In ihm erfahren Sie etwas über die **Abwehrenergie** Wei und die **ancestrale Energie** (= Erbenergie). Wir stellen Ihnen die Krankheitsbilder **Ischias (Hexenschuß)**, **Bluthochdruck, Mongolismus, Stirnhöhlenentzündung** und **Störungen der Libido** vor; wie immer veranschaulicht durch Falldarstellungen. In der Patientengeschichte geht es um Beschwerden, die durch eine **Wanderniere** verursacht werden können.

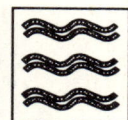 Hauptaufgabe der Niere ist, harnpflichtige Substanzen aus dem Blut auszuscheiden und das Gleichgewicht von Säuren und Basen zu erhalten. Vor allem gibt sie stickstoffhaltige Endprodukte des Eiweißstoffwechsels an den Urin ab. Sie sorgt dafür, daß die Wasser- und Elektrolytausscheidung im Körper und – in Zusammenarbeit mit der Lunge – der pH-Wert im Blut konstant gehalten wird. Außerdem bildet die Niere zwei Hormone, das Renin und das Erythropoetin. Über das Renin beeinflußt die Niere den Blutdruck und über das Erythropoetin die Blutbildung. Schließlich beeinflußt sie den Knochenstoffwechsel.

Die Blase nimmt den von der Niere aufbereiteten und gesammelten Urin auf. Sie hat ein Fassungsvermögen von bis zu einem halben Liter. Will sie sich entleeren, muß sie sich zusammenziehen, um sich dann für die Neuaufnahme von Urin wieder langsam zu erweitern.

Der Nieren- und Blasenmeridian bilden zusammen das System Niere-Blase. Entsprechend der Verläufe, die Sie auf der Abbildung Nierenmeridian und auf der Abbildung Blasenmeridian finden, gehören die folgenden von den Meridianen verbundenen Körperabschnitte energetisch zum System Niere-Blase.

Niere	Blase
1. die Niere	
2. die Blase	
3. alle männlichen und weiblichen Adnexorgane (= Anhänge des Uterus bzw. der Prostata und Samenblase)	
4. die Lendenwirbelsäule	
5. das Kreuzbein (= os sacrum) und Steißbein (= os coccygis)	
6. die Stirnhöhle (= sinus frontalis)	
7. die Zirbeldrüse (= Epiphyse)	
8. der Riechnerv (= nervus olfactorius)	
9. die Schneidezähne im Ober- und Unterkiefer	
10. der Mastdarm	
11. die Achillessehnen-Region	
12. die Weisheitszähne im Oberkiefer	

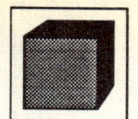

Liegt bei einem Menschen eine energetische Störung des Nieren- oder Blasenmeridians vor, zeigt sich das im Lüschertest in einer Rot-Gelb-Kolonne. Er bevorzugt oder lehnt Rot und Gelb ab, was darauf hindeutet, daß seine Selbstgefühle Selbstvertrauen (Rot) und innere Freiheit (Gelb) beeinträchtigt sind.

Umgekehrt kann ein Mensch, bei dem diese beiden Selbstgefühle gestört sind, damit rechnen, daß sich körperliche Beschwerden im System Niere-Blase äußern. Das macht die physiologische Bedeutung der Lüscher-Farben Rot und Gelb deutlich:
Um ihre vielfältigen Aufgaben wahrnehmen zu können, benötigt eine gesunde Niere die Fähigkeit, unterschiedliche Funktionen rhythmisch zu regeln (- Gelb) und aktiv (+ Rot) angehen zu können. Zwischenphasen der Lösung (+ Gelb) und Regeneration (- Rot) sind notwendig.
Am Beispiel der Blase läßt sich besonders gut erkennen, inwiefern die Lüscher-Farben auch einen körperlichen Zustand repräsentieren: Um den Urin zu sammeln, muß die Blase sich weiten (+ Gelb) und regenerieren (- Rot). Die Entleerung erfolgt über rhythmisch regulierende (- Gelb) und stimulierende (+ Rot) Vorgänge.
Menschen, die unter einer lang andauernden Störung des Blasen- oder Nierenmeridians leiden, haben zumeist mangelndes Selbstvertrauen. Sie haben letztendlich Angst vor ihren eigenen Fähigkeiten, vor Veränderungen und Verlorenheit, was somatisch dem Spasmus (= Krampf) entspricht (-- Gelb). Eine Nierenkolik ist ein krampfartiger Schmerz, der eventuell mit einem Kollaps (++ Gelb) einhergehen kann, wenn der Schmerz zu stark wird.

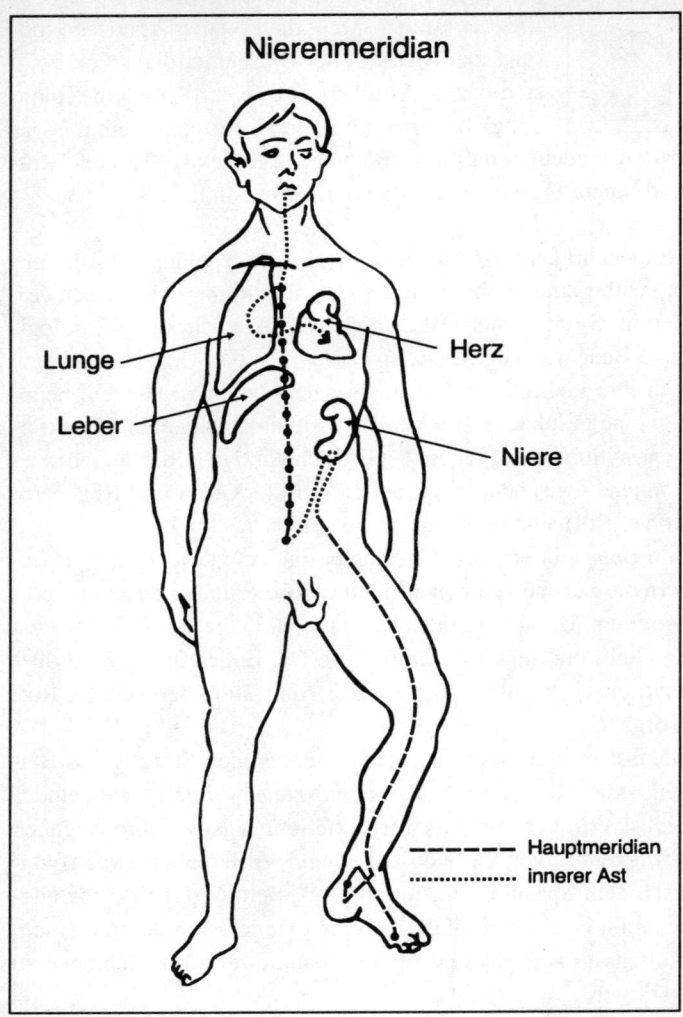

Nierenmeridian

Lunge

Herz

Leber

Niere

- - - - - - Hauptmeridian
.... innerer Ast

Abbildung 20

226

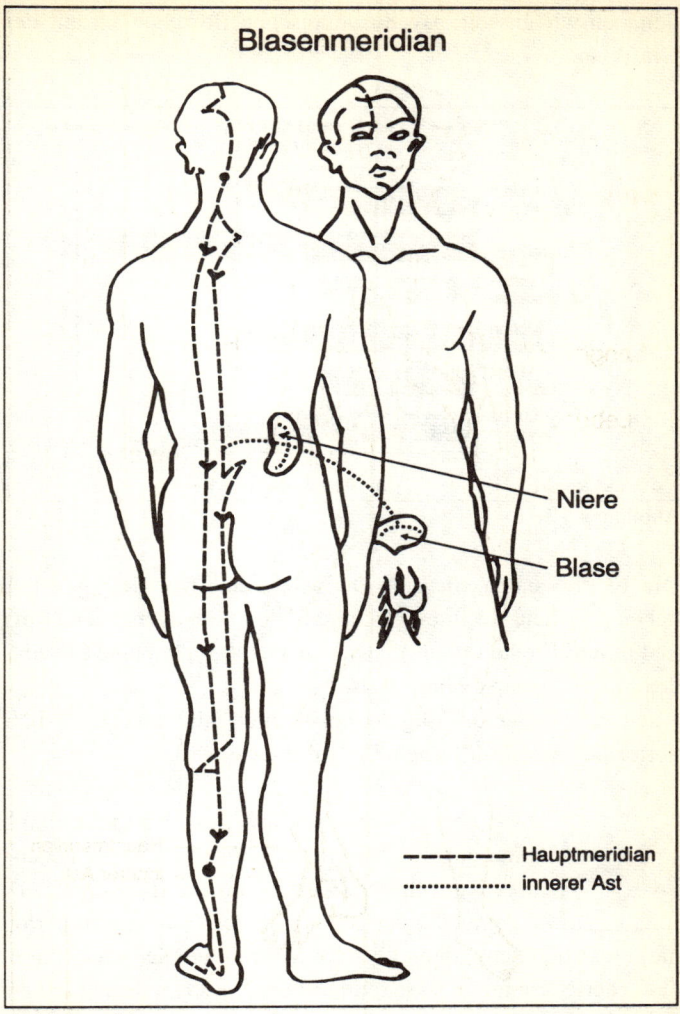

Blasenmeridian

Niere

Blase

------- Hauptmeridian
.... innerer Ast

Abbildung 21

Schauen wir uns die psychosomatischen Beziehungen auf der Grafik an!

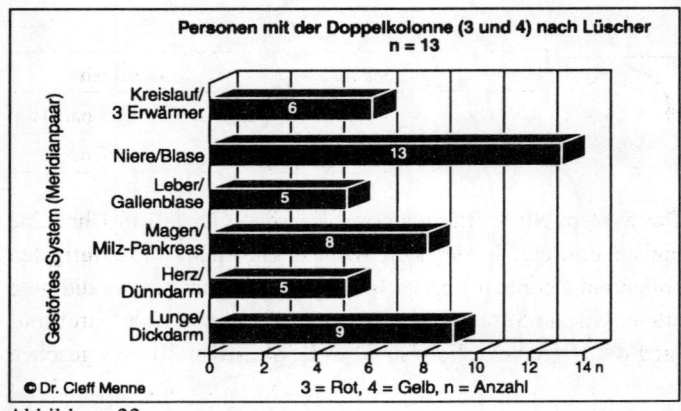

Abbildung 22

Die 13 Probanden, die eine Doppelkolonne Rot-Gelb gewählt haben, das heißt in ihren Grundgefühlen Selbstvertrauen (Rot) und innere Freiheit (Gelb) gestört waren, besaßen eine Störung des Meridianpaares Niere-Blase.

Auch hier wieder auffällig der hohe Anteil mit einem zusätzlich gestörten Dickdarm-Lunge-System (9).

 Eine energetische Störung des Nierenmeridians kann auf den Herzmeridian, der im Stern gegenüberliegt, übergreifen und ihn so stören, daß ein nierenbedingter Bluthochdruck (= renale Hypertonie) entstehen kann; denn über die Verbindung der Hauptmeridiane der Niere mit den Hauptmeridianen des Herzens bestehen wechselseitige Einfluß- und Störmöglichkeiten.

228

Bei einer Schädigung des Immunsystems kann ein relativ banaler Infekt direkt auf das Nierenbecken übergehen und dort eine massive Entzündung hervorrufen.

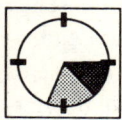

	Maximalzeit	Minimalzeit
Blase	15 – 17 Uhr tags	3 – 5 Uhr nachts
Niere	17 – 19 Uhr tags	5 – 7 Uhr nachts

Das System Niere-Blase benötigt zwischen 15 und 19 Uhr seine meiste Energie. In der Zeit will sie sich auch am häufigsten entleeren. Leonhardt preist in diesem Zusammenhang die gute alte englische Sitte des Fünfuhrtees, die einer guten Durchspülung der Nieren dienlich ist. Vom Körperrhythmus aus gesehen hat ein gesunder Mensch zu dieser Tageszeit noch einmal ein Leistungshoch.

Ein akuter Infekt, ein banaler Schnupfen, beginnt häufig mit einem Schmerz an der Nasenwurzel, dem Anfangspunkt des Blasenmeridians. Zur Maximalzeit läuft die Nase dann besonders schlimm.

Angstzustände, die am späten Nachmittag heftig werden, können auf eine Funktionsstörung des Nierenmeridians hindeuten. Wer um diese Zeit verstärkt Rückenschmerzen verspürt oder um diese Zeit besonders müde ist, sollte ebenso an das System Niere-Blase denken.

Hexenschuß aus Liebeskummer? Das ist durchaus möglich, keine Erfindung von uns und selbst schulmedizinisch inzwischen anerkannt. »Seelische Probleme wie Liebeskummer und Berufsfrust fördern bei Menschen, die anfällig für Rückenschmerzen sind,

229

Hexenschuß und Ischias.« Dieses Ergebnis jahrelanger Beobachtungen wurde im Frühjahr 1993 auf einem Ärztekongreß in
Münster bekanntgegeben. Ein schöneres Beispiel für das Zusammenspiel von Soma und Psyche könnten wir nicht nennen!
Heute leiden ungewöhnlich viele Menschen unter chronischen
Schmerzen der Wirbelsäule, besonders im Bereich der Lendenwirbel. Sie haben einen »Hexenschuß« oder klagen, daß sie es
im Kreuz haben, womit sie einen permanenten leichten bis stär-
keren Schmerz beschreiben. Ischiasschmerz ist heute eine weit-
verbreitete Krankheit.

Die Wirbelsäule im Bereich der Lendenwirbel, des Kreuzbeins
und des Steißbeins gehört, wie Sie aus der Zuordnung bereits
wissen, zum System Niere-Blase. Darüber hinaus liegt auf dem
Blasenmeridian, auf dem es für alle Organe bestimmte Akupunkturpunkte gibt, die man Zuordnungspunkte nennt, der entsprechende für den Dickdarmmeridian. Ein Ischiasschmerz
kann also auch ausgelöst werden, wenn der Dickdarm energetisch aus dem Gleichgewicht ist.

Nach den Vorstellungen der Akupunkturlehre erreicht die Energie in diesen Zuordnungspunkten die Körperoberfläche. Ist nun
eines der Organe erkrankt, reagiert der ihm entsprechende Punkt
auf dem Blasenmeridian mit Schmerzen, mit Taubheitsgefühl
oder mit Berührungsempfindlichkeit. So arbeiten die Zustim-
mungspunkte wie winzige Sensoren, die mit Schmerz als Warn-
signal anzeigen, daß dieses Organ funktionell gestört ist.

Psychisch gesehen sind bei diesen Menschen die Selbstgefühle
Selbstvertrauen (Rot) und innere Freiheit (Gelb) geschmälert.
Liebeskummer macht das deutlich: Wenn ein geliebter Mensch
uns nicht mag, einen anderen vorzieht, beeinträchtigt das unser
Selbstvertrauen, und wir werden unsicher im Umgang mit an-
deren Menschen. Auch zu Berufsstreß kann es kommen, wenn

230

wir glauben, unsere Kenntnisse und Fähigkeiten werden trotz
unserer Anstrengungen nicht entsprechend gewürdigt. Wir fühlen uns in solchen Situationen unfrei und möchten uns am liebsten daraus befreien. Doch oft gelingt das nicht, wir haben auch
Angst, die bedrängende Situation zu ändern.

Und die nächstbeste Funktionsstörung des Systems Niere-Blase
löst Beschwerden im unteren Bereich der Wirbelsäule aus. Miß-
verstehen Sie uns bitte nicht! Natürlich gehört eine infektiöse
Ursache dazu, daß in diesem energetisch schwachen Bereich
Schmerzen entstehen. Jede Störung, jede Erkrankung hat immer
mehrere Ursachen.

Umgekehrt aber kann eine Wirbelsäule noch so deformiert sein,
wenn der Meridian ohne Belastungen und der entsprechende
Mensch ohne andauernde psychische Probleme ist, stellt sich
kein Schmerz ein.

Lokale Kälteeinwirkung kann einen schwachen Meridian so stören, daß ein Krankheitsgeschehen beginnt. Insgesamt kann man
sagen, daß das System Niere-Blase besonders auf Temperatur-
einflüsse sensibel reagiert.

Schon nach Auffassung der traditionellen chinesischen Medizin
hängt es von der Verfassung des Nierenmeridians ab, ob ein
Mensch unempfindlich gegen große Kälte oder Hitze ist. Auch
dafür, ob man körperliche Anstrengungen, nervöse Belastungen
und Streß aushalten kann, ist der Nierenmeridian verantwortlich. Läßt sich zum Beispiel ein Mensch leicht aus der Fassung
bringen oder ist er leicht erschöpft, läßt dies umgekehrt auf eine
Schwäche des Nierenmeridians schließen.

Wenn der häufig betroffene Wirbelabschnitt des vierten oder
fünften Lendenwirbels Schmerzen bereitet, kann auch der Dickdarmmeridian gestört sein. Denn der sogenannte Zustimmungs-

punkt für den Dickdarm liegt auf dem 25. Punkt des Blasenmeridians, der in Höhe eben dieses Lendenwirbelbereichs liegt.

Der Blasenmeridian hat eine weitere wichtige Aufgabe. Er bildet die Schutzenergie, von den Chinesen Wei-Energie genannt, die tagsüber mehr an der Körperoberfläche und nachts vorwiegend im Körperinneren fließt. Diese Abwehrenergie schützt den Körper im Sinne einer Infektabwehr und einer Wärmeregulation. Ein Beispiel macht das deutlich:

Sie fahren, begleitet von Freunden, an einem schönen, warmen Sommertag mit dem Auto über Land. Weil Ihnen so warm ist, öffnen Sie beide Seitenfenster. Sie genießen den zugigen Wind, der Abkühlung bringt.

Am nächsten Tag aber haben Sie einen steifen Hals, Ihre Nase beginnt zu laufen, Sie bekommen einen grippalen Infekt. Ihre Freunde verspüren keinerlei Krankheitsanzeichen.

Die Erklärung ist ganz einfach: Ihre **Abwehrenergie** (= Wei-Energie) ist geschwächt gewesen, die Ihrer Freunde nicht.

Daß wir einiges tun können, um unsere Abwehrenergie zu fördern und zu stärken, steht fest. Falsche oder mangelhafte Ernährung, fehlende Ruhepausen oder Störungen des psychischen Befindens schwächen die Wei-Energie. Sie ist Teil unseres Immunsystems und wird vom Blasenmeridian gebildet und gesteuert.

 Sprechen wir nun über eine weitere, die sogenannte ancestrale Energie. Das System der Nieren ist Speicher der vererbten Anlagen, also Speicher dessen, was die Chinesen **ancestrale Energie** (= Energie der Vorfahren, ererbte Energie) nennen. In der Akupunkturlehre sind Funktionen des Gehirns und des Nervensystems dem Nieren- und Blasenmeridian zugehörig. Am **Mongo-**

lismus wollen wir Ihnen verständlich machen, was unter einer geschwächten Erbenergie zu verstehen ist. Bei Barbara L. wird das Zusammenspiel von Störungen der Erbenergie, des Nierenmeridians und der Psyche erkennbar.

Bei Menschen mit Mongolismus weichen die Chromosomen (= Träger der Erbmasse im Körper) in einem Chromosom von der Norm ab und bedingen damit eine körperliche und geistige Unterentwicklung. Fast sämtliche Organe und Gewebe wachsen langsam, bleiben unreif und altern schnell. Auch die Entwicklung des Gehirns verbleibt in einem unreifen Stadium. Mißbildungen der Organe wie bei Barbara I. treten häufig auf.

 *Barbara ist ein Mädchen, das mongoloid geboren wurde. Auch bei ihr hatten sich die Organe nicht normal entwickelt. Sie wurde als Baby mit einem Dickdarm geboren, der falsch herumgedreht war (= Malrotation): Der Blinddarm lag im linken Oberbauch, die anderen Teile des Dickdarms lagen verkehrt und verengt, so daß Barbara aufgrund der behinderten Darmpassage häufig erbrechen mußte. Im Alter von drei Jahren war bei ihr eine chirurgische Korrektur vorgenommen worden.*

Zum selben Zeitpunkt etwa erkrankte die Kinderfrau an Tuberkulose, worauf Barbara an einer Knotenrose an den Armen und Beinen erkrankte (= Erythema nodosum). Obwohl bei Kleinkindern, die daran erkranken, an toxisch wirkende Tuberkelbakterien zu denken ist, die aus einem Primärherd stammen, wurde Cortison verabreicht, ohne weiter nach der Ursache zu forschen. Die durchgemachte Infektion führte bei der ohnehin geschwächten Erbenergie zu einer Schwächung des Nierenmeridians.

233

Als Barbara in die Praxis kam, war sie inzwischen 11 Jahre alt. Sie ging in eine Schule für lernbehinderte Kinder. Von ihrer Mutter wurde sie in jeder Hinsicht stark kontrolliert, ob es sich um soziale Verhaltensnormen, die Ernährung oder die Leistungen in der Schule handelte. Die Mutter betonte ausdrücklich, daß ihr Kind nicht auf eine Schule für geistig behinderte, sondern für lernbehinderte Kinder gehe. Diesem psychischen Dauerdruck war Barbara offensichtlich nicht gewachsen. Das machte der Lüschertest deutlich: Sie lehnte Rot (--) ab, weil sie verärgert, überreizt und erschöpft war. Und sie bevorzugte das Gelb (++), weil sie sich aus dieser drangvollen Lage befreien wollte. Die Kolonnenwahl im Lüschertest zeigte Barbaras psychische Probleme. Sie entsprach in der physiologischen Deutung ihren bereits angeborenen Störungen des Nierenmeridians. Die psychischen und physischen Unstimmigkeiten bedingten bei diesem Mädchen offenbar gemeinsam, daß das energetische Gleichgewicht ins Stocken geriet und sich dann in Krankheiten äußerte.

Auffällig war, daß bei Barbara die vier Weisheitszähne nicht angelegt waren.

In der Anamnese schrieb die Mutter: »Barbara leidet mittlerweile chronisch an eitrigem Schnupfen. Seit vier Jahren – beginnend am linken Unterarm – hat sie Neurodermitis. Im Winter sind die Symptome stärker.«

Im EAV-Test stellte sich die Tuberkulinumbelastung heraus. Außerdem hatte Barbara eine chronische Infektion der Stirnhöhlen.

Bei länger anhaltenden Störungen eines Systems, wie bei Barbara des Nierenmeridians, kann der Partnermeridian miterkranken. Das zeigt sich bei Menschen mit Mongolismus in einem Dauerschnupfen, weil der Blasenmeridian im Lauf der Jahre miterkrankt.

Was der letzte Satz der Mutter – im Winter sind die Symptome stärker – in der Anamnese andeutet, bestätigt die von den Chinesen erkannte jahreszeitliche Steuerung der Energie. So benötigt das Meridianpaar Niere-Blase besonders im Winter ein ausreichendes Energiereservoir. Wenn es nicht gefüllt ist, verstärken sich Erkrankungen zu der sogenannten Maximalzeit des Organs.

Wie geschwächt bei Barbara die Energie war, zeigten auch die nichtangelegten Weisheitszähne, denn die Weisheitszähne des Oberkiefers gehören zum System Nierenmeridian.

Sind die **oberen Weisheitszähne** nicht angelegt oder verlagert oder zurückgeblieben (= retiniert), läßt das auf eine Schwächung des Systems Niere-Blase schließen. Leider wird das viel zuwenig beachtet, weil die oberen Weisheitszähne im Gegensatz zu den unteren fast niemals lokale Beschwerden bereiten.

Es ist besonders Volls, Adlers und Beischs Verdienst, daß die Zusammenhänge zwischen oberen Weisheitszähnen, dem System Niere-Blase und psychischen Erkrankungen erkannt worden sind. Die Beobachtungen Adlers, daß häufig schon sofort nach Entfernung der oberen Weisheitszähne psychische Verspannungen nachlassen, können wir bestätigen. Ein Zahn, der angeblich symptomlos ist, weil er keine lokalen Beschwerden macht, ist eben nicht unbedingt ohne Symptome, diese sind im psychischen Bereich zu suchen.

Adler fordert: »Man sollte endlich aus der rein lokalen Schau herauskommen und trotz zunehmender Spezialisierung nicht vergessen, daß der Mensch eine Einheit, ein Ganzes ist und dieses Ganze von einem Punkt aus gestört werden kann.«

Auch ein Weisheitszahn kann – wie die Flügelschläge eines Schmetterlings – einen »Taifun« auslösen.

 Ein nicht selten vorkommendes Krankheitsbild, der **nierenbedingte Bluthochdruck** (= renale Hypertonie), beruht auf krankhaften Veränderungen der Niere.

Wie bei anderen Meridianen finden die somatischen Fehlsteuerungen ihren Ausdruck auch in der Farbwahl. Menschen mit Bluthochdruck lehnen das Lüscher-Grün ab, wenn die Störungen auf dem Herzmeridian überwiegen. Sie sind durch Überspannung labil. Ist der Nierenmeridian mehr gestört, lehnen sie das Lüscher-Rot ab, weil sie erschöpft und überfordert sind. Das Lüscher-Gelb wird immer bevorzugt. Es zeigt den dringenden Wunsch nach Entlastung und deutet die Gefahr eines Kollapses an. Solche Menschen haben einige Gemeinsamkeiten mit Marga P., die am liebsten davongelaufen wäre.

 *Das Bedürfnis, ihren Problemen zu entfliehen, ebenso wie unterdrückter Ärger (++ Rot) waren die Hauptursachen für Margas Erkrankung. In der Familie standen Mann und Sohn miteinander auf Kriegsfuß; Marga fühlte sich zwischen den beiden hin und her gerissen. Ihr Mann war durch einen Berufsunfall hirnverletzt, und seine Pflegebedürftigkeit nahm immer mehr zu. Sie sagte über ihn: »Er wird immer kränker, schimpft, sucht jemanden, mit dem er streiten kann.« Und in seiner Frau fand er das richtige Opfer. Doch bei Marga, 54 Jahre alt, war anzunehmen, daß nicht erst der familiäre Ärger sie in psychische Bedrängnis gebracht hatte. Sie gab an, schon lange psychische Probleme*

236

zu haben, die sich auch in mangelnder Libido äußerten.
Körperliche Beschwerden hatte sie ebenfalls schon jahre-
lang, eigentlich von Kind an. Marga war mit vierzehn Jah-
ren zusammen mit ihrem Bruder an Diphtherie erkrankt,
woran der Bruder starb, während sie, wenn auch sehr
knapp, überlebte. Seitdem hatte sie regelmäßig Nieren-
becken- und auch Nierenentzündungen. Die Störungen
des Meridians äußerten sich seit einigen Jahren auch in
permanenten Rückenschmerzen in der Nierengegend.
Vor einem Jahr nun war eine große Zyste in der rechten
Niere festgestellt worden. Die ableitenden Harnwege auf
beiden Seiten – auch das hatte das Röntgenbild gezeigt –
waren verengt.

Nicht nur Marga, viele Frauen und Männer leiden unter Impo-
tenz. **Störungen der Libido** können auch mit funktionellen Störungen des Nierenmeridians in Verbindung gebracht werden.
Interpretiert man die psychischen Entsprechungen der Farbwahl, bedeutet die Ablehnung von Rot: Lustlosigkeit. Das bevorzugte Gelb läßt in diesem Fall auf Fluchtbestrebungen und
den Wunsch nach Ablenkung schließen. Aus der Sicht und nach
den Erfahrungen der chinesischen Medizin sind Angst und Im-
potenz Manifestationen einer Funktionsstörung des Nierenmeridians. Je nach Situation, in die ein Mensch mit geschwächter
Energie des Nierenmeridians gerät, reagiert der Betreffende mit
übertriebener Angst oder sexuellem Versagen.

Ein Schnupfen kann damit anfangen, daß wir einen Schmerz an
der Nasenwurzel empfinden, da, wo der Blasenmeridian seinen
Anfangspunkt hat. Der Infekt hat dann besondere Teile des Blasenmeridians betroffen und löst den Schmerz aus. Ist das System

ohnehin schon geschwächt, folgt auf den Schnupfen oft eine **Stirnhöhlenentzündung**. Als nächstes verlieren wir womöglich den Geruchssinn.

Bei einem Krankheitsverlauf wie diesem ist die Fehlersuche im System, in diesem Fall im Blasenmeridian, sinnvoll; dazu der Fall Jean P.

 *Bei Jean korrelierten psychische Probleme mit organischen Beschwerden. Jean war fast unentwegt erkältet, obwohl er am Atlantik wohnt und dieses Klima chronische Infekte nicht gerade begünstigt. Jean war 15 Jahre, als wir ihn kennenlernten. Schon als Kleinkind hatte er immerzu Erkältungen gehabt. Sein gesundheitliches Befinden hatte sich nach einem Unfall, der einen zahnärztlichen Eingriff nötig machte, massiv verschlechtert. Jean war mit 12 Jahren mit dem Kopf auf ein Waschbecken aufgeschlagen und hatte sich dabei den mittleren oberen linken Schneidezahn abgebrochen. Damals hatte der behandelnde Zahnarzt den Zahn mit einer korrekten Wurzelfüllung versorgt. Der Junge konnte sich nicht erinnern, je ohne Kopfschmerzen gewesen zu sein. Aber nach dem Unfall hatte er tagtäglich so starke Kopfschmerzen, daß er regelmäßig Tabletten nahm. Außerdem war er seitdem noch öfter erkältet.*

Sehr eifrig, fast übereifrig aus Angst vor Zurückweisungen (-- Gelb), gelegentlich aggressiv (++ Rot) nahm er sein Schicksal der ununterbrochenen Kopfschmerzen hin. Nach seinem Lüschertest wollte er sich gern aus seiner mißlichen gesundheitlichen Lage befreien. Er war aber so verspannt und emotional blockiert, daß ihm das nicht gelang. Auch Kontakte zu seinen Mitmenschen kamen nur sehr mühsam

238

zustande. So vergrub Jean sich hinter seinem Computer bei ausgezeichneten schulischen Leistungen. Frustriert und erschöpft, aß der Junge unentwegt – vor allem Milchprodukte –, so daß er wie eine kleine rollende Tonne aussah.

Im EAV-Test zeigte sich eine chronische Entzündung der Stirnhöhlen, der Blase und des Nierenbeckens durch Bakterien und Viren, zusätzlich konnte eine Kuhmilchallergie festgestellt werden. Hinzu kam, daß der wurzelgefüllte Schneidezahn eine Herdwirkung ausübte, was zu häufigen Infekten und Kopfschmerzen geführt hatte.

Zunächst mußte Jean, der wie alle Allergiker seine Allergene liebte – wir sprachen bereits darüber –, auf Milchprodukte verzichten. Diese Enthaltsamkeit und die Therapie mit den ausgetesteten homöopathischen Medikamenten brachten in der ersten Therapiewoche eine solche Entlastung, daß Jean im Gesicht deutlich sichtbar abschwoll, nicht mehr ständig die Nase hochzog und in der ganzen Woche nur eine Schmerztablette brauchte.

Während der zehn Therapiewochen zeigte sich auch, daß Jean schon merklich lebhafter und freier im Umgang mit seinen Mitmenschen wurde.

Lüscher nennt Menschen, die Gelb nicht mögen und Rot bevorzugen, fleißige Ameisen. Sie sind gute Schüler wie Jean, emsige Sekretärinnen, Buchhalter oder Abteilungsleiter. Ihre Lehrer und Chefs schätzen sie als Mitarbeiter, ihre Kollegen weniger. Glücklich sind diese Menschen aber nicht.

Wenn die Niere zur **Wanderniere** (= ren mobilis) wird, kann manchmal selbst die EAV nicht mehr helfen. Dann wird eine operative Anhebung der

239

Niere (= Nephropexie) notwendig, um das energetische Gleichgewicht wiederherzustellen.

Eine gewisse Beweglichkeit der Nieren ist normal. Von einer
Senkniere spricht man, wenn eine oder beide Nieren abnorm
abgesunken sind. Das führt dazu, daß der Harnleiter abknickt,
wodurch es häufig zu Stauungen und Rückenschmerzen
kommt.

Ein energetisches Problem kann durch die abgesenkte Niere für
die auf ihr liegende Nebenniere entstehen, die akupunkturphysiologisch zum System Drei-Erwärmer gehört. Sie erfüllt völlig
andere Aufgaben als die Niere und hat übergeordnete hormonale
Steuerungsfunktionen. Durch die von einer Senkniere bedingten
anatomischen Verschiebungen kann die Nebenniere in ein energetisches Defizit geraten. Viele ihrer Vitalfunktionen laufen auf
Sparflamme.

Um eine solche Nebenniere, die energetisch, bedingt durch eine
Wanderniere, ins Defizit geraten ist, geht es in Sabines Geschichte.

»Es hat angefangen mit den Kopfschmerzen, die ich während eines Aufenthaltes im Schwarzwald bekommen habe.
Ich meinte, ich hätte mich erkältet, weil wir gewandert
sind. Ich war zu warm angezogen, dann Jacke aus, Jacke
an, Mütze ab, Mütze auf. Und dann dachte ich, jetzt kriege
ich einen Schnupfen. Aber ich kriegte keinen Schnupfen,
ich kriegte Kopfschmerzen.
Und dann bin ich eben einfach von Pontius zu Pilatus gelaufen. Ich habe angefangen hier bei einem ganz normalen
Allgemeinpraktiker, der wußte nichts mit mir anzufangen.
Dann hat er mich zu einer Neurologin geschickt – ich weiß
die ganze Reihenfolge schon gar nicht mehr. Das ging über

eine ganze Zeit, und dann landete ich bei einem Arzt für Naturheilverfahren und durch ihn kam ich zu Frau Dr. Cleff-Menne; denn er hat gesagt: »Dann lassen Sie mal die Zähne untersuchen.«

Durch die Elektroakupunktur wurden dann einen Vormittag ein paar Zähne aktiv, das werde ich nie vergessen. Erst der eine, dann der zweite, und dann haben wir erst die Zähne saniert, erst mal das Amalgam entfernt, und dann – nach der siebten Spritze, das weiß ich noch genau, bei der Spritzenkur – wurden diese Zähne aktiv.

Dann schickte mich Frau Dr. Cleff-Menne zu einem Internisten. Und der hat eben den EAV-Test gemacht, und dann hat er gesagt: ›Irgendwas ist mit Ihren Nieren nicht in Ordnung.‹

Ich hatte aber nie was an den Nieren gehabt. Das heißt, als Schülerin, da habe ich mal so ein bißchen Nierenschmerzen gehabt. Dann ging das wieder weg. Und dann hat er mich zum Röntgen geschickt, da wurde ich horizontal, senkrecht und auf dem Kopf geröntgt. Dann sagte er, ich hätte eine Wanderniere. Das Beste sei, ich ließe mich operieren.

Das fand ich nicht so sehr toll und dachte, diese Spritzenkuren, die haben mir immer so gutgetan und die haben mich ja so aufgebaut …

Aber bevor ich dahinging, ging es mir also wirklich manchmal so entsetzlich schlecht, daß ich überhaupt nicht mehr mein tägliches Leben führen konnte. Autofahren zum Beispiel, also ich habe mich so anstrengen müssen, um aufmerksam autozufahren, und dann wollte ich das nicht vor der Familie so sagen, daß es mir so eklig ging. Ja, und dann habe ich eben mehrere dieser Kuren gemacht, und

*immer, wenn die in der Wirkung wieder so abklangen, ja,
dann fing es wieder von vorne an.*

*Was auch noch während der Zeit hinzukam, ich hatte De-
pressionen. Ich wußte überhaupt nicht wieso. Ich lag
abends im Bett, habe gedacht, na ja, also wenn du jetzt
stirbst, ist auch nicht schlimm, Kinder sind groß, dein
Mann kommt auch allein klar. So, ja, und ich hatte keinen
Grund.*

*Und mit der Operation waren diese Depressionen weg.
Das fand ich so erstaunlich, und seitdem bin ich der fröh-
lichste Mensch auf der Welt.*

*Ja, und die Kopfschmerzen sind wesentlich besser gewor-
den, kann ich eigentlich sagen. Ich merke sie gar nicht,
außer wenn mich mal jemand drauf anspricht.*

*Der Chirurg, der mich operierte, sagte damals, meine Nie-
re sei total vernarbt gewesen, die rechte Niere war zweieinhalb Wirbelkörper und die linke zweieinviertel Wirbelkörper nach unten verrutscht gewesen.*

*Jetzt sind vier Jahre vorbei, habe ich mir neulich ausge-
rechnet, und ich fühle mich wirklich ganz hervorragend,
so im Allgemeinzustand. Vielleicht kommt das auch, weil
die äußeren Umstände für mich auch so gut sind. Ich bin
so zufrieden und glücklich wie eigentlich noch nie in meinem Leben, muß ich sagen. Ich habe jetzt mehrere Mütter
in meinem Alter getroffen, die erwachsene Kinder haben,
die sind alle so fröhlich. Die genießen das alle, daß ihre
Kinder so groß sind. Man denkt: Die Aufgabe ist jetzt ab-
geschlossen. Das hast du, glaube ich bei mir, relativ gut
gemacht – bei unseren Kindern läuft alles ganz prima –
und ja, mir geht es gut, wie gesagt auch finanziell, das
macht natürlich viel aus. Ich habe keinen Grund zu kla-*

gen, und gesundheitlich fühle ich mich eigentlich, bis auf
diese Restkopfschmerzen, total fit und einsatzfähig.
Ich hab mehr Mut, mich durchzusetzen und mehr Mut,
meine Meinung zu sagen. Früher hatte ich das nicht.«

Daß ausgerechnet ein Wanderurlaub im Schwarzwald Sabines Beschwerden, die Kopfschmerzen, auslöst, ist symptomatisch. Die locker aufgehängten Nieren werden durch verschiedene Tätigkeiten sehr beansprucht; dazu gehören zum Beispiel Reiten, Jogging und – wie in diesem Fall – angespanntes und schnelles Wandern. Die dadurch gegebene rhythmische vertikale Bewegung stellt an die Bänder, die die Nieren halten, besondere Anforderungen. In elastischer Weise müssen sie diese Bewegungen auffangen.

Wenn wie bei Sabine beide Nieren um mehr als zwei Wirbelkörper abgesenkt sind, muß es zu einer Störung des Nierenmeridians kommen. Unter der Dauerbelastung durch das Wandern, eigentlich als Erholung und zur Regenerierung gedacht, manifestierte sich bei ihr die energetische Blockade als Kopfschmerz auf dem Drei-Erwärmer-Meridian.

Sabine läßt sich die Zähne sanieren. Ein beherdeter seitlicher Schneidezahn im Oberkiefer und das Amalgam werden entfernt. Die Situation bessert sich, wird aber nicht gänzlich befriedigend. Im EAV-Test offenbart sich die energetische Defizitsituation der Nieren deutlich. Neben der anatomischen Beeinträchtigung durch die Wanderniere ist das System Niere-Blase durch chronische Infekte des Nierenbeckens erheblich gestört. Die ausgetesteten Medikamente bringen zwar eine vorübergehende Erleichterung, weil sie die infektiösen und toxischen Belastungen beseitigen, aber die Nieren können dadurch nicht anatomisch angehoben werden, sie bleiben abgesenkt.

Deshalb dauern die Kopfschmerzen in den Pausen zwischen den Kuren, die das Mesenchym reaktivieren, auch an, nachdem die Zähne saniert worden sind. Sabine sagt zu den Spritzenkuren: »Wenn die in der Wirkung wieder so abklangen, ja, dann fing es wieder von vorne an.«

Die Diagnosen eines Internisten und eines Röntgenologen bestätigen, was der EAV-Test gezeigt hatte: Wanderniere rechts.

Die psychische Situation, in der sich Sabine zu dem Zeitpunkt befindet, begründet, warum sie vor der Operation zurückschreckt. »Das fand ich nicht so sehr toll«, gesteht sie ein. Sie hat Angst vor dieser Operation, wie sie überhaupt aufgrund der psychischen Konstellation, die sich bei Störungen des Systems Niere-Blase ergibt, zu Ängsten neigt.

Der erste Lüschertest zeigt erhebliche Auffälligkeiten: Sabine ist angepaßt und mit zu wenig Selbstvertrauen ausgestattet: Sie meint, daß es auf ihre Meinung nicht ankommt. Deshalb fehlt ihr die notwendige Durchsetzungskraft. Ihr Wille ist geschwächt; schon die traditionelle chinesische Medizin ordnete den Willen dem System Niere-Blase zu. Das macht Menschen wie Sabine hilflos und überreizt.

Dazu paßt, daß sie keine Schwäche zeigen will. Wie schlecht es ihr geht, kann sie vor der Familie nicht eingestehen. Sie nimmt sich zusammen, verstärkt damit den inneren Zwang und kompensiert ihn dadurch, daß sie vor den Problemen flieht und illusionäre Erwartungen an die Zukunft stellt (Gelb-Kolonne). So versucht sie, die Operation zu umgehen, tröstet sich damit, daß die Spritzenkuren ihr »immer so gutgetan« und sie »aufgebaut« hätten.

Daß Sabine gleichzeitig zu Depressionen neigte, für die – wie sie selbst weiß – kein Grund vorlag, macht deutlich, in welch schwacher somatischer und psychischer Situation sie sich be-

fand. Hier vermittelt die Schilderung ihrer depressiven Gedanken ein psychisches Problem, dessen sich Sabine offensichtlich
nicht einmal bewußt ist: Ihre Gedanken kreisen um die Familie,
Mann und Kinder, die sie jetzt, wie sie meint, nicht mehr brauchen und allein klarkommen. Ihre emotionelle Zuwendung zu
Mann und Kindern ist in diesem depressiven Zustand sehr di-
stanziert.

Es ist anzunehmen, daß der natürliche und notwendige Ablö-
sungsprozeß der erwachsenen Kinder bei Sabine – wie bei anderen Müttern auch – zu inneren Konflikten führt, die die energetische Situation durch das Nierendefizit zusätzlich belasten.
Erst als durch die Operation das energetische Gleichgewicht
wiederhergestellt ist, gelingt es Sabine auch, diesen Ablösungs-
prozeß als gewinnbringend zu verstehen. Jetzt kann sie, der Sorgen um die Kinder enthoben, ihre häusliche Situation, die zudem
nicht durch finanzielle Sorgen getrübt ist und ihr mehr Freiheit
und Selbstverwirklichung bringt, genießen.

Ganz offensichtlich und im Lüschertest ablesbar ist, daß aufgrund des harmonischeren energetischen Gleichgewichtes Sabines Selbstvertrauen gewachsen ist, was ihr Mut und Kraft gibt,
sich durchzusetzen und ihre Meinung zu äußern.

Heute, vier Jahre nach der Nierenoperation, ist im Lüschertest
zu sehen, daß sie nicht mehr so erschöpft und überreizt ist. Es
ist aber ersichtlich, daß sie immer noch, wenn auch viel gemil-
derter als früher, inneren Zwängen unterliegt; sie neigt dazu, mit
sich und anderen ungeduldig umzugehen.

Wenn Sabine noch lernen könnte, mit sich etwas lockerer und
geduldiger umzugehen, wäre das hilfreich für eine völlige Wie-
derherstellung ihrer Gesundheit. Die EAV könnte dann noch
optimaler wirken.

Anders als bei Sabine kommt es bei Christiane zu einer schlimmen Erkrankung, als sie sich in einer psychischen Streßsituation befindet. Die Symptome wie Sensibilitäts- und Gehstörungen lassen zunächst darauf schließen, daß es sich um multiple Sklerose handelt. Entsprechend wird Christiane auch schulmedizinisch behandelt. Erst die EAV klärt, daß ein anderes Krankheitsbild vorliegt.

»1991 wurde mein erstes Kind geboren. Dann ist aber unglücklicherweise am 12. September mein Mann tödlich verunglückt. Ich war dann mit dem Kind in einer völlig neuen Lebenssituation, weil ich vorher immer berufstätig war und auch immer engagiert berufstätig, mit dem Kind alleine, mit dem Beruf alleine, mit der Wohnungsnot alleine.

Dazu kam noch, daß während der Geburt meines Kindes festgestellt wurde, daß ich eine Gewebsveränderung am Muttermund hatte und daß sie bösartig war. Daß ich aufgrund dieser Gewebsveränderung auf jeden Fall eine Konisation (= Entfernung eines Gewebsstücks) durchführen mußte.

Da das mit meinem Mann geplante Haus noch nicht fertig war und ich aus der alten Wohnung heraus mußte, habe ich monatelang bei meiner Schwester gewohnt. Dann bin ich auf Anraten meines Arztes – weil ich in ständiger ärztlicher Behandlung aufgrund dieses Unterleibsleidens war – am 6. Februar ins Krankenhaus gekommen. Am 7. Februar wurde diese Operation durchgeführt, diese Konisation. Das Ergebnis wurde mir allerdings erst am 8. oder 9. Februar gesagt, nachdem ich nachts einen sogenannten

Schub bekommen hatte. Das hat sich so ausgewirkt, daß ich einen Schüttelfrost bekommen habe, mir wurde fürchterlich schlecht. Ich habe auch versucht zu brechen. Es war dann auch kein Brechen möglich. Und ich konnte ab dem Zeitpunkt eigentlich nicht mehr richtig sehen, das heißt ich hatte Nystagmus. Das ging also immer hin und her. Ich hatte Doppelbilder. Dann war es so, daß rechts, die gesamte rechte Seite, die Oberflächensensibilität kaputt war. Ich habe nicht mehr gefühlt, ob es kalt oder warm war. Und ich konnte nicht mehr laufen. An dem Tag darauf konnte ich auch nicht essen. Alles, was in den Bauch hineinkam, ist wieder zurückgekommen. Ich habe zu Anfang auch Koordinationsschwierigkeiten mit meinen Händen gehabt. Das heißt, ich habe danebengegriffen.

Ja, und dann bin ich da liegengeblieben. Mir wurde gesagt, ich sollte erst mal gar nichts machen. Das wären alles Nerven. Nachdem sich dann meine Familie, das heißt mein Bruder und meine Eltern, intensiv gegen diese Untätigkeit gewehrt haben, wurde ich von einem Spezialisten, einem Neurologen, untersucht. Und der Neurologe hat mich dann in seine Klinik überführen lassen.

Da bin ich drei Monate gewesen. Nachdem sämtliche möglichen Untersuchungen durchgeführt worden waren, wurde mir irgendwann gesagt, daß es wohl ein sogenannter erster Schub einer multiplen Sklerose sein soll. Mit dieser ganzen Diagnose war ich natürlich nicht einverstanden. Nachdem ich eine Fünf-Tage-Behandlung mit Cortison bekommen habe, habe ich, durch Bewegung und durch Willen natürlich auch und dadurch, daß ich auch meine Tochter habe und weiterhin versorgen will, wieder laufen gelernt.

Und ein Bekannter, der Mann einer Mitarbeiterin von Frau Dr. Cleff-Menne – er kommt aus dem Krankenpflegebereich –, hat dann gesagt: ›So, wie Sie aussehen und was Sie so an Ausstrahlung haben, das kann eigentlich gar nicht multiple Sklerose sein. Das glaube ich gar nicht. Ich kenne solche Fälle. Gehen Sie doch bitte mal zu der Frau Dr. Cleff-Menne. Die hat diese Elektroakupunktur, und lassen Sie sich einfach mal durchchecken.‹

Das habe ich gemacht, und wir haben im letzten Jahr angefangen, und ich denke, mir geht's immer besser. Wir haben auch die Zähne behandelt. Und zwar wurden mir rechts zwei Zähne gezogen, und ab dem Moment hatte ich auf einmal links keinerlei Beschwerden oberhalb der Augenbraue. Vorher hatte ich immer so ein Ziehen, das zog sich hier herunter. Und ab dem Moment, als die Zähne heraus waren, hatte ich überhaupt keine Schmerzen mehr. Und vor kurzem wurde mir noch ein weiterer Zahn gezogen, und ich merke, daß ich wieder besser sehen kann. Das ist ein Wahnsinn, die ganzen Zusammenhänge.

Nach den Spritzenkuren – ja, es ist also eine ständige Besserung innerhalb des Bewegungsablaufs. Ich hatte teilweise dieses Schwindelgefühl, diese Gleichgewichtsstörung, und das wurde immer – also nicht schubweise, so wie es gekommen ist – sondern permanent besser. Ich bin wieder selbständig. Jetzt kann ich autofahren. Ich bin jetzt in einer Steuerberatungs-GmbH. Das habe ich mir vorher alles ja nicht mehr zugetraut. Die Lebensfreude, alles kommt wieder. Ich konnte nicht mehr die Treppe runtergehen, nur mit Festhalten. Jetzt kann ich gehen, so – freihändig. Ich kann jetzt auch schnell laufen, ich fange auch wieder an Tennis zu spielen. Ich denke mir, daß ich irgendwann wieder an-

fange zu joggen, einfach um zu gucken, wieweit kannst du denn eigentlich gehen – um mir selber was zuzutrauen.

Der Neurologe hat mir gesagt, ich sollte mir keine Sorgen machen, ich hätte diese Krankheit, und wie ich damit fertig werde, na ja, das würde man dann sehen. Und gerade das kann man nicht gebrauchen in so einem psychischen Streß, in dem ich damals mich befunden habe. Wenn man sich noch nicht mal mehr den Popo abputzen kann, wenn man von einem Krankenhaus zum anderen kommt. Und wenn man sich überlegt, nach einem oder eineinviertel Jahr, wie ich jetzt schon wieder laufe und daß ich mir schon zutraue, wieder Tennis zu spielen und so was, das ist schon ein Wahnsinn. Und wenn ich jetzt sag: Oberflächensensibilität – ich habe das Gefühl, daß ich wieder anfange, das zu spüren, also ein bißchen mehr zu spüren, immer mehr.

Ja, der Befund an der Gebärmutter war so, daß alles an schlechtem Gewebe herausoperiert wurde, daß ich jetzt eigentlich ganz normal wie jeder andere Mensch leben kann.

Das mache ich den Ärzten auch zum Vorwurf – ich hatte die ganze Zeit nach dem Tod meines Mannes sehr stark abgenommen, das kann man sich natürlich denken, und war permanent erkältet. Also, ich hatte immer Husten, Schnupfen. Aufgrund der langen Belastung, glaube ich, war der Körper relativ ausgelaugt, und da hätte man doch sagen können: ›Weißt du was, das Risiko, daß jetzt bei der Narkose und bei der ganzen Operation etwas schiefgehen kann, ist größer, als daß wir diese Operation vielleicht noch um einen Monat verschieben und die Frau M. erst mal ein bißchen aufbauen.‹ Ich glaube, das ist alles nicht so gut gewesen. Die gesamte Versorgung oder die Behütung, die ein Arzt auch als Pflichten haben muß, einfach den Patienten ansehen, nicht nur diese Krankheit und dann nur punktuell. Er soll einfach sagen: Wie ist eigentlich die Situation? Das kommt eigentlich in der Schulmedizin ziemlich zu kurz.

Ich denke, daß ich auch von der Psyche her mutlos war, daß ich eigentlich relativ neben mir stand nach dem Tod meines Mannes. Ich hatte gedacht, daß ich ein Kind bekomme und daß wir das gemeinsam erziehen. Ich wollte nicht ein Kind alleine erziehen. Für mich war dieses Kind auch eine ganz neue Lebenssituation. Also, ich habe vorher gearbeitet, und ich war immer selbständig. Und auf einmal war ich nicht mehr so selbständig, da war so ein kleines Wesen, das brauchte Pflege. Und so ein Kind, nee, ich finde, das kann man nicht einfach abstellen: So, jetzt habe ich acht Stunden zu arbeiten oder zehn, und jetzt stelle ich dich in die Ecke. Man muß ständig bereit sein. Und das ist neu. Da muß man auch erst mal hineinwachsen. Dann ist man eben in dieser Situation: der Tod meines Mannes, der mich sehr stark getroffen hat. Ich habe den auch verflucht, so ein Blödmann, warum geht der jetzt einfach und läßt mich hier alleine. Das geht doch nicht. So unter dem Aspekt: Was nicht sein darf, ist auch nicht.

Ich habe drei Lüschertests insgesamt schon gemacht, und der Test hat jedesmal die Lebenssituation ziemlich genau getroffen.

Im Moment bin ich auch wieder von der Psyche her in einem Umbruch, daß ich mein Schicksal jetzt annehme, so, jetzt fange ich ein neues Leben an. Zwei Jahre sind vorbei, ich nehme es irgendwie an, daß mein Mann nicht

*mehr wiederkommt. Tod ist so was ganz Endgültiges. Damit muß ich mich auch wieder neu auseinandersetzen.
Ich glaube, wenn ein geliebter Mensch stirbt, daß man ein Stück mitstirbt, und das Stück muß erst mal wieder neu leben. Und die Hülle, gut, die hat die ganze Zeit mitgemacht. Man stand relativ neben sich, es war schrecklich. Ich möchte es nicht noch mal mitmachen. Manchmal habe ich gedacht, wäre ich auch nicht mehr da, wäre es wahrscheinlich einfacher. Aber auf der anderen Seite – jetzt möchte ich nicht mehr gehen, jetzt will ich wieder leben.«*

Ähnlich wie Antje, deren Geschichte Sie im vorigen Abschnitt gelesen haben, erkrankt Christiane zu einem Zeitpunkt, als sie sich in einer psychisch besonders schwer zu verkraftenden Situation befindet: Ihr Mann ist gestorben; sie hat gerade ein Kind bekommen; sie muß aus ihrer Wohnung ausziehen. Hinzu kommt, daß sie befürchten muß, eine bösartige Uterusgeschwulst zu haben. Dieser psychische Streß wirkt sich auf ihren Körper aus, wie sie selbst beschreibt: Sie nimmt erheblich an Gewicht ab und ist anfällig für Infekte: »Also, ich hatte immer Husten, Schnupfen.«

Das durch äußersten psychischen Streß belastete Immunsystem bricht unmittelbar nach einer Operation noch im Krankenhaus zusammen, nach einer Konisation, bei der man der Patientin ein konusförmiges Gewebestück zur histologischen Zelluntersuchung entnimmt. Der von Christiane beschriebene Krankheitsbeginn mit Schüttelfrost, Übelkeit und Brechreiz ist der Beginn einer Virusinfektion. Sie liegt zwei Tage wie gelähmt da und leidet danach unter Seh-, Koordinations- und Geh- sowie Sensibilitätsstörungen.

Den Befunden nach hatte Christiane wahrscheinlich eine Er-

251

krankung, die den klangvollen französischen Namen Guillain-Barré-Syndrom trägt. Nach neuesten Erkenntnissen ist das eine Erkrankung des Immunsystems durch verschiedene Erreger, wie etwa Epstein-Barr- oder Cytomegalie-Viren. Sie kann sich unterschiedlich äußern, kleine Dysfunktionen, aber auch komplette Lähmungen nach sich ziehen. Da es sich um eine Entzündung mehrerer oder aller äußeren Nerven handelt, können – wie wohl auch bei Christiane – Rückenmarkswurzeln und Nervenknoten im Rückenmark betroffen sein.

Im EAV-Test stellt sich jedenfalls heraus, daß tatsächlich eine Infektion durch das Epstein-Barr-Virus hervorgerufen worden war. Es ist auf ein durch andere Herpesviren vorbelastetes Nervensystem getroffen und hat die Erscheinungen ausgelöst, die Christiane beschreibt. Eine spezielle komplizierte Blutuntersuchung bestätigt die mit EAV getroffene Diagnose: Die Antikörper gegen Epstein-Barr- und Herpes-Typ-1- und -2-Viren im Blut sind deutlich erhöht.

Christiane leidet schon seit langem immer wieder unter Nierenschmerzen und Nierenbeckenentzündungen. Man kann also davon ausgehen, daß in ihrem System Niere-Blase schon lange Schwierigkeiten bestanden. Röntgenologisch zeigten sich Narben in beiden Nieren, die von Entzündungen herrühren. Das System Niere-Blase wurde zusätzlich durch zwei beherdete linke obere Frontzähne belastet, deren Wurzeln nicht sachgemäß gefüllt worden waren. Beide Zähne waren nach dem EAV-Test chronisch entzündet. Ebenso wie die zahlreichen Amalgamfüllungen, die zum Teil ohne Unterfüllungen gelegt worden waren, unterstützten sie mit ihrer Herdwirkung die chronischen Entzündungen der Nieren. Daß der rechte untere Weisheitszahn bei Christiane nicht angelegt ist, deutet darauf hin, daß bei ihr die Erbenergie geschwächt ist.

Dennoch ist Christianes Konstitution noch robust, trotz der psychisch äußerst belastenden Situation und der somatischen Schwierigkeiten. Das zeigen ihre Grünwahlen im Lüschertest, die die innere Steuerung charakterisieren und an denen man ablesen kann, wie es um den Selbstbehauptungswillen des Menschen steht (»wie ich selber sein will«). Christiane ist danach offensichtlich nicht bereit, sich mit der Situation abzufinden. Sie will ihr Schicksal selbst in die Hand nehmen. Durch Bewegung und durch Willen, wie sie selbst sagt, lernt sie wieder laufen.

Wir möchten nicht versäumen, Sie an dieser Stelle auf einen Widerspruch hinzuweisen. In der traditionellen chinesischen Medizin wird der Wille den Nieren zugeordnet. Neuere Erkenntnisse der Elektroakupunktur durch Beisch, die die übergeordnete Bedeutung der Nebenniere berücksichtigen, zeigen, daß die »Ich-Steuerung« eher im System Drei-Erwärmer anzusiedeln ist, zu dem die Nebenniere gehört.

Zu Beginn der Behandlung hat Christiane eine Vierfach-Kolonne, das heißt alle vier Selbstgefühle waren gestört. Bereits nach drei Monaten, als der Körper durch die EAV-Behandlung erheblich entlastet und die energetische Situation verbessert ist, zeigt der Lüschertest, daß nur noch ein Selbstgefühl, die innere Freiheit (Gelb), gestört ist. Somatisch ging es Christiane bedeutend besser: Das Augenzittern und die Gleichgewichtsstörungen waren stark zurückgegangen, die Oberflächensensibilität und die Koordinierungsfähigkeit hatten sich verbessert.

Mittlerweile hat Christiane sich weiter erholt. Wie gut dieser Gesundungsprozeß inzwischen vorangeschritten ist, sieht man daran, daß sie das Leben mit ihrer kleinen Tochter und ihrem Beruf gut organisiert hat. Sie ist wieder voll berufstätig. Außerdem hat sie begonnen, Tennis zu spielen. Da Christiane in der Selbstdarstellung zudem äußert, ihre Psyche sei zur Zeit wiederum »im Umbruch«, ist zu hoffen, daß sich ihre Selbstgefühle weiterhin harmonisieren.

Bereits nach einem Jahr Behandlung ist ihre Gesundheit weitgehend wiederhergestellt. Christiane ist aber auch ein Mensch, der an der Verbesserung seiner psychischen Lage aktiv mitarbeitet. So wirkt die somatische Kur besonders gut.

Der Steuermann auf diesem Fluß

Alle Meridianpaare, die Sie bisher kennengelernt haben, stellen ein System mit somatischer Gestalt dar. Wir haben etwa vom System Lunge-Dickdarm oder vom System Herz-Dünndarm gesprochen, die jeweils entsprechend der Zuordnung zahlreiche Körperabschnitte umfassen. Diese Systeme wiederum bilden ihrerseits zusammen ein Ganzes, den Menschen, also ein komplexes System, in dem stete Energie fließt. Dieses Fließen geschieht nach bestimmten Regeln rhythmisch-dynamisch entsprechend unserem Wellenbild in einem steten Auf und Ab zwischen Polaritäten, wie Weitstellung und Zusammenziehen von Gefäßen und Muskeln, Aufnahme oder Zubereitung und Abgabe von Körperflüssigkeiten, Produktion und Abgabe von Hormonen.

Damit diese Funktionen in den Meridianen geregelt ablaufen können, bedarf es einer Steuerung, die nach Auffassung der traditionellen chinesischen Medizin vom Drei-Erwärmer-Meridian und vom Kreislaufmeridian wahrgenommen wird.

Nun werden Sie mit diesem »Steuermann auf diesem Fluß«, den Systemen Drei-Erwärmer und Kreislauf, bekannt gemacht. Wir besprechen die Krankheitsbilder **Magengeschwür, Tennisellbogen** und **vasomotorische Kopfschmerzen**, und wir sprechen über **Erbenergie**. Antjes Geschichte ist die Geschichte einer Patientin mit **multipler Sklerose**.

Der Drei-Erwärmer-Meridian (im weiteren Text auch 3-E) hat einen Namen, aber er hat nicht wie die anderen Meridiane eine »körperliche« Gestalt.

255

Grün
Rot
Er hat eine verbindende Funktion und reguliert die fünf Systeme Leber-Gallenblase, Herz-Dünndarm, Milz-Pankreas-Magen, Lunge-Dickdarm, Niere-Blase. Somit steuert oder – wie die Chinesen das ausdrücken – »erwärmt« er die anderen Meridiane.

Der Drei-Erwärmer-Meridian steuert (= erwärmt) drei große funktionelle Bereiche

1. **der obere Erwärmer** für Lunge und Herz	im Brustraum (= Thorax)
2. **der mittlere Erwärmer** für Milz-Pankreas und Magen für Leber und Gallenblase	im Bauchraum (= Abdomen)
3. **der untere Erwärmer** für Niere und Blase für Dünn- und Dickdarm	im Unterbauch (= unteres Abdomen)

Jeder der drei Teile dieses Systems reguliert die energetische Versorgung der drei großen Abschnitte des Körpers. Aus dieser Steuerungsfunktion erklärt sich die übergeordnete Stellung: Der 3-E ist der Steuermann des Energieflusses. Deshalb ist es sinnvoll, bei energetischen Störungen der Systeme übergeordnete Störungen des 3-E zu beachten und zu behandeln. Eine weitere Besonderheit des 3-E ergibt sich noch aus seinem Verlauf. Er endet mit drei Punkten an der kleinen Biegung (= Curvatur) des Magens; der Punkt für den oberen liegt am Magenmund (= Cardia), der für den mittleren am Magengrund (= Fundus) und der für den unteren 3-E am Magenausgang (= Pylorus). Daraus ergibt sich eine besonders enge Verbindung zwischen dem Magen- und dem Drei-Erwärmer-Meridian.

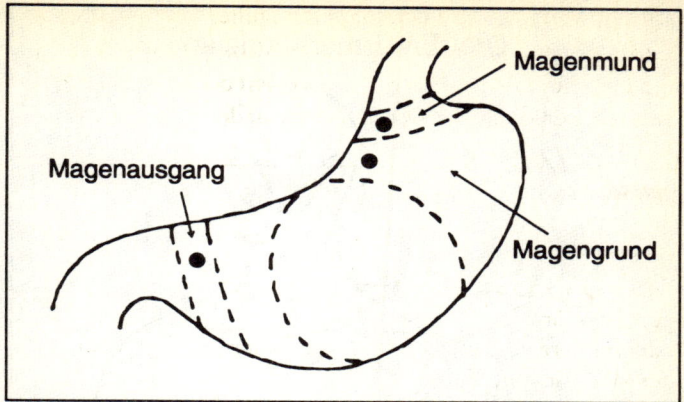

Abbildung 23

Der Kreislaufmeridian, von den Chinesen »Meister des Herzens« genannt, umfaßt die Gefäßversorgung des Herzens und die Arterien, Venen und Blutlymphknoten des gesamten Organismus. Als Partner des 3-E besitzt er ebenfalls übergeordnete Bedeutung. Zum einen kontrolliert er die Gefäßversorgung, zum anderen fließt die Erbenergie im Gefäßsystem.

Das Meridianpaar Drei-Erwärmer und Kreislauf wird vom Drei-Erwärmer-Meridian und seinem Partner, dem Kreislaufmeridian, gebildet. Entsprechend den Verläufen, die Sie auf der Abbildung Drei-Erwärmer und auf der Abbildung Kreislaufmeridian finden, gehören folgende durch die Meridiane verbundenen Körperabschnitte energetisch zum System Drei-Erwärmer-Kreislauf.

257

Drei-Erwärmer-Meridian

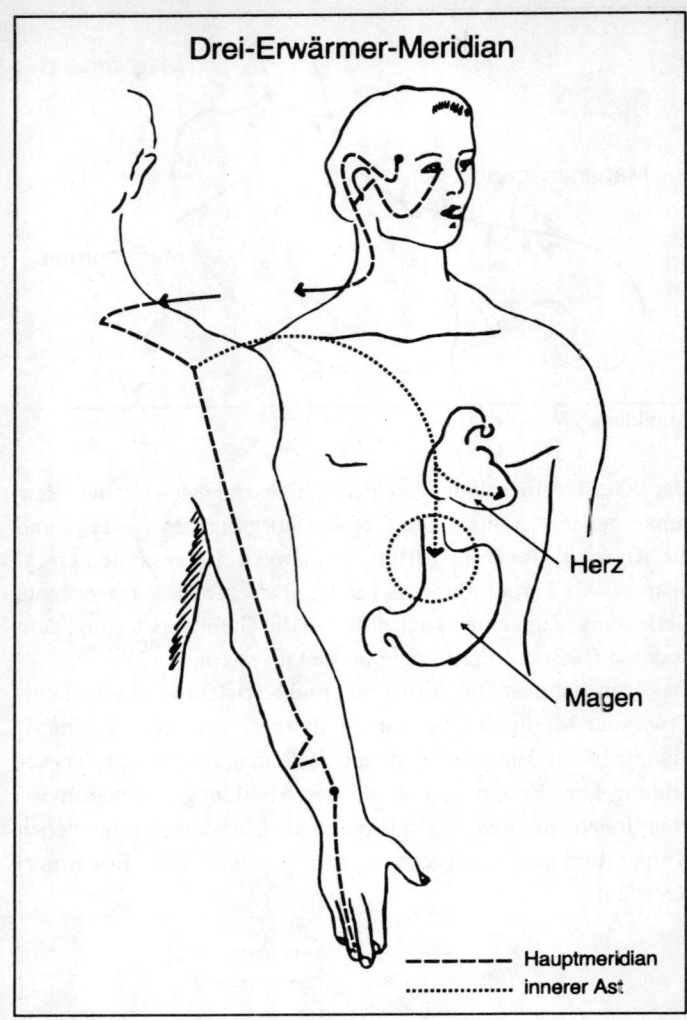

Herz

Magen

------- Hauptmeridian
.... innerer Ast

Abbildung 24

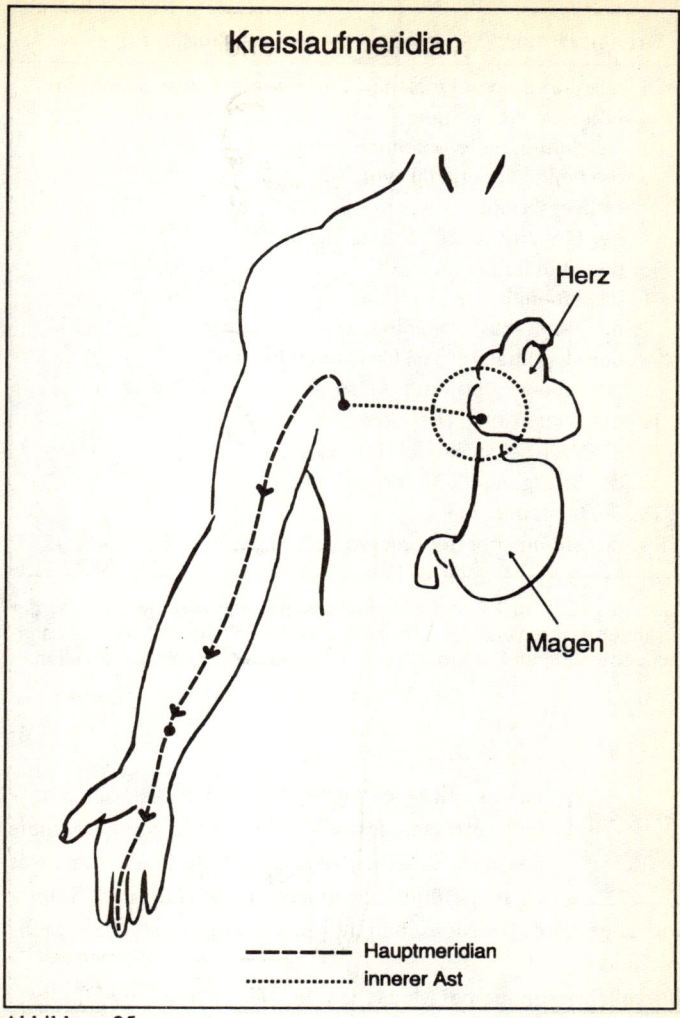

Kreislaufmeridian

Herz

Magen

------ Hauptmeridian
.... innerer Ast

Abbildung 25

Drei-Erwärmer	Kreislauf
1. alle endokrinen Drüsen (= Drüsen mit innerer Sekretion), inklusive Nebenniere	
2. das Schultergelenk seitlich (lateral)	
3. die tiefliegenden Halslymphknoten (= Lymphonodi cervicales profundi)	
4. der Gesichtsnerv (= Nervus facialis)	
5. das Mittelohr	
6. das Innenohr	
7. die Hirnhäute (= Meningen)	
8. der Hypothalamus (= Hirnanhangdrüse)	
9. der vordere Abschnitt des Auges	
10. der obere Anteil des Kiefergelenks	
11. die Weisheitszähne im Unterkiefer	
12. der Brustgang (= Ductus thoracicus)	
13. die Cysterna chyli	
14. die Zahnfächer der unteren Backenzähne (36, 37, 46, 47)	

Anm.: zu 12. und 13., beide Lymphgefäße sammeln die Lymphe der gesamten unteren und der linken oberen Körperhälfte, zu 14., die Zahnfächer der unteren Backenzähne gehören nur zum Kreislaufmeridian.

 Ist das Fließgleichgewicht des 3-E oder des Kreislaufmeridians gestört, äußert sich das im Lüschertest als Grün-Rot-Kolonne. Das heißt, daß die zwei Grundgefühle Selbstachtung (Grün) und Selbstvertrauen (Rot) bei Menschen mit diesen Störungen beeinträchtigt sind.

Umgekehrt können bei Menschen, bei denen diese zwei Selbstgefühle nicht im harmonischen Gleichgewicht sind, körperliche

Störungen im System Drei-Erwärmer-Kreislauf entstehen. Auch hier geben die Lüscherfarben Grün-Rot Auskunft:

Für seine vielfältigen Aufgaben benötigen sowohl der 3-E als auch der Kreislaufmeridian Kontraktion und Spannung im Sinne von Belastbarkeit (+ Grün), wie Stimulation und Aktivität (+ Rot). Gleichzeitig brauchen sie die Fähigkeit zur Regeneration, zur Erholung zwischen zwei Aktivitätsphasen (- Rot) und Entspannung (- Grün). Läßt die Elastizität nach, erstarrt die Regulationsfähigkeit, ist der Mensch labil durch Überspannung (-- Grün) und erregt (++ Rot). Ist er völlig erschöpft (-- Rot), neigt er dazu, überspannt (++ Grün) zu reagieren, sowohl in somatischer als auch in psychischer Hinsicht.

Menschen mit Störungen des Systems Drei-Erwärmer-Kreislauf oder mit Grün-Rot-Kolonnen wirken meist überfordert und angestrengt angespannt.

Ein Blick auf die Grafik ist aufschlußreich.

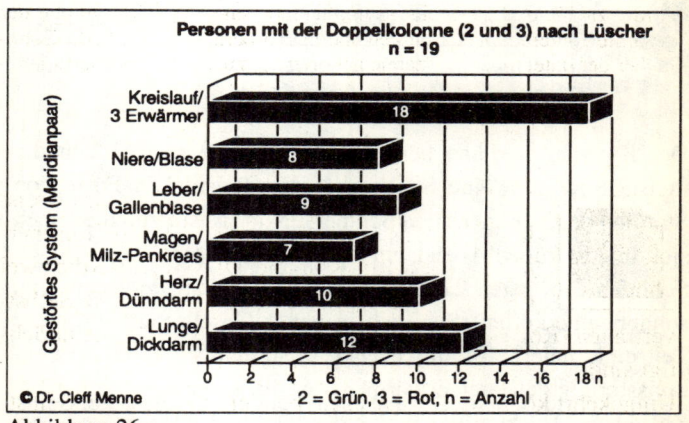

Abbildung 26

Von 19 Personen, die eine Doppelkolonne Grün-Rot gewählt haben, das heißt in ihren Selbstgefühlen Selbstachtung (Grün) und Selbstvertrauen (Rot) gestört waren, hatten 18 eine Störung des Meridianpaares Drei-Erwärmer-Kreislauf.

Daß Störungen anderer Meridiansysteme relativ häufig sind, ist durch die übergeordnete Funktion von 3-E und Kreislauf zu erklären.

 In den »fünf Wandlungsphasen« ist das System 3-E-Kreislauf nicht einbezogen. Es wird in seiner Funktion neben das Herz gestellt und gehört damit zur Ich-Steuerung, entsprechend dem Lüscher-Grün (siehe auch im vorigen Abschnitt).

Indirekt kann der 3-E über diese Zuordnung zum Beispiel einen negativen Einfluß auf den Lungen- und Dickdarmmeridian ausüben und eine Akne hervorrufen.

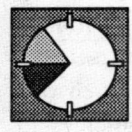

	Maximalzeit	Minimalzeit
Kreislauf	19 – 21 Uhr nachts	7 – 9 Uhr tags
Drei-Erwärmer	21 – 23 Uhr nachts	9 – 11 Uhr tags

Der Kreislaufmeridian benötigt zwischen 19 und 21 Uhr die meiste Energie. Seine Störungen, zum Beispiel in Form von Steifheit des Ellbogens und Schmerzen im Brustbereich, können sich in den frühen Abendstunden verschlechtern.

Schlafen Sie gegen 22 Uhr nicht nur vor dem Fernseher ein, sondern überkommt Sie auch in netter Gesellschaft um diese Zeit eine bleierne Müdigkeit? Dann sollten Sie an eine Funktionsstörung des Drei-Erwärmer-Meridians denken.

Kaffee und Tee zum Beispiel in der Maximalzeit genossen, verhindern bei einigen Menschen nicht nur das Einschlafen. Sie regen auch die Tätigkeit des Gehirns und der endokrinen Drüsen an. Leonhardt verweist darauf, daß »nicht umsonst von erfahrenen und zielstrebigen Don Juans ein Tête-à-tête im Chambre séparé in die späten Abendstunden verlegt wurde, in denen neben Wein und Sekt – andere Stimulantien – meist auch noch Tee und Kaffee serviert« wurden.

 Die drei Punkte, mit denen der 3-E im Magen endet, sind bevorzugte Stellen für **Magengeschwüre** (= Ulcera). Daraus können wir schließen, daß Magengeschwüre immer mit somatischen Störungen des 3-E-Systems oder psychischen Unstimmigkeiten der Selbstgefühle Selbstachtung und Selbstvertrauen verbunden sind. Bei Magengeschwüren wird allgemein die psychische Komponente der Erkrankung akzeptiert.

Ein überwiegend gestörter Magenmeridian äußert sich auch in der Farbwahl bei den Grüntönen, aber kombiniert mit Auffälligkeiten bei der Wahl der Blautöne.

Nicht wenige Menschen reagieren auf psychischen Streß wiederholt mit Magengeschwüren, wie der Patient Friedrich R.

 *Bei Friedrich waren die Magenschmerzen und -blutungen schon so heftig gewesen, daß ein bösartiger Tumor vermutet wurde. Er befand sich in einer schwierigen häuslichen Situation: Er versuchte vergeblich, sich zwischen zwei rivalisierenden Frauen, seiner Frau und seiner Mutter, zu behaupten. Immer, wenn die Konflikte zu groß wurden, reagierte er – überreizt und überfordert – mit körperlichen Beschwerden, mit einem neuen Magengeschwür.*

Der EAV-Test ergab, daß das energetische Gleichgewicht des 3-E zusammengebrochen war. Friedrich hatte Kiefergelenkschmerzen, die der Therapie widerstanden. Er litt an einem Tennisellbogen, ohne Tennis zu spielen.
Im Lüschertest zeigte sich, daß Friedrich nach Selbstbehauptung drängt, durch Ärger überreizt und erschöpft war. Er wählte in der Acht-Farben-Wahl nicht Blau, Grün, Rot oder Gelb an erster Stelle, sondern zuerst Grau, dann Braun, gefolgt von Schwarz.

Wenn Menschen wie Friedrich durch Konflikte besonders belastet sind, erkennt man dies im Lüschertest nicht nur an der Kolonnenwahl, sondern auch daran, daß in der Acht-Farben-Wahl Schwarz, Braun und Grau bevorzugt werden. Von einer ähnlichen Farbkombination haben Sie schon in der Krankengeschichte des kleinen Patrick im Abschnitt »Das Grübeln schadet der Milz« gelesen.

Friedrich setzte, vom Wunsch nach Abschirmung beherrscht, die Farben Schwarz, Braun und Grau an die ersten Stellen.

Schwarz vorne:	bedeutet eine Haltung, die Trotz und Protest zeigt. Dieser Mensch will etwas erzwingen.
Braun vorne:	zeigt eine Haltung, die auf Rückzug bedacht ist. Durch konflikthafte, zermürbende Probleme fühlt sich der Mensch überfordert.
Grau vorne:	äußert eine distanzierte Haltung. Der Mensch will seine Gefühle und Gedanken verbergen.

G
Ri

Für Menschen wie Friedrich gilt: Solange sich ihre psychische Situation nicht ändert, werden sie immer wieder Magengeschwüre bekommen.

 Störungen des 3-E können sich zeigen in: Ohrensausen, Taubheitsgefühlen, in schmerzend geschwollenem Hals. Halten die Störungen an, warnen folgende Schmerzregionen: der Bereich hinter dem Ohr, auf der Schulter, die Außenseite des **Ellbogens**, der Ringfinger, der immer »einschläft«, der Unterkieferwinkel, der innere Augenwinkel.

Alle Erkrankungen, die die innere Energie betreffen, werden vom 3-E gesteuert. Erhöhte Infektanfälligkeiten und schnelle Erschöpfung sind Folgen einer Schwäche dieses Meridians.

Den 3-E zu therapieren, ist bei folgenden Erkrankungen besonders sinnvoll:

– bei Neuralgien und Nervenstörungen (= Paraesthesien),
– Schulter-Arm-Schmerz,
– Schläfenkopfschmerz, Migräne, Gesichtsneuralgien,
– Erkrankungen von Auge und Ohr.

Wenn das hormonelle System fehlsteuert, ist seine Behandlung unbedingt erforderlich.

So werden vermindertes Hörvermögen oder Ohrgeräusche als Ausdruck von Störungen des 3-E-Systems verständlich. Ein sogenannter Hörsturz kann zwar durch psychischen Streß ausgelöst werden, aber nur, wenn das System oder ein Teil von ihm energetisch schon vorgeschädigt ist.

Der Schmerz drückt einen energetischen Mangel des betreffenden Meridians aus, der sich nicht zwangsläufig in der Schulter oder dem Ellbogen befinden muß. Ein anderer defizitärer Teil des Systems kann den Schmerz dort verursacht haben. Schmerzen oder Sensibilitätsstörungen zeigen die energetische Störung des Meridians an, wie bei Renate G.

 *Renate hatte nicht nur Schmerzen im linken Ellbogen, fast alle Teile des 3-E waren bei ihr betroffen. Wie es dazu kommen konnte, machte Renates Vorgeschichte deutlich:*

Die Mutter war mit Renate schwanger, als sie an einem zunächst nicht erkannten Gehirntumor erkrankte. Wegen andauernder starker Kopfschmerzen hatte die Schwangere viele Schmerztabletten (Phenacetin) eingenommen. Zu diesem Zeitpunkt war noch nicht bekannt, daß der Mißbrauch von Phenacetin Nierenschädigungen, Blutbildveränderungen und Störungen des zentralen Nervensystems hervorruft.

Am Todestag der Mutter war die Geburt Renates eingeleitet worden. Das Baby wurde mit einer normalgroßen linken und einer kleinen rechten Niere geboren. Zusätzlich stellte man später jeweils eine Knopfniere rechts und links fest.

Als Folge schwacher Erbenergie war es zu dieser Fehlentwicklung der Nieren gekommen. Als weitere Folge der geschwächten Erbenergie entwickelten sich bei Renate die oberen und unteren Weisheitszähne nicht richtig. Sie verlagerten sich, was sich für das Krankheitsgeschehen als eminent wichtig erweisen sollte.

Die Anamnese ergab folgendes Bild: Rachitis im Kindesalter. Uterusmyome hatten dazu geführt, daß man Renate bereits im Alter von 25 Jahren den Uterus entfernte. Mit 30 Jahren hatte sie Nierensteine in der linken Niere.

Mit 34 Jahren hatte Renates Leidensweg erst richtig begonnen. Sie klagte über einen zunehmenden Hörverlust und neuralgische Beschwerden der linken Gesichtshälfte. Der linke Unterkieferwinkel reagierte auf Druck deutlich mit Schmerzen. Hinter dem letzten Backenzahn links unten hatte Renate schmerzhafte Schwellungen dort, wo sich ein verlagerter Weisheitszahn im Kiefer befand. Im Lauf der Zeit steigerten sich die Neuralgien bis zu migräneartigen Anfällen. Renate bekam Gleichgewichtsstörungen.

Die energetischen Störungen des Meridians zeigten nun auch psychische Auswirkungen. Renates Angst vor Abhängen wurde panikartig. An einem noch so niedrigen Abhang konnte sie nicht nach unten schauen, ohne daß ihr schwindlig und übel wurde.

Im November 1983, nachdem die Beschwerden nunmehr schon drei Jahre angedauert hatten, wurde ein Tumor (= Acusticus-Neurinom), eine Nervenfasergeschwulst des Nervus staoacusticus, diagnostiziert.

Laut Operationsbericht war der Tumor sehr groß und mit dem Nervus trigeminus und den unteren Hirnnerven verwachsen. Es war gelungen, den Tumor radikal zu entfernen, allerdings bei komplettem Verlust des linken Gesichtsnervs (= Nervus facialis). Das hatte zur Folge, daß Renates linke Gesichtshälfte gelähmt blieb.

Renate litt weiterhin unter Neuralgien und Gleichgewichtsstörungen. Sie schwankte – nach eigenen Angaben – »wie ein betrunkener Matrose über die Straße«. 1986 schließlich kam sie zur EAV-Behandlung.

Die EAV-Testung ergab eine Infektbelastung vorwiegend durch Viren der Herpesgruppe. Mit Hilfe der homöopathischen Arzneien und Nosoden verschwanden die Be-

schwerden. Als Renate sich in einer zufriedenstellenden energetischen Situation befand, wurde der verlagerte untere linke Weisheitszahn entfernt, den zuvor niemand beachtet hatte, obwohl Renate immer wieder Schmerzen dort angegeben hatte. Die Wunde verheilte problemlos. Der Zahn hatte mit seiner massiven Herdwirkung zur Entstehung der Erkrankung beigetragen.

Renate wurde gesund; sie hatte keine Gleichgewichtsstörungen mehr, keine Neuralgien und keine panikartigen Angstzustände an Abhängen.

In dem bislang beobachteten Zeitraum von elf Jahren (nach der Operation) wurde bei Renate kein erneutes Tumorwachstum festgestellt. Wiederholte nuklearmedizinische Untersuchungen, mit denen man Tumorgewebe feststellen kann (= Knochenszintigraphien), und andere ausführliche Untersuchungen blieben glücklicherweise unauffällig.

Jeder neue Infekt allerdings birgt neue Gefahren für Renate und wird deshalb – sobald es geht – sofort mit EAV-ausgetesteten Arzneien behandelt.

Vor drei Monaten jedoch hatte Renate einen grippalen Infekt – ohne daß sie getestet worden war – scheinbar ohne Folgen überstanden. Eine Nachtestung mit EAV schien nicht notwendig. Kurz darauf bekam sie einen unerklärlich hohen Blutdruck, der sich durch verschiedene Blutdrucksenker nicht senken ließ. Die panikartigen Angstzustände traten wieder auf.

Als Renate deshalb nun doch zum EAV-Test kam, konnte der Grippeerreger, ein Virus, gefunden werden. Nach Verabreichung der entsprechenden Nosode befand sich drei Tage später der Blutdruck wieder im Normbereich und blieb auch normal, nachdem Renate den Blutdrucksenker abgesetzt hatte.

Die Ursache für die Anfälligkeiten liegt in Renates schwacher **Erbenergie**, der ancestralen Energie, begründet.

Der ancestralen Energie entspricht die »Konstitution«, die Summe aller angeborenen Eigenschaften, für die es in der Homöopathie strukturverbessernde Mittel gibt, die Konstitutionsmittel (siehe Abschnitt »Potent, wenn es um Potenzen geht«).

Die Abwehr- und Lebenskraft eines jeden Organismus hängen von seiner ererbten Vorbestimmung durch ancestrale Energie ab. Krankheiten können also, wie wir bereits gesehen haben, durch eine geschwächte ancestrale Energie unterhalten oder auch hervorgerufen werden.

Nach der Akupunkturlehre hat die ancestrale Energie ihren Sitz in den Nieren und Nebennieren. Die Erbenergie fließt über eigene Wege, die sogenannten Wundermeridiane (= außergewöhnliche Meridiane), und nicht über die Hauptmeridiane. Diese zusätzlichen Energieleitungen versorgen die außergewöhnlichen Hohlorgane (= Wunderorgane) mit Energie. Die außerordentlichen Hohlorgane sind gleichzeitig Speicherorgane und aktiv produzierende Organe. Zu diesen Wunderorganen zählen nach Van Nghi:

– das Gehirn und Rückenmark,
– die Knochen,
– die Gefäße (Arterien und Venen),
– der Uterus.

Die in den Wunderorganen fließende erbbedingte energetische Information ist als zentrale Erbenergie von übergeordneter und schicksalhafter Bedeutung. Sie ist nicht erneuerbar und kann nicht vermehrt werden.

Von den Nebennieren und Nieren ausgehend fließt die Erbenergie durch die Wundermeridiane in die außerordentlichen Hohlorgane und von dort aus über Sekundärgefäße bis unter die Haut, in die Muskulatur und in die Knochengewebe. Dann tritt die genetische Energie in die Hauptmeridiane ein, zirkuliert bis zu einem bestimmten Punkt, der Schlüssel- oder Kardinalpunkt genannt wird, tritt dort wieder in den Wundermeridian ein und fließt zur Niere zurück.

Bei Renate waren durch die schwache genetische Konstitution Gehirn, Uterus und Knochensystem betroffen. Sie hatte ein Uterusmyom, und das gehört, wie Tumore oder Geschwülste, zu den Yin-Erkrankungen.

Die Erbenergie spielt eine wichtige Rolle, sowohl in somatischer wie auch psychischer Hinsicht. Menschen mit geschwächter Konstitution sollte der Therapeut deshalb besonders stützen. Das erreicht er durch eine Behandlung, die vor allem Nebenniere und Niere in ihren energetischen Schwächen berücksichtigt.

So wie Renate litt Pumana A. unter geschwächter Energie des 3-E. Sie hatte eine unterschwellige Hirnhautentzündung. Der 3-E hatte massiv störend auf den Dickdarm übergegriffen.

 *Pumana wurde in Indien geboren. Im Alter von zehn Monaten wurde sie von einer deutschen Familie adoptiert und nach Deutschland gebracht. Zu dem Zeitpunkt hatte Pumana Rachitis. Sie litt an starken Durchfällen, ein Typhus wurde vermutet. Der Säugling hatte nach Aussagen der Adoptivmutter »die Krätze, Würmer und sicherlich noch einige andere undefinierbare Krankheiten«. Langsam erholte sich das Kind dank der guten Betreuung, ganz gesund wurde es aber nicht.*

Das Mädchen hatte Gleichgewichts- und Koordinations-
störungen im grobmotorischen Bereich, als es zu Beginn
des Jahres 1988 zur Behandlung kam. Es konnte nicht
Fahrrad fahren oder einen Ball fangen. Die behandelnden
Ärzte hatten die Störungen auf eine minimale Hirnschädi-
gung zurückgeführt. Zusätzlich litt Pumana unter lang andauernden Kopfschmerzen und allgemeiner Antriebslosig-
keit. Sie hatte Mühe, sich zu konzentrieren.

Im EAV-Test stellte sich heraus, daß Pumana einen Paraty-
phus und eine Bilharziose (= durch Saugwürmer hervorgerufene chronische Infektionskrankheit) als Kleinkind
durchgemacht hatte. Diese Erkrankungen hatten an den
Meßpunkten des Dickdarmmeridians, der Hirnhäute und
der Lymphgefäße noch meßbare Veränderungen gezeigt.

Durch entsprechende Therapie mit den ausgetesteten Medikamenten verloren sich die Gleichgewichts- und Koordi-
nationsstörungen gänzlich. Eine Darmsanierung verbesserte zusätzlich die Symbiose (= das Zusammenleben artver-
schiedener Organismen zu gegenseitigem Nutzen) der
Darmbakterien, die natürlich durch die vorangegangenen
Erkrankungen aus dem Gleichgewicht geraten war.

Außerdem wurde mit ganzheitlicher kieferorthopädischer
Behandlung der Lymphabfluß des gesamten Kopfes und
des Hals-, Nackenbereichs gefördert, was zu einer besseren Gefäß- und Sauerstoffversorgung des Kopfes führte.

Doch trotz aller somatischen Sanierungsmaßnahmen waren Pumanas 3-E und der Kreislaufmeridian durch ihre psychische Situation bedingt anfällig. Inzwischen 15 Jahre alt,
war sich das Mädchen der Problematik seiner Herkunft aus
einem anderen Kulturkreis nun besonders quälend bewußt. Durch ihr Äußeres zwangsläufig eine Außenseiterin,

271

war ihre Selbstachtung beeinträchtigt. Pumana war lustlos, schonungsbedürftig und nervös reizbar, wie ihr Lüschertest durch die Kolonnenwahl ++ Grün und -- Rot zeigte. Außerdem wollte sie sich als besondere Persönlichkeit über den Durchschnitt erheben.

Solange sich diese psychische Konstellation bei Pumana nicht änderte, mußte sie mit Rückfällen rechnen. Das war nach einem Jahr der Fall. Ihr Befinden verschlechterte sich wieder erheblich, was sich in Kopf- und Nackenschmerzen und ausgeprägter Müdigkeit äußerte.

Insgesamt hatte sich die energetische Gesamtsituation Pumanas durch die somatische Therapie verbessert, aber bislang verhinderte die psychische Situation wohl eine völlige Ausheilung.

Inzwischen ist Pumana 18 Jahre alt. Nachdem sie die Pubertätskrise überwunden hat, sind ihre Selbstachtung und ihre Belastbarkeit gestiegen. Körperliche und psychische Krisen treten zur Zeit nicht mehr auf.

Störungen des Kreislaufmeridians zeigen sich in allen arteriellen und venösen Gefäßerkrankungen, durch Schmerzen in der Herzgegend, durch heiße Handflächen. Der Ellbogen kann sich steif anfühlen, es kann zu Schwellungen in der Achselhöhle kommen.

 Vielleicht hat Sie Pumanas Krankengeschichte an den Begriff **vasomotorische Kopfschmerzen** erinnert. Dieser Ausdruck weist auf die Beziehung zwischen »gefäßbedingten« Kopfschmerzen und dem Kreislaufmeridian hin. Arterien des Gehirns – diese sind dafür zuständig – passen sich nicht dem jeweiligen Bedarf an

Durchblutung an. Es entstehen dumpfe Kopfschmerzen, die kontinuierlich oder anfallsartig auftreten können, wenn die Blutversorgung nicht ausreicht. Häufig werden sie von Schwindel und Übelkeit begleitet.

Hinter dieser Art von Kopfschmerzen steckt wesentlich mehr als lediglich Gefäßverspannungen. Man kann davon ausgehen, daß die Systeme 3-E und Kreislauf diese Störungen auslösen.

 Diese Geschichte erzählt Antje, eine Frau mit multipler Sklerose.

Multiple Sklerose ist die in unseren Breiten häufigste neurologische Erkrankung; sie befällt Frauen häufiger als Männer. Multiple Sklerose (= MS) heißt mit lateinischem Namen Encephalomyelitis disseminata. Bei MS greifen die T-Helferzellen, die normalerweise Krankheitserreger bekämpfen, die Myelinscheiden der eigenen Nervenzellen an. Die Folge davon sind vielfältige (= multiple) harte (= skleröse) kleine Verkalkungsherde im Zentralnervensystem (= Gehirn und Rückenmark), die zu Ausfallerscheinungen des Gehirns führen.

Die Ursachen dieser Krankheit, heißt es in den medizinischen Lehrbüchern, seien nicht geklärt, diskutiert wird ein Autoimmunprozeß, der mit einer »slow-virus«-Infektion einhergeht, was nichts anderes als »schleichende Virusinfektion« heißt.

»Ich war erschöpft, richtig erschöpft, einfach nur müde. Ich wollte nur nach Hause und nichts tun. Sonst habe ich weiter nichts gemerkt.

Das allererste, woran ich mich erinnere – das war 1978 –, das ist, daß ich Skifahren war, und beim Skifahren sind mir die Füße eingeschlafen. Also, ich hab die Schuhe an, und

273

mir schlafen die Füße ein. Ich denk, das ist ja komisch. Und dann haben die Leute gesagt: Ach Mensch, da hast du die Schuhe einfach zu stramm geschnallt.

Und weil ich mich noch nicht so auskannte – das war auch mein erster Skiurlaub –, da war ich beruhigt. Mir schliefen die Füße ein, während des Fahrens, so ganz komisch. Dann habe ich die Schuhe ausgezogen, an meinen Füßen gerüttelt, und dann war es wieder gut.

Und als ich dann wiederkam, Skiurlaub ist ja meistens so Januar, Februar, konnte ich kein Rot mehr sehen. Ich habe alle Farben gesehen, aber kein Rot. Rot war für mich Gelb. Das ist nicht schlimm, die Ampeln, die kenn ich ja, und wenn Rot ist, dann weiß ich auch, was Rot ist, auch wenn das Gelb erscheint. Das ist mir besonders aufgefallen, weil ich an einem Spektrometer gearbeitet habe, und da sind viele rote Punkte, und die waren alle gelb. Und Gelb bedeutet bei dem Spektrometer schon was anderes als Rot: Und da habe ich mir gedacht – ich wußte ja, was passieren mußte, dieses oder jenes, und es mußte rot sein. Aber es war gelb. Da bin ich zum ersten Mal zum Augenarzt gegangen, und der hat gesagt, ja, das wär aber komisch. Normalerweise wär das etwas, was nur alte Männer hätten. Ich sollte einfach mal abwarten, das würde sich vielleicht wieder legen.

Ja, und drei Monate später sind mir wirklich die Füße richtig eingeschlafen und sind gar nicht mehr wach geworden. Das war dann im Sommer irgendwann. Dann war ich beim Neurologen. Der hat mich untersucht und hat gesagt, ja, das wär wohl nichts, das wär nicht weiter schlimm.

Und dann kam die nächste Stufe, einen Monat später: Da hab ich auf einmal doppelt gesehen. Also der Neurologe *hat nichts festgestellt, und dann hab ich doppelt gesehen, und dann bin ich wieder zum Augenarzt gegangen und hab dem das alles erzählt, und da hat der gesagt, ich sollte sofort in eine große Universitätsklinik zur Untersuchung. Und dann bin ich auch ziemlich schnell da gewesen und bin dann im Oktober 78 im Krankenhaus gewesen. Die haben dann eine Lumbalpunktion gemacht und haben gesagt, ich sollte eine Cortisonkur machen, und dann ginge das wieder weg.*

Dort haben sie es mir gar nicht gesagt. Die haben nur gesagt, ich hätte eine Nervenentzündung und ich müßte jetzt Cortison nehmen, und dann wär das gut. Und dann habe ich aber den Brief aufgemacht, den ich dann hinterher meiner Ärztin geben sollte und hab den gelesen. Ist doch klar, ist doch meine Sache. Da denke ich mir, das mache ich, das würde ich immer machen. Und dann lese ich da Enzephalomyelitis disseminata. Ach so, denk ich, so heißt Nervenentzündung. Konnte ich ja nun auch nicht wissen. Und an dem Abend guck ich noch mal in meinem Gesundheitsbuch nach, und irgendwie schlag ich da so auf. Auf einmal lese ich da: mS, multiple Sklerose. Ich weiß gar nicht, wie ich da auf einmal hingekommen bin. Es ist ja wie verrückt manchmal. Und dann lese ich, daß dahinter steht: Enzephalomyelitis disseminata. Und da war ich geschockt, das muß ich schon sagen.

Und dann war ich auch im Krankenhaus und hab auch die Cortisonkur gemacht. Es ist nicht richtig weggegangen, aber es wurde besser. Drei Monate später dann schon wieder, da habe ich grade mit dem Cortison aufgehört, da fing das wieder ganz doll an: a) hatte ich wieder eingeschlafene Füße, b) hatte ich am ganzen Körper so Empfindungsstö-

rungen gehabt. Dann war ich natürlich wieder beim Arzt. Dann haben die mir wieder Cortison verschrieben, die Ärzte. Von da an weiß ich das nicht mehr auswendig. Von da an habe ich mir das aufgeschrieben.

Drei Monate habe ich Cortison genommen, dann hatte ich ungefähr zwei Monate Ruhe, und immer in solchen Abständen habe ich wieder auf Cortison zurückgegriffen. Zwischendurch habe ich auch mal Synakteen genommen, das ist auch so eine Cortisonart, synthetisches Cortison. Dann habe ich irgendwann mal, 1981, gesagt, jetzt möchte ich mal was ganz anderes machen, weil ich auch viel gelesen hab, dieses und jenes. Und andere haben schon mal gesagt: Es ist günstiger, wenn man bei MS gar nichts macht und nur Ruhe hat und dann abwartet, der Körper regeneriert sich dann von allein.

Das hab ich dann gemacht, ich bin in ein Universitätskrankenhaus gegangen und lag dort neun Wochen. Und das war ganz grausam. Es wurde immer schlimmer, immer schlimmer. Ich hab gelegen und nichts getan, und es wurde von Tag zu Tag schlimmer. Der Oberarzt, der hat mich auch einmal sehr verunsichert durch seine Art. Er hatte dann mal gesagt, ja, wie es mir denn gehen würde und ob ich denn auch mal Interesse daran hätte, so was ganz anderes zu versuchen, so eben gar nichts. Ich sag: Ich mach doch jetzt schon gar nichts, und ich persönlich würde schon lieber Cortison nehmen. Da hat er gesagt, das würde er nicht verstehen. Das wär doch so, wenn man eine Elfe suchen würde im Wald, dann würde man keine finden. Aber wenn man für jemand Fremden eine Elfe suchen würde, dann würde man durch den Wald gehen und würde garantiert eine Elfe finden. Da habe ich zu ihm gesagt: ›Haben Sie etwa schon mal eine Elfe gefunden?‹ Von da an hat er nicht mehr mit mir gesprochen und sagte dann, ja, wenn ich wollte, dann sollte ich eben mein Cortison nehmen.

Ich wußte ja auch nicht, was auf mich zukommt, und als der Arzt anfing, so mit meinem Cortison, da würde ich schon noch merken, was das ist, und es wär besser, gar nichts zu nehmen, da war ich so fertig. Da hab ich gedacht, das darf nicht wahr sein.

Und da habe ich gesagt: Ich möchte gern Krankengymnastik und Cortison und nach Hause. Nach vielem Hin und Her haben die das auch gemacht. Die haben mir Cortison gegeben, aber auch in Form von Synakteen-Spritzen und haben mir Krankengymnastik verordnet, mich dann auch auf meinen eigenen Wunsch, auf eigene Verantwortung entlassen.

Heute sehe ich das eher so, daß er sicherlich nicht unrecht hatte. Aber ich denke mir, man muß das den Menschen irgendwie anders klarmachen.

Ich hab wirklich alles Mögliche versucht. Allerdings habe ich nichts mehr mit Medikamenten versucht. Ich habe nur das Cortison immer genommen. Ich habe Tai-tsi probiert, weil ich gedacht habe, dadurch könnte ich vielleicht was bewirken. Und dann habe ich 1987 angefangen mit Yoga. Im Krankenhaus habe ich eine Frau kennengelernt, die hat mir dann gesagt, daß es in Essen eine Zahnärztin gibt, die die Amalgamplomben entfernt. Und die hatte ich ja zur Genüge. Und wir beide hatten einen Artikel gelesen, in dem stand, daß es erst MS gibt, seit es Zahnärzte gibt. Und Amalgam raus, das wär eben schon praktisch die halbe Miete. Diese Frau sagte mir, daß sie eine Zahnärztin kennt, die alle Amalgamplomben entfernt. Und die alle Zähne,

die wurzelbehandelt wären, rausziehen würde oder eben
auch Wurzeln gar nicht mehr behandeln würde.

Auf Grund dessen bin ich dann zu Frau Dr. Cleff-Menne
gegangen. Ja, sie hat mir alle Amalgamplomben entfernt.
Und sie hat mir meinen wurzelbehandelten Zahn gezogen.
Dann hat sie mir die Elektroakupunktur angeboten.

Nachdem sie mit der EAV anfing, konnte ich wirklich nach
drei Wochen ohne Stock gehen. Und das war ja eigentlich
schon eine ganz tolle Sache. Denn ich bin ja noch mit dem
Stock zu ihr gekommen, und ungefähr nach drei Wochen
konnte ich den Stock weglassen. Und es ist immer besser
geworden. Erst nach zwei Jahren habe ich wieder einen
Schub bekommen, mußte wieder ganz kurzfristig am Stock
gehen.

Da habe ich wieder Elektroakupunktur bei Frau Dr. Cleff-
Menne gemacht. Und es wurde dann wieder besser, auch
wieder relativ schnell. Ja, und seitdem mache ich nichts
mehr außer Yoga. Das mache ich immer, und ich weiß,
wenn ich Yoga mache, dann denke ich hinterher, ich
könnte Bäume ausreißen und kann ganz toll laufen. Aber
am nächsten Tag ist das auch wieder vorbei. Ich muß es
dann schon jeden Tag praktisch machen, und das mache
ich nicht immer. Da bin ich doch auch manchmal faul.

Ich hab mit dem Rauchen aufgehört nach der ersten Behandlung. Sie hat mir gesagt, ich könnte davon ausgehen,
wenn ich rauche, daß das fünfzig Prozent von der Wirkung
mindert. Da habe ich gedacht: Fünfzig Prozent! Und das
ganze Geld für die Behandlung für die Katz! Ich hab die
Behandlung ja erst mal privat bezahlt. Und Rauchen ist ja
auch noch teuer. Das kommt ja auch noch dazu.

*Und von dem Augenblick an hab ich aufgehört. Und seit-
dem hab ich dann nie wieder geraucht.*

*Mein Seelenleben, das ändert sich andauernd. Das ist im-
mer irgendwie in Aufruhr. Oder wie soll man das sagen?
Irgendwie passiert da immer etwas. Und zum größten Teil
denke ich, daß das alles nicht befriedigend ist. Obwohl ich
eigentlich gar nicht sagen kann, warum. Es müßte mir gutgehen. Ich hab immer so Schwankungen. Ich hab psychisch auch so Zeiten, wo es mir sehr gut geht und ich
alles ganz prima finde. Aber immer nur kurzfristig. Im großen und ganzen würde ich sagen, daß ich es nicht gut finde, meine Psyche.*

*Ich weiß es nicht, Unzufriedenheit, innen eine gewisse
Unzufriedenheit ist, glaube ich, da. Ich weiß nicht, was
das ist. Ich denke manchmal, das ist so, weil ich im Moment keine Beziehung hab. Aber wenn ich eine hab, ist
das auch so.*

*Wenn ich jetzt, sagen wir mal, einen Wunsch frei hätte
und sagen könnte, das wäre ich gern geworden und das
könnte ich nie werden und das kann ich auch gar nicht,
dann würde ich sagen, ich wäre gern Flugkapitän geworden. Aber das ist ja wie ein Kind, das Zugführer werden
will, denke ich mir dann.*

*Ich hab mir die Frage wirklich mal gestellt: Was wäre ich
denn wohl gerne geworden, wenn ich schlau genug wäre?
Oder wenn ich die Möglichkeit hätte – hab ich ja nie gehabt, hab sie auch nie gesucht –, aber wenn mich jetzt
einer fragen würde: Du hast einen Wunsch frei, und wir
werden dir den Wunsch erfüllen. Dann wäre ich gern Flugkapitän geworden. Nun fragen Sie mich nicht, warum.*

Ich fahre lieber irgendwie ins Ausland, immer fliegen,

279

nicht mit dem Zug ins Ausland. Ich möchte lieber weiter
weg, je weiter, desto besser.
Dann nimmt man soviel Rücksicht. Das ganze Leben
nimmt man Rücksicht. Es ist so, daß ich niemanden fertig-
machen könnte und sagen könnte, das hast du nicht gut
gemacht. Das will ich jetzt nicht mehr, kann ich auch nicht
sagen. Ich bin immer die Liebe, Nette. Ich kann gar nicht
jemandem sagen, was er machen soll. Und dann will ich
das auch nicht. Heute weiß ich, daß ich damit Probleme
habe. Also, ich kann ganz schwer jemandem sagen, das
geht nicht so, wie du das machst. Das fällt mir schwer.«

Aus dem Erschöpfungszustand vor Ausbruch der Erkrankung,
den Antje beschreibt, läßt sich schon schließen, daß ihr Immunsystem, besonders der Drei-Erwärmer-Meridian, und ihre psychische Situation zu dem damaligen Zeitpunkt nicht stabil sind.
Da der Mensch als offenes energetisches System auch mit seiner
sozialen Umwelt und den Mitmenschen in einer Wechselbeziehung steht (Einbahnstraßen gibt es auch hier nicht!), ist es wichtig zu wissen, daß Antje sich 1978 gerade von ihrem Mann
getrennt hatte und daß sich der Scheidungsprozeß während der
ersten Jahre ihrer Erkrankung hinzog. Die Trennung von einem
Partner geht häufig nicht ohne Kränkung der Selbstgefühle
Selbstachtung (Grün) und Selbstvertrauen (Rot) vonstatten, die
nach Lüscher physiologisch dem 3-E zugeordnet werden. Sind
sie gestört, leidet zumeist der dazugehörige Meridian. Insofern
wird plausibel, daß die Krankheit gerade ausbricht, als Antje
sich in einer besonders bedrückenden psychischen Situation befindet.
Deutlich wird in ihrer Schilderung, daß die Erkrankung – typisch für eine MS – sukzessiv in Schüben fortschreitet: Zuerst

Sensibilisierungsstörungen in Form von zeitweise eingeschlafenen Füßen – dann Störungen in der Farbwahrnehmung (Antje sieht Rot als Gelb) –, als nächstes schlafen die Füße dauerhaft ein (»und sind gar nicht mehr wach geworden«) – dann sieht Antje Doppelbilder – sie bekommt am ganzen Körper Sensibilisierungsstörungen – sie kann nicht mehr ohne Stock gehen.

Die schulmedizinische Diagnose im Herbst 1978 lautet MS und wird erhärtet, indem man die Gehirn-Rückenmark-Flüssigkeit (Liquor cerebrospinalis) untersucht. Antje wird von Anfang an mit Cortison therapiert, was vorübergehend zunächst eine kurzfristige Besserung ihres Zustandes bringt, die sukzessiven Schübe aber nicht aufhalten kann. Neun Jahre lang, bis 1987, bekommt Antje insgesamt 19mal Cortison.

Die in einer Universitätsklinik vorgenommene alternative Therapie ohne Cortison, in der Annahme, daß der Körper sich selbst regeneriert, wird auf Antjes Wunsch hin abgebrochen. Sie erhält wieder Cortison.

Als sie 1987 zur Behandlung kommt, kann sie nur mühsam am Stock gehen. Sie hat die beschriebenen Sehstörungen, Doppelbilder, Sensibilitätsstörungen und Gangunsicherheiten.

Der EAV-Test macht deutlich, daß der Milz-Pankreas- und Dünndarmmeridian durch Amalgam als toxische Belastung und durch infektiöse Immunstörungen stark geschädigt waren. Das Immunsystem, das hauptsächlich von diesen beiden Meridianen gestützt wird, war zusammengebrochen, weil der 3-E, der auch als Steuermann des Milz-Pankreas- und Dünndarmmeridians fungiert, darniederlag. Antje war im Februar 78 an einer Gürtelrose erkrankt, die sich bei ihr auf der rechten Schulter auf dem 3-E ausgebreitet hatte.

Demnach kommen zwei wesentliche Faktoren zusammen, die zum Ausbruch der MS-Erkrankung im Frühjahr desselben Jahres führten: einmal die schwierige psychische Situation, zum anderen die den Körper extrem belastende somatische Beeinträchtigung durch Herpes-zoster-Infektion. Beides zusammen begründet auch die völlige körperliche Erschöpfung, von der Antje berichtet.

Daß der Drei-Erwärmer-Meridian die Infektion und den toxischen Streß nicht bewältigen konnte, lag daran, daß der 3-E ohnehin energetisch nicht mehr regelrecht funktionierte. Wie der EAV-Test ergab, war Antjes Nebenniere extrem geschwächt. Die Nebenniere als wichtiger Teil des Steuermanns, produzierte bei Antje nicht mehr genügend eigenes Cortison, um die Steuerung vieler anderer Vorgänge zu regulieren.

Die Nebenniere sitzt anatomisch gesehen auf der Niere, hat aber völlig andere Aufgaben. Sie steuert hormonelle Aufgaben und Abwehrfunktionen. Wegen ihrer lebenswichtigen Funktionen wird die Nebenniere mit Blut aus drei Arterien versorgt. Je nach anatomischen Besonderheiten des betreffenden Menschen ist eine der drei Arterien die maßgebliche.

Bei Antje ist es die untere Arterie, die von der Nierenarterie (= arteria renalis) abgeht. Ist nun diese wichtigste Versorgungszufuhr wie in Antjes Fall gedrosselt, weil die Niere zu weit nach unten gesunken ist und ihrerseits die Nebennierenarterie dehnt, wird die Nebenniere ungenügend versorgt. Damit kann sie ihre Aufgaben nur noch eingeschränkt wahrnehmen. Eine Schwäche der Nebenniere und damit des Systems 3-E kann also von einer Wanderniere herrühren.

Nach der EAV-Testung bestätigte eine exakte Untersuchung mit einer speziellen Röntgentechnik die überdehnte Aufhängung der Niere (= hypermobile Niere). Die rechte Niere war eine Wanderniere. Sie war nicht nur abnorm beweglich, sondern der Längendurchmesser war auch durch Kippstellung verkürzt. Der

Facharzt sprach sich für eine Hebung der rechten Niere aus, zumal der Abfluß der Niere stark behindert war, weil etliche Nierenbeckenentzündungen Narben im Nierengewebe hinterlassen hatten. Doch Antje konnte sich – anders als Sabine – nicht zu einer Operation entschließen.

Optimal konnte eine EAV-Therapie nicht verlaufen, da die Stärkung der Nebenniere immer nur zeitlich begrenzt blieb. In den Behandlungspausen zeigte sich nach und nach wieder eine gewisse Schwäche.

Die Patientin wurde mit durch EAV ausgetesteten homöopathischen Arzneien therapiert, die auch die Belastung durch Viren, Bakterien und Pilze, beherdete Zähne, wie die toxischen Belastungen durch Amalgam und Schadstoffe aus dem Zigarettenrauch behoben; das Immunsystem wie ihre Konstitution allgemein wurden gestärkt. Die zahnärztlichen Maßnahmen konzentrierten sich auf die Beseitigung toter Zähne mit Wurzelkanalfüllungen wegen ihrer Herdwirkung und auf die Entfernung von Amalgamfüllungen. Nicht zuletzt konnte die somatische Therapie deshalb gut anschlagen, weil Antje – mitverantwortlich – das Rauchen aufgab.

Sie wissen, daß Rauchen generell ungesund ist, und ein stark geschwächtes Immunsystem – wie das von Antje – kann unter keinen Umständen die Schadstoffe aus dem Zigarettenrauch (Blausäure, Benzol, Formaldehyd und andere krebserregende Stoffe) tolerieren. Generell stört Rauchen jede regulative Therapie (und dazu zählt die EAV) massiv und nimmt ihr einen großen Teil der Wirkung.

In dem beobachteten Zeitraum von 1987 bis 1994 blieb wegen der energetischen Besonderheiten, bedingt durch die Wanderniere, das Immunsystem störanfällig. Dennoch besserte sich Antjes Befinden im Laufe dieser sechs Jahre deutlich. Wie sie selbst sagt, kann sie wieder ohne Stock laufen. Lediglich ihr etwas schleppender Gang verrät leichte Störungen. Sie ist voll berufstätig. Ihre Reiselust ist ungebremst, voriges Jahr war sie in Australien.

Dennoch betont Antje, daß sie unzufrieden ist. Im Lüschertest kommt die innere Unzufriedenheit in der Acht-Farben-Wahl und der Blau-Wahl deutlich heraus. Antje fühlt sich einsam und sehnt sich nach einer vertrauensvollen Verbundenheit, die sich aber in keiner Partnerschaft erfüllt hat. Bislang hat sie nicht erkannt, daß die Probleme auch in ihr selbst liegen. Sie würde gern ihrer unbefriedigenden Situation entfliehen. Weiter zeigt sich, daß Antje Grün (--) ablehnt und Rot (++) bevorzugt, woraus sich schließen läßt, daß bei ihr die zwei Selbstgefühle Selbstachtung und Selbstvertrauen beeinträchtigt sind.

Antjes gestörte Selbstachtung (Grün) zeigt sich darin, daß sie sich – wie sie selbst glaubt – nicht zur Vorgesetzten eignet und daß sie niemanden zu kritisieren wagt. Kompensiert werden mangelndes Selbstvertrauen, fehlende Selbstachtung und Zufriedenheit durch Erlebnishunger, Abenteuerlust (Rot) und Fluchtbedürfnis (Gelb), wie sie die weiten Reisen dokumentieren. Dadurch, daß Antjes 3-E (Grün-Rot) massiv gestört ist, bewirkt er sowohl somatisch als auch psychisch weitere energetische Störungen.

Unterschwellig offenbart ihre Geschichte durch Bemerkungen wie »das kann ich auch gar nicht« und »wenn ich schlau genug wäre«, daß Antje sich selbst, ihren Fähigkeiten und ihrer Intelligenz zu wenig traut (Grün und Rot). Daß objektiv gesehen hier Zweifel oder Ungewißheit nicht gerechtfertigt sind, zeigt die Tatsache, daß Antje sich durch stete Weiterbildung eine berufliche Position erarbeitet hat, die weit über den durch ihre schulische Ausbildung gesteckten Rahmen hinausgeht. Antje war

nur begrenzt fähig, Selbstachtung und Selbstvertrauen bei sich
aufzubauen. Eine Erziehung und Sozialisation, die die harmonische Entwicklung der Selbstgefühle Selbstachtung und Selbstvertrauen behindert, deutet sich an. Wir werden darüber ausführlich in *Himmel oder Hölle auf Erden?* sprechen.

Antjes Psyche ist dadurch bestimmt, daß sie ihre eigenen Wünsche und Vorstellungen zurückstellt, nicht äußert und ihren Selbstbehauptungswillen unterdrückt. Stets gehen die Anliegen der anderen, auch des Partners, vor. So war sie jahrelang berufstätig, um ihrem Mann das Studium zu finanzieren. Seinetwegen hat sie damals auch ihren Kinderwunsch zurückgestellt. »Das ganze Leben nimmt man Rücksicht«, stellt Antje resignierend fest.

Von daher wird verständlich, daß sie ihr Seelenleben als sich ständig in »Aufruhr« befindlich und »Schwankungen« unterworfen erlebt. Da sie ihrem eigenen Gestaltungswillen nicht genügend nachgibt, fühlt sie sich in einer inneren Zwangslage. Diese wird durch die eingeschränkte körperliche Bewegungsfreiheit, die ihrerseits wiederum Selbstachtung und Selbstvertrauen schwächt, noch unterstützt. Entsprechend kompensiert Antje den inneren Zwang, dem sie sich durch diese psychische Konstellation ausgeliefert sieht, durch den Wunsch nach Beweglichkeit und Freiheit, den sie sich mit ihren Reisen soweit wie möglich erfüllt. In dem Wunschtraum, Flugkapitän zu sein, findet der innere Wunsch nach Befreiung seinen adäquaten Ausdruck. Wäre Antje in der Lage, ihre gestörten Selbstgefühle zu erkennen und Selbstachtung und Selbstvertrauen zu stärken, würde sie ihr seelisch-körperliches Gleichgewicht finden können.

5 Himmel oder Hölle auf Erden?

Wenn unsere körperliche und psychische Gesundheit so eindeutig von den vier Selbstgefühlen Zufriedenheit, Selbstachtung, Selbstvertrauen und innere Freiheit abhängen, sollte jede Erziehung, Sozialisation und Kultur – so sollte man meinen – darauf angelegt sein, bei allen – Mädchen wie Jungen – schon im Kindesalter diese vier Selbstgefühle so zu fördern, daß sie sich in harmonischem Gleichgewicht entwickeln können.

Daß dies beileibe nicht immer der Fall ist, zeigt die alarmierende Zunahme der Hyperaktivität wie der Allergien und Neurodermitis bei Kindern und Jugendlichen. Auch die Häufigkeit der Depressionen hat sich nach neuen Untersuchungen in den USA bei jungen Menschen gegenüber der vorherigen Generation verdoppelt. Nach Professor Helmut Remschmidt von der Universität Marburg ist von Kindern und Jugendlichen jedes zehnte »psychisch anfällig« und jedes zwanzigste »behandlungsbedürftig«.

Die beiden folgenden Patientengeschichten zeigen nicht nur, wie sexueller Mißbrauch im Kindesalter die harmonische Entwicklung der Selbstgefühle verhindert, sondern auch, wie durch ihn das Immunsystem und die körperliche Konstitution in erheblichem Maß in ihrer Ausbildung und Entwicklung gehemmt werden.

Nachdem sexueller Mißbrauch kein Tabuthema mehr ist, liegen auch entsprechende Zahlen vor: Laut der Informationsbroschüre des Bundesministeriums für Frauen und Jugend sind 75 Prozent der Opfer Mädchen. Eine Erhebung an der Essener Klinik für Kinder- und Jugendpsychiatrie bestätigt diese Zahlen: Jede vierte Frau und jeder 16. Mann kann sich erinnern, im Kindesalter sexuell mißbraucht worden zu sein.

Bei sexuell mißbrauchten Kindern entsteht ein Trauma. Laut Lüscher führen kindliche Traumata aber dazu, daß schon früh Selbstgefühle massiv gestört werden. Das wiederum kann ernsthafte körperliche Krankheiten auslösen, die sich in vielen Fällen erst beim Erwachsenen zeigen. Mit anderen Worten, wir können davon ausgehen, daß eine traumatische Erfahrung das energetische dynamische Gleichgewicht von Soma und Psyche in erheblichem Maß beeinflussen kann.

Doch nicht nur Erziehung, auch Sozialisation innerhalb einer bestimmten Kultur, in unserem Fall einer patriarchalen und – wie vor allem der sexuelle Mißbrauch von Kindern und Frauen zeigt – Gewalt begünstigenden Kultur, spielt bei der harmonischen Entwicklung der Selbstgefühle eine wichtige Rolle. Nach Lüscher sind die Aussagen des Lüschertests geschlechtsunabhängig, Frausein und Mannsein sind Rollenverhalten. Wird nun durch die Sozialisation zur Frauenrolle oder zur Männerrolle ein Selbstgefühl unterdrückt oder überbetont und damit beeinträchtigt, schadet das auf Dauer der Gesundheit des Betroffenen.

Unsere Selbstgefühle sind von den sozialen, gesellschaftlichen und ökologischen Gegebenheiten abhängig. Beispiel: Seit zwei Jahren wird Mobbing (= Psychoterror am Arbeitsplatz) untersucht mit dem Ergebnis: Jeder Vierte, so die schwedische Studie, kann Mobbing-Opfer werden, Opfer von Kollegen und Kolleginnen, die pöbeln, hänseln und sich sonstwie asozial verhalten. Zusammengefaßt heißt das, daß der Mensch als offenes energetisches System durch enge Vernetzung in Wechselbeziehung und gegenseitiger Abhängigkeit mit seiner natürlichen, sozialen und kulturellen Umwelt steht.

Im folgenden werden wir nicht nur die Geschichten zweier Frauen kommentieren, sondern auch die Rahmenbedingungen aufzeigen. Zuerst berichtet Angelika.

»Ich habe von jeher versucht, Ärzte zu finden, die abseits von der großen Straße gehen. Eigentlich bin ich wegen einer Kieferbehandlung zur EAV gekommen. Ich hab einfach unheimliche Angst, wenn es um meinen Kopf geht. Ich habe als Kind schwere Schädel-Hirn-Verletzungen gehabt, wie wir jetzt erst haben herausfinden können. Und ich habe einfach nie wieder jemanden an meinen Kopf gelassen. Und ich habe auch Horrorerlebnisse mit Zahnärzten. Ich habe teilweise die Praxen zusammengeschrien.

Ich habe migräneartige Kopfschmerzen gehabt, und das war der Anfang für die EAV-Behandlung. Und dann kam der erste Lüschertest. Das war dann der erste Schock für mich, daß ich mit meiner Selbsteinschätzung ganz schön danebenhing. So wie ich meinen Alltag anging, da stellte ich fest, da mußt du dahintergucken. Da steckt mehr dahinter. Zu der Zeit habe ich mit meinem Mann eine Paartherapie bei der katholischen Eheberatung gemacht.

Der erste Lüschertest kam zusammen mit meinen körperlichen schlechten Gefühlen: die Darmkrämpfe, die Durchfälle, die Magenkrämpfe und so dieses schreckliche Unwohlsein. Und das kam gleichzeitig mit der Erkenntnis in der Paartherapie, daß in der Kindheit irgendwelche Übergriffe gewesen sein müssen. Ich mußte mir eingestehen, da ist etwas nicht so gewesen, wie du es dir ausgemalt hast. Mir war klar, da komme ich nur heraus, wenn ich durch die Angst durchgehe und mir bewußt werde, was da abgelaufen ist.

Ich bin bei dem Eheberater geblieben, und das war auch ein ganz hervorragendes Arbeiten. Bis dann irgendwann der Punkt kam, wo er mit seinen Möglichkeiten nicht mehr weiterkonnte, wo ich ihn als Mann wahrnahm. Bis dahin hatte ich etwas wie einen Schutzfilm, waren Menschen für mich wie Neutrum, Männer und Frauen waren für mich wie ein Neutrum. Indirekt stand es auch im Lüschertest. Ich habe es zwischen den Zeilen herauslesen können. Eigentlich bin ich wie ein Träumer durch die Welt gegangen. Obwohl im nachhinein würde ich sagen, ich war kein Träumer, es war mein Schutz. Das mußte so sein. Mir ist jetzt bewußt: Du hast die Wirklichkeit arg gefärbt.

Irgendwann war ich dann auch soweit, daß ich das annehmen konnte. Und ich weiß, daß in dieser Situation mir diese Spritzenkuren unheimlich geholfen haben. Je mehr ich an meiner Psyche gearbeitet habe, je näher es an den Kern ging, um so mehr spürte ich auch, ich muß mehr Bodenkontakt kriegen, ich muß dickere Wurzeln kriegen. Wie so eine Kraftquelle waren die Spritzen für mich. Ich spürte einfach, innen drin wird was gesund. Innendrin wird was stabiler. Und je stabiler ich wurde, um so mehr konnte ich in mich schauen.

Ich hatte so eine Ahnung, mein Onkel steckt auch mit in der Geschichte drin: Der Mensch, der mir am nächsten stand, der mir gefühlsmäßig noch näher stand als mein Vater ... Alles war einfach Chaos. Alles, was ich mir anguckte, brachte keine Klärung. Das kann überhaupt nicht wahr sein. Je mehr Steine du umdrehst, um so mehr Mist findest du.

Was ich da gefunden habe, war, daß ich von meinem Vater sexuell mißbraucht worden bin, daß ich von meinem Patenonkel sexuell mißbraucht worden bin und von bei-

den Großvätern. Ich bin von meiner Mutter sexuell mißbraucht worden. Meine Mutter hat mir mein Gesicht mit
Rasierklingen zerschnitten, die Narben sind ganz deutlich
sichtbar. Das sind keine Falten hier am Auge, das sind
Schnittwunden.

Ich weiß, daß ich mit zweieinhalb Jahren meiner Mutter
weggelaufen bin. Ich konnte das nicht mehr ertragen als
kleines Kind. Ich bin aus dem Fenster gesprungen. Ich
wollte einfach nur frei sein. Ich bin eine Couch hochge-
klettert und bin aus dem Fenster gesprungen. Ich bin aus
dem zweiten Stock auf Asphalt gefallen. Da habe ich das
erste Mal mit Koma im Krankenhaus gelegen.

Was ich noch gefunden habe, war, daß man versucht hat,
mir als Sechs-, Siebenjährige mit einer Brechstange den
Schädel einzuschlagen. Die Schädelplatten stehen hier
übereinander, wie man sieht. Als mir das im vorigen Jahr
zu Bewußtsein kam, hatte ich zeitweise so starke Ängste,
daß ich nachts nicht schlafen konnte. Da hat mir dann zu
der Spritzkur das zusätzlich ausgetestete Mittel Mandrago-
ra (= Alraune) geholfen.

Das habe ich noch einmal erlebt: daß Ärzte um mich gekämpft haben. Und ich war einfach über dem Tisch. Ich
war einfach daneben. Ich habe wie darauf geguckt. Ich
habe auf den alten OP-Tisch geguckt. Diese OP-Lampe mit
diesen runden Dingern, und daß eine wilde Panik und
Hektik war, weil sie einfach Angst hatten, daß ich sterben
könnte. Ich gehöre sicherlich zu den Menschen, die aus
ihrem Körper herausgehen können: Wenn Schmerzen unerträglich werden für mich, dann gehe ich einfach weg.

Und daß ich noch mal versucht hab, mir das Leben zu
nehmen. Als Schulkind. Ich hatte es so schrecklich, und

ich hab mich mit neun Jahren als Mädchen schon so schmutzig und so eklig gefühlt, daß ich mir die Scheide mit einem Messer zerschnitten habe. Und das weiß ich erst alles seit einem Jahr. Ich wußte wirklich nichts mehr, gar nichts mehr.

Aber ich wollte jetzt Gewißheit. Ich wußte nur, wenn du diese Chance nicht nutzt – von der medizinischen Seite, war ich mir ganz sicher, werde ich getragen, dem Körper passiert nichts. – Und was für mich ganz wichtig ist, ist mein Glaube an Gott – und ich habe gedacht, ich gehe auf dieses Ich zu, egal, was da kommen mag.

Mein Vater ist gestorben. Mit meiner Mutter kann ich nicht über Vergangenes sprechen. Ich bin mit einer schizophreniekranken Mutter groß geworden mit ganz stark ausgeprägten psychotischen Zügen. Von daher hatte ich auch so eine Urangst, ich könnte ja selber so sein. Im Unterbewußtsein wußte ich, ich hab da was abgespalten, da ist was weg. Ich hatte auch in dem Lüschertest immer eine wahnsinnige Angst, das könnte auf einmal schwarz auf weiß dastehen.

Mir ist jetzt klar, meine Mutter kann sich irgendwo dumpf erinnern, meine Mutter hat wahnsinnige Schuldgefühle mir gegenüber. Die hat mich einfach abgegeben. Wenn also nicht gerade die schrecklichen Mißhandlungen waren, bin ich weggegeben worden. Aber das ist vorbei. Nach dreißig Jahren haben wir uns zum ersten Mal in den Arm genommen, und meine Mutter hat mir zum ersten Mal gesagt, daß sie mich liebt. Ich denke, da braucht es einfach keine weiteren Gespräche. Da war auf einmal alles das, wonach ich mich als Kind gesehnt habe. Die Seite zu meiner Mutter würde ich eher als aufgeräumt betrachten.

Anders ist die Seite natürlich zum Rest der Familie. Auch zu meinem Patenonkel, da weiß ich überhaupt noch nicht, wie ich damit umgehen soll. Manchmal habe ich das Gefühl, wenn ich einfach so reagieren könnte, wie es in meinem Inneren aussieht, würde ich hingehen und sagen: ›Ich kann mich an alles erinnern, und ich möchte mit euch darüber sprechen.‹ Also, ich möchte da nicht einen wütenden Anfall produzieren, nur ich würde einfach gerne sagen: ›Ich trag meinen Teil, der reicht, aber tragt bitte ihr euren Teil und übernehmt jetzt die Verantwortung, die ihr damals nicht übernommen habt.‹ Ich hab noch keine Ahnung, was draus wird. Das braucht auch unheimliche Kraft.

Das ist auch so was, so ein Gefühl mit der EAV. Die Wunden, die innen drin sind, die schließen sich langsam. Ich habe einfach das Gefühl, die Spritzen, die unterstützen diesen Prozeß.

Die Spritzen haben mitunter Reaktionen ausgelöst. Besonders die Darmreaktionen waren mitunter ganz gewaltig. So daß ich auch mal einen halben Tag gelegen habe, weil die Darmkrämpfe verschärft waren. Das war immer im Anfang einer Spritzenkur, gegen Ende der Kur fiel das dann ab. Mittlerweile spüre ich bei der Testung schon die Reaktionen. Ich nehme jetzt ganz feine Nuancen wahr.

Ich habe im Lauf der letzten zwei Jahre gelernt, daß es mir nicht nur schlechtgehen muß, daß ich mich nicht nur dann spüre, wenn es mir schlechtgeht, daß ich mich jetzt genauso intensiv wahrnehme, wenn es mir gutgeht. Und daß es mir gutgehen darf. Daß ich lachen kann, daß ich mich freuen kann. Daß ich mich schick anziehen kann zum Beispiel. Ganz banale Sachen, im Grunde genommen, aber das mußte ich erst lernen.

Es fiel mir früher schwer, körperliche Empfindungen über-
haupt zuzulassen. Nachdem ich dann anfing zu gucken,
stellte ich fest, ich habe ja jede Menge Schmerzen. Ich ha-
be ganz bewußt wahrgenommen, daß bestimmte Situatio-
nen bei mir Magen-Darm-Krämpfe auslösten. Ein bestimm-
ter Typ Mann konnte bei mir Krämpfe auslösen. Das ist
jetzt vorbei.

Ich habe keine Kopfschmerzen mehr, die sind völlig weg.
Starke Depressionen habe ich vor zwei Jahren gehabt. Das
hat im Grunde angefangen mit der Geburt meines Sohnes.
Die Wochenbettdepression, die war so gewaltig, aber da
hatte ich schon im Krankenhaus eine Akupunkturärztin,
die hat mir Akupunkturnadeln gesetzt und hat viel mit mir
gesprochen. Ich bin von der Stimmung her erheblich aus-
geglichener geworden. Ich merke jetzt, wie zäh ich eigent-
lich bin, und das ist ja etwas Positives.

Ich hab nicht mehr das Gefühl, ich muß mich verstecken.
Ich komm damit klar, ich kann mittlerweile darüber spre-
chen. Ich hab nicht mehr das Gefühl, alleine zu sein. Ich
fühle mich wie ein kleines Kind, das laufen gelernt hat und
jetzt ganz neugierig in die Welt möchte und ab und zu
einfach noch mal wieder hinfällt.

Letztendlich hat mein Glaube an Gott, mein Glaube an
die Kraft der Liebe mir geholfen. Im Bewußtsein, geliebt
zu sein von Gott, war es mir möglich, mich wieder auf
die Menschen einzulassen, ihnen zu vertrauen. Und ohne
die liebevolle, mutmachende Unterstützung von Frau
Dr. Cleff-Menne und dem Eheberater und das Gefühl der
Sicherheit und Annahme durch meinen Mann wäre mir
vieles nicht möglich gewesen.

Ich kann mir den Weg ohne EAV nicht vorstellen. EAV

kann nur wirken, wenn ich meinen Teil dazu tu. Ohne Eigenverantwortung geht nichts. Wenn der Patient dazu nicht bereit ist, kann ich mir nicht vorstellen, daß EAV so viel bringt. Medizinisch wäre er sicher gut versorgt, aber er würde das Spektrum nicht ausnützen. Jemand, der sich auf EAV einläßt, der bekommt auf einmal eine Tür aufgemacht. Und ich glaube sowieso, daß der Mensch letztendlich nur gesund werden kann, wenn er bereit ist, Verantwortung für sich zu übernehmen.«

Bei beiden Frauen, Angelika und Susanne, deren Geschichte Sie unten lesen werden, ist der sexuelle Mißbrauch, den sie als Kind erlebt haben, nach dem bekannten Muster abgelaufen: Wie in 25 Prozent aller Fälle sind die Väter die Täter und zeigen offenbar keine Reue und Bereitwilligkeit, sich mit der Tochter auseinanderzusetzen; bei Angelika kommt sexuelle Gewalt durch den Patenonkel und beide Großväter erschwerend hinzu. Das Verhältnis zu den Müttern, die als Mitwisserinnen die Tochter zum Opfer haben werden lassen, ist bei beiden Frauen gestört; Susanne hat Probleme mit ihrer Mutter; Angelika und ihre Mutter haben sich, wie sie selbst sagt, nach dreißig Jahren zum ersten Mal in den Arm genommen. Beide Frauen haben als Folge des sexuellen Mißbrauchs Schwierigkeiten mit ihren Ehepartnern.
Schuldgefühle, die ihnen als Kindern suggeriert wurden, führen bei Angelika dazu, daß sie sich als Neunjährige »schmutzig« fühlt und jetzt als Erwachsene noch die »wahnsinnigen Schuldgefühle« gegenüber ihrer Mutter betont; sie quasi entschuldigt, was die Mutter ihr angetan hat und hat antun lassen. Bei Susanne kann man möglicherweise aus der auffällig peniblen Ordnung und Sauberkeit ihres Hauses heute schließen, daß hier ebenfalls Schuldgefühle kompensiert werden.

Auch Verdrängungsprozesse finden bei beiden Frauen statt. Susanne zögert den ihr angeratenen Besuch beim Psychologen hinaus; sie hat Angst, daß sich – auch in ihrer Partnerschaft – zuviel ändern könnte. Bei Angelika werden die erlittenen Mißhandlungen derart verdrängt, daß sie erst als Dreißigjährige überhaupt in der Lage ist, sich zu erinnern.

Beiden Frauen gelingt es erst, sich mit ihren traumatischen Kindheitserlebnissen auseinanderzusetzen, als sie insgesamt körperlich – durch die EAV-Therapie – entlastet sind und sich das energetisch-dynamische Gleichgewicht stabilisiert hat. Soweit die Gemeinsamkeiten.

Wie stark Angelika unter dem sexuellen Mißbrauch, der mit sehr erheblichen körperlichen Mißhandlungen einherging, schon als zweieinhalbjähriges Kind litt, zeigt ihr Sprung aus dem Fenster: Die Folge davon sind ein Koma und schwere Verletzungen.

Weiterer Ausdruck ist die Tatsache, daß sie sich aus ungerechtfertigten Schuldgefühlen heraus als Schulkind selbst die Geschlechtsorgane verstümmelt und einen Selbstmordversuch unternimmt. Auch die Erfahrung, aus dem eigenen Körper heraustreten zu können, deutet auf Traumata durch sexuelle oder andere körperliche Mißhandlungen. Angelika sagt selbst: »Wenn die Schmerzen unerträglich werden für mich, dann gehe ich einfach weg.«

Zusammenfassend stellt sich Angelikas körperlicher wie psychischer Zustand so dar: Durch verschiedene Traumata somatischer und psychischer Art in ihrer Kindheit ist das energetische Gleichgewicht erheblich gestört und das Immunsystem sehr geschwächt.

Angelikas körperliche Probleme drückten sich aus in: erhöhter Infektanfälligkeit, häufiger Bronchitis, migräneartigen Kopfschmerzen, die über den Schläfenbereich und seitlichen Kopf zogen und links schlimmer als rechts waren. Darmprobleme (Durchfall in Streßsituationen, Fettempfindlichkeit, Blähungen) kommen hinzu. Wie sehr sich gerade hier traumatische Kindheitserlebnisse körperlich äußern, wird besonders dadurch deutlich, daß – wie sie selbst sagt – »ein bestimmter Typ Mann« bei ihr Darmkrämpfe auslösen konnte. Angelika litt ferner unter trockener Haut. In ihrer rechten Brust befand sich ein Knoten.

Im wesentlichen wurde durch den EAV-Test eine Fehlsteuerung des 3-E mit schädigenden Auswirkungen auf den Lungen-, Dickdarm-, Milz- und Nierenmeridian festgestellt.

Es zeigte sich aber auch, daß eine röntgenologisch nicht sichtbare Entzündung im Bereich des gezogenen unteren linken Weisheitszahns an dem Schmerzgeschehen am Kopf beteiligt war. Die Extraktion war, wie Angelika bestätigte, von Nachschmerzen über längere Zeit begleitet gewesen.

Die Entzündung des Kieferbereichs wurde – durch schützende homöopathische Arzneien unterstützt – operativ beseitigt. Die Wundheilung verlief problemlos. Als erfreuliche Folge des Eingriffs besserten sich die Kopfschmerzen bald deutlich.

Angelika hatte vorwiegend Störungen des darmassoziierten (= mit dem Darm verbundenen) Immunsystems und der Milz. Psychosomatisch drückte sich das im ersten Lüschertest in einer Blau-Grün-Kolonne aus. Physiologisch verweist die Farbwahl Blau-Grün auf das System Milz-Pankreas-Magen. Da Angelika von frühester Kindheit an überfordert und überreizt war, versagte zudem der 3-E als Steuermann den Dienst, wie im EAV-Test zu erkennen ist.

Als sich die körperlichen Beschwerden drastisch reduzieren, hat Angelika Kraft, sich mit ihren psychischen Problemen auseinanderzusetzen. Der Lüschertest zu Beginn der Behandlung weist eine Kolonnenbildung auf: Sie lehnte Blau (Zufriedenheit) übermäßig ab und bevorzugte Grün (Selbstachtung) stark. Im Lauf dieser zwei Jahre hat sich durch EAV-Behandlung und durch Angelikas Mitarbeit der somatische und psychische Zustand stabilisiert. Der letzte Lüschertest zeigt keine Kolonnenbildung mehr; ihre Selbstgefühle befinden sich im Gleichgewicht.

Unsere zweite Geschichte erzählt Susanne, die wie Angelika wegen körperlicher Beschwerden in die Behandlung kam. Als Frau eines Schulmediziners ist sie fachlich-medizinisch gut informiert.

*»Ende Dezember 89 habe ich im linken Knie Schmerzen bekommen, ganz akute, starke Schmerzen. Nach zwei Tagen wurden die wieder besser. Da bin ich dann zur Ärztin gefahren. Die hat sich das angeguckt und meinte, das wäre eine Meniskusverletzung. Sie hat sofort einen Operationstermin festgemacht. Ich hatte auch obendrein eine ganz dicke Bakerzyste, die war zu dem Zeitpunkt schon sehr dick. Die Ärztin sagte, das läßt darauf schließen, daß eben ein chronischer Meniskusschaden vorliegt, wenn auch schon eine Bakerzyste da ist.*
Dann bin ich am 24. Januar 90 von einem Arzt operiert worden, und nach der Operation hat er mir dann mitgeteilt, daß der Meniskus vollkommen in Ordnung ist, aber der Knorpel kaputt ist. In dem Knorpel waren Löcher, und die Stückchen, die eben dort rumschwammen, wurden dann entfernt, weil die sich eingeklemmt und die akuten Schmerzen hervorgerufen haben. Und obendrein war der Knorpel weich wie Pudding und löste sich vom Knochen

ab. Er konnte mir noch keine Prognose geben. Er sagte nur:
›Wir machen uns Gedanken über Ihr Knie.‹ Das war also
alles, was ich erfuhr.

Ich mußte also immer wieder nachfragen, nachhaken:
›Wie geht's jetzt weiter? Was kann ich jetzt machen?‹ Und
da wurde mir nur gesagt, ich solle mal probieren, was wie-
der geht, keinen Hochleistungssport natürlich, und Tennis,
Ballett, was ich so an Sport betrieb, war alles nicht mehr.
Aber erst mal acht Wochen sollte ich an Krücken gehen,
das Knie nicht stark belasten und, danach wollte man mal
sehen, wieweit es so geht, bis es dann wieder Schmerzen
macht, auch bis zur Schmerzgrenze.

Ja, dann habe ich dafür gekämpft, daß ich auch kranken-
gymnastische Behandlungen bekam, weil man sich dort in
dem Haus überhaupt nicht darum kümmerte. Ich hatte
dann aber ständig Schmerzen. Das Knie war dick, ge-
schwollen, und ich konnte kaum laufen. Also, ich habe die
Krücken benutzt, habe Tag und Nacht Schmerzen gehabt,
ununterbrochen. Ich bin dann auch wieder hin, hab ge-
sagt: ›Das Knie ist wieder so dick, ich habe immer noch
Schmerzen. Ich entlaste doch nun schon mit Krücken. Was
soll ich denn noch machen?‹

Dann haben sie es wieder punktiert. Aber das brachte mir
erst so ein bißchen Entlastung, weil die Spannung eben
nicht mehr so groß war, aber die Entzündung blieb drin.
Und nach acht Wochen war es also so, daß ich die Krük-
ken weiterhin benutzen mußte, weil ich eben nicht richtig
auftreten konnte. Das tat einfach zu weh, das Knie war
eben immer dick, ich konnte es gar nicht richtig benutzen.
Deshalb mußte ich die Krücken weiter benutzen. Und ich
konnte mit den Krücken natürlich auch nicht so weit lau-

fen; obwohl das Bein runterhing, konnte ich nur vierhundert Meter laufen, dann ging das auch nicht mehr.

Dann habe ich mir einen Rollstuhl angeschafft, über einen Arzt. Er schlug mir dann vor, die Schleimhäute aus dem Knie zu entfernen, weil die halt ständig entzündet sind. Es könnte sein, sagte er, daß der Knorpel deshalb kaputtgehe, weil die Schleimhäute immer entzündet seien, und es sei besser, wenn er die rausoperiere. Es könne aber auch sein, daß die Schleimhäute entzündet seien, weil der Knorpel kaputt sei, und daß mir diese Operation dann nichts bringe.

Wenn man nun also von einer Klinik in die andere eilt – mittlerweile war es so, ich bekam Schmerzen in allen Gelenken. Ich bekam Schmerzen in den Fußgelenken und in der Hüfte. Dann bin ich in die Rheumaklinik nach Hellersen gefahren. Die Rheumafaktoren waren aber negativ, und die schlugen mir dort dieselbe Operation vor.

Ja, dann bin ich in eine andere Rheumaklinik gefahren, habe dort nachgefragt, die wollten mich gleich dabehalten, wollten das auch sofort operieren.

Sie haben mich praktisch für verrückt erklärt, daß ich gesagt habe: ›Nein, ich laß das jetzt nicht machen. Ich fahre erst mal nach Hause.‹ Denn ich hatte ja die drei Kinder, mein Mann war ja schon hier in dieser Stadt. Ich war ja schon alleine mit denen; ich konnte mich ja nicht drei Wochen ins Krankenhaus legen.

Dann hat man noch in einer dritten Klinik ein Szintigramm (= Bilddarstellung) gemacht, um zu gucken, ob eine Entzündung in den anderen Gelenken vorliegt. Aber diese Entzündung war eigentlich nur in den Kniegelenken zu sehen. In allen anderen Gelenken nicht. Und auch alle

Rheumauntersuchungen – ich war dann auch noch mal in Essen bei einem Rheumatologen – waren immer negativ.

Mein Knie durfte nicht so defekt sein, weil ich erst etwas über dreißig bin. Dann habe ich den Rheumatologen selbst angesprochen und gefragt: ›Sagen Sie mal, kann das psychische Ursachen haben?‹ Und da sagte er: ›Ja, wenn Sie das schon selbst anschneiden – daran habe ich auch schon gedacht.‹ Und daß er es auch für gegeben hielt, doch mal zu einem Psychologen, einem Therapeuten zu gehen.

Dann kam ich per Zufall mit meiner Tochter zu Dr. Cleff-Menne in die Praxis, und ihr Mann sah mich dann an Krücken die Treppe hochgehen und fragte mich, was ich hätte.

Ich war zu dem Zeitpunkt am Boden zerstört. Ich hatte ständig Schmerzen, bestimmt ein halbes Jahr, immer Schmerzen, Tag und Nacht. Die nahmen überall zu. Ich hatte ständig Erkältungen, also die Kieferhöhle war chronisch schon seit Jahren vereitert gewesen. Ich hatte dann ständig Kopfschmerzen, und dann tat es hier weh, da weh. Ich fühlte mich wirklich schon wie so ein Psychopath. Es war auch in der Familie kaum noch zu ertragen. Mein Mann sagte dann schon morgens zu mir: ›Was tut denn heut mal nicht weh?‹ Und ich kam mir dann wirklich schon ganz schrecklich vor, als wenn ich eben mir so was alles einbilde – weil man ja auch keine Ursache fand.

Bei der EAV-Untersuchung wurde mir aber dann bestätigt, daß da wirklich auch Organisches vorliegt, daß ich mir das nicht alles einbilde.

Mein Darm war nicht in Ordnung. Ich litt wohl unter Blähungen, habe das aber nicht beachtet. Und dann haben

wir den Stuhlgang eingeschickt und in einem mikrobiologischen Labor untersuchen lassen, und die stellten dann ja
fest, daß die Chlostridien stark vermehrt sind, daß ich auch
noch Proteuskeime vermehrt drin hatte und Colibakterien.
Und obendrein sollte ich nochmals Stuhl einschicken,
weil Verdacht da ist, daß ich Chlostridien im Darm hätte,
die eben Krebs verursachen könnten. Das war für mich ein
totaler Schock, weil in unserer Familie eine Darmkrebsan-
amnese besteht. Das hat mich dann auch wieder sehr belastet, dieses Ergebnis, das sich bestätigte.

Dann hat Frau Dr. Cleff-Menne mir aber auch Medikamente mitgegeben, eben durch die Elektroakupunktur festgestellt, welche Chlostridien vermehrt sind und was wir
dagegen machen können. Die habe ich dann genommen,
die Sachen, und auch die Sachen zur Darmsanierung, erst
ein halbes Jahr, und dann noch mal wieder eingeschickt
den Stuhl. Dann haben wir festgestellt, daß es immer noch
nicht ganz okay war, allerdings die Proteuskeime waren
schon raus, Colibakterien waren normal, und dann habe
ich das noch mal ein halbes Jahr verlängert. Ich hatte nicht
mehr soviel Last mit Blähungen, es ging besser, und ich
kriegte keine Infekte mehr. Die Kieferhöhlenvereiterung ist
weggegangen, die habe ich seitdem nicht wieder gehabt
oder immer ohne Antibiotika wieder wegbekommen,
wenn ich sie hatte.

Dann hatte Frau Dr. Cleff-Menne festgestellt, daß die Nieren nicht in Ordnung waren. Ich hatte Schmerzen im
Rücken, so ab und zu. Als ich dann zu meinem Mann sagte: ›Ich habe eine Nierenbeckenentzündung‹, da hat er als
Mediziner gleich den Urin untersucht und hat dann festgestellt, daß er voller Bakterien war, das wollte er vorher gar

nicht glauben. ›Da müssen wir gleich mit Antibiotika ran! Penicillin.‹ Und ich sagte: ›Nein, das mache ich jetzt mal nicht. Ich möchte ja auch meinen Darm gesund behalten.‹ Frau Dr. Cleff-Menne hat mir dann diese homöopathischen Mittel gegeben, und siehe da – die Entzündung ging ja weg. Nach zwei Wochen war die Entzündung weg, und mein Mann hat das dann auch nachgeprüft und war also schon sehr erstaunt, daß das wirklich so gut geholfen hatte ohne seine Medikamente.

Durch die Elektroakupunktur hat sie auch die Entzündung im Kiefer, die man auch nicht auf dem Röntgenbild sehen konnte, festgestellt. Und zu der Zeit hatte ich auch einen Hautausschlag im Gesicht. Ich hatte alles voller Pickel, war schon bei Kosmetikerinnen gewesen, beim Hautarzt gewesen, überall. Und keiner wußte die Ursache. Man sagte mir: ›Es sieht schon so aus, als wenn irgendwo eine Entzündung im Körper vorliegt, danach sieht das schon aus.‹

Und dann hat Frau Dr. Cleff-Menne mir den Kiefer operiert. Und siehe da – es wurde eingeschickt – es war eine chronische Entzündung im Knochen. Danach sind auch sofort die Pickel alle weggegangen. Ich hatte vorher immer gute Haut gehabt, und das war für mich schon sehr schwer, es kam dann alles auf einmal. Da sah ich nun auch noch so aus, wie ich mich fühlte wahrscheinlich.

Ja, das Amalgam vertrug ich auch nicht. Als sie mir das Amalgam rausholte, hatte ich Schmerzen in allen Gelenken, einen Tag ungefähr, so daß ich wirklich merkte, daß das bei mir negativ wirkt. Die Zähne haben wir dann alle neu gemacht, und dann wurden die Abstände eigentlich immer kürzer, in denen ich die Entzündung bekam. Ich merkte bei den Spritzen, wenn ich sie meinetwegen freitags bekam, bis mittwochs ging's mir gut, und dann fing es auch schon wieder an, daß ich schon wieder Schmerzen bekam. Freitags bekam ich die Spritze, dann ging's mir gleich wieder gut, innerhalb von einem Tag ging's mir dann echt wieder gut.

Dann habe ich die ersten Kuren, wirklich drei Kuren, gleich hintereinander gemacht. Dann nach den dreißig Wochen brauchte ich längere Abstände, hinterher vier Monate, halbes Jahr, der wurde immer länger der Abstand, daß ich ohne Spritzen dann ausgekommen bin. Aber was eben auch hinzukam, daß Frau Dr. Cleff-Menne gesagt hat, daß ich doch zum Psychologen gehen sollte, daß eben von der Seite auch was kommen müßte, damit ich gesunde. Zwei-, dreimal hat sie mich immer wieder drauf hingewiesen, bis ich dann auch gegangen bin.

Es ist mir schwergefallen, da habe ich mich selbst sehr gewundert. Ich habe mich wohl selbst wiedererkannt in diesem Lüschertest. Aber daß man mal was ändern müßte, daß da eben etwas krankmachen würde, das habe ich nicht so ganz gesehen. Ich hatte Schwierigkeiten in der Ehe und hatte eigentlich die ganze Zeit nur Bedenken, wenn du dahin gehst, dann kommt raus, daß du nicht mehr mit diesem Mann zusammenleben kannst. Und deshalb bin ich lange nicht hingegangen, weil ich wirklich die Angst hatte, es wird sich zuviel verändern: Will ich das denn überhaupt? Halte ich das denn aus? Die Folgen, da hatte ich Angst vor.

Mir geht es besser, ich habe diesen Halt wiedergefunden, den ich nicht mehr hatte ... ich war eben immer so auf der Suche nach Geborgenheit, nach Schutz. Diese Geborgen-

heit habe ich erst wiedergefunden durch den Glauben. Durch Yoga habe ich gelernt, überhaupt wieder an Gott zu glauben, was ich vorher total abgelehnt habe. Im christlichen Glauben, das ist der westliche Yoga, und das ist ein christlicher Glaube. Und das habe ich – ich bin katholisch – in der katholischen Kirche nicht so gefunden, das ist mir alles zu dogmatisch gewesen.

Meine Befürchtungen sind nicht eingetreten. Es war schon so, daß es viel mit an der Ehe lag, also daran, wie wir eben die Beziehung miteinander hatten, die mich auch mit krankgemacht hat. Aber ich habe gesehen, daß man das so angehen kann, daß es auch ein Zusammenwachsen werden kann, daß man sich nicht einfach trennen muß, daß man da auch noch Wege finden kann. Und auch wie ich mich ändern kann, so ändern, wie ich es gern hätte. Das habe ich durch den Psychologen eigentlich auch gelernt, daß ich mich selbst ändere und nicht den anderen ändere.

Mein Problem, das ich ja auch hatte, daß ich als Kind sexuell mißbraucht worden bin und das ich auch beim Psychologen gern mal besprochen hätte, da hat er mir nun leider nicht bei geholfen. Das fand der überhaupt nicht wichtig, der meinte: Ich hätte mehr Probleme mit meiner Mutter, und das wäre also vorrangig. Und da war ich erst mal ein bißchen entsetzt, obwohl ich so ganz allmählich dahinterkomme, daß er irgendwo recht hatte. Ich habe wirklich viele Probleme mit meiner Mutter.

Damals habe ich das so empfunden, als wolle er meinen Vater in Schutz nehmen, und ich bin dann losgegangen und habe versucht, in eine Gruppe zu gehen, die von Frauen geleitet wird. Da geht es eben nur um sexuellen Mißbrauch, damit man das Thema verarbeiten kann – aber das wäre eine Gruppentherapie gewesen, und das wollte ich nicht.

In der Zwischenzeit hat sich das auch so ergeben, daß ich mit meinem Vater darüber geredet habe, weil er selbst es nicht angesprochen hat. Ich habe jetzt keinen Kontakt mehr mit meinen Eltern, ich habe das abgebrochen. Es geht mir besser dabei.

Mir geht es also, wie gesagt, viel, viel besser. Ich bin nicht mehr anfällig, ich bin nicht mehr ständig krank und leidend. Ich kann ja jetzt auch wieder laufen. Ich habe jetzt hier Spaziergänge gemacht von fünf Kilometern, also das ist Wahnsinn, das wieder zu erleben. Ganz was Tolles.

Ich bin teilweise völlig schmerzfrei, auch beim Laufen schmerzfrei. Schmerzen beim Laufen bekomme ich erst in einer guten Zeit nach drei, vier Kilometern, daß ich so ein bißchen Beschwerden bekomme beim Laufen. Aber sonst gehe ich schmerzfrei. Die Entzündung ist total raus, das Knie ist dünn, nicht mehr heiß. Wenn ich jetzt Schmerzen habe, dann habe ich mehr dieses Gefühl, ich gehe wirklich so Knochen auf Knochen, und daß das wirklich daher kommen kann, weil der Knorpel verschlissen ist.

Ich kann das Knie auch wieder vollkommen strecken, das war zeitweilig auch nicht möglich. Die Bakerzyste ist nach wie vor da, die wird auch dableiben, weil ein Binnenschaden vorliegt. Die hat man zwar punktiert, aber eben nach acht Wochen ist die dann wieder da, aber längst nicht mehr so prall gefüllt, weil eben die Entzündung nicht mehr da ist. Ich habe eigentlich hier auch immer nur Schmerzen bekommen, wenn so Umwelteinflüsse auf mich gewirkt haben, so wie da, als wir das Holz lasiert haben. Da war also wirklich am nächsten Tag das Knie dick, und ich hatte

Schmerzen. Dann habe ich hier die Blumen mit Gift be-
sprüht, sofort war das Knie wieder dick. – Und dann fahr
ich sofort zu Dr. Cleff-Menne, nehme meine Medikamen-
te, und wirklich, nach einem Tag ist das Knie schon dün-
ner. So beeindruckend.

Wenn ich eben unbedacht Sachen mache – so wie eben
meine Blumen mit Gift besprühen –, dann merke ich sofort
die Entzündung. Dann wird das Knie auch immer gleich
dick.

Was ich jetzt immer sag: ›Mein Knie ist ein Seismograph.‹
Nun gut, es hilft mir ja sehr. Ich kann mir jetzt gar nicht
mehr so viel antun. Es reagiert sofort. Und dann steh ich
auch sofort wieder bei Frau Dr. Cleff-Menne: ›Hilfe!‹ Und
es kommt ja auch wieder sofort die Hilfe.

Ich bekomme dann auch nicht mehr so eine Angst. Sonst
habe ich also gleich gedacht, mein Gott, wie soll das wei-
tergehen und soll das jetzt schon anfangen, daß du ständig
Schmerzen hast. Man hat ja noch ein paar Jahre zu leben
mit diesem Knie. Bevor man sechzig, Mitte Sechzig ist,
macht man auf keinen Fall ein künstliches Knie. Und so
lange muß ich mit diesem Knorpel noch auskommen. Da
war am Anfang schon mal große Angst, wenn der Schmerz
kam, mein Gott, wie sollst du das denn noch dreißig Jahre
aushalten. Das ist jetzt vorbei. Der Rollstuhl steht im Keller
eingemottet.«

Susanne spricht in ihrer Geschichte nicht davon, daß sie schon
als Kind Kniebeschwerden hatte. Wir können davon ausgehen,
daß sich bei ihr die massive Beeinträchtigung ihrer psychischen
und somatischen Energie durch kindliche Traumata im Knie
manifestierte.

Indem man ihr 1987 einen Weisheitszahn zog, wurde das Immunsystem zusätzlich belastet. Darauf deuten die Nachschmerzen hin, mit denen Susanne sich über einen Monat nach der Extraktion herumplagte. In der Folge entwickelten sich ständige Beschwerden in beiden Knien; das linke jedoch – von Kindheit an belastet – zeigte sich in extremem Maße anfällig. Die schulmedizinische Untersuchung ergab als Befund: Gelenkschaden durch perforierten Knorpel und eine Bakerzyste. Darunter versteht man eine geschwulstartige Ausschwellung von Schleimbeuteln bei chronischen Entzündungen.

Wie der EAV-Test ergab, hatte Susanne eine durch Bakterien hervorgerufene chronische Entzündung im Unterkieferknochen, die der histologische Befund bestätigte. Außerdem lag eine chronische Nierenbeckenentzündung, durch Colibakterien hervorgerufen, vor. Beide zusammen begünstigten als Herde die Entzündung im Knie und verhinderten eine Heilung.

Im Bereich Dickdarm wurde eine massive Belastung durch Chlostridien, Proteuskeime und Colibakterien festgestellt, was wiederum durch das Ergebnis der Stuhluntersuchung des mikrobiologischen Labors verifiziert wurde. Susanne hat bis zu diesem Zeitpunkt ihre Darmbeschwerden verdrängt oder zumindest wegen der starken Kniebeschwerden nicht richtig wahrgenommen. Ihre psychischen Verspannungen, die sich im Lüschertest in der Bevorzugung von Gelb (Drang nach Ablenkung, Flucht) und Ablehnung von Rot (Überforderung) äußerten, haben neben anderen Faktoren zu den Darmproblemen beigetragen. Zusätzlich lehnt Susanne Blau ab; sie ist unzufrieden. Diese psychische Konstellation fördert die energetische Schwäche des Dickdarmmeridians. Deshalb wurde ihr Yoga empfohlen. Dadurch fördert Susanne innere Ruhe und Zufriedenheit; sie hat gelernt, sich zu entspannen und sich nicht mehr zu überfordern. Die psychische

Situation hat sich durch Susannes gute Mitarbeit in den letzten Jahren deutlich gebessert.

Eine gewisse Anfälligkeit des Knies wird durch den irreparablen Knorpelschaden ebenso bleiben wie die Anfälligkeit für Dickdarmprobleme, da hier eine ererbte Disposition vorliegt.

Heute sind wir alle toxischen Belastungen ausgesetzt. Das kann, wie bei Günther, berufsbedingt sein oder, wie bei Susanne, durch den Gebrauch toxischer Chemikalien in Haus und Garten provoziert werden. Darüber hinaus wohnt Susanne in einer Stadt, in der durch einen Brand einer Kunststofffabrik in erheblichem Maße Dioxin freigesetzt wurde. Solche Unfälle kommen immer wieder vor. Denken Sie an die Unfallserie des Chemiekonzerns Höchst, über die Presse und Fernsehen 1993 berichteten.

Grundsätzlich müssen wir davon ausgehen, daß unsere natürliche Umwelt, Luft, Boden und Wasser, durch industriell erzeugte Chemikalien und Strahlungen toxisch belastet ist. Das gilt auch für unsere Nahrungsmittel. Hinzu kommt, daß sich durch den ökologischen Raubbau, den der Mensch an seiner natürlichen Umwelt betreibt, die Atmosphäre verändert; unter den Auswirkungen des Ozonlochs, Klimaveränderungen, Zunahme von Hautkrebs leiden wir alle.

Diese toxischen Belastungen der Umwelt und ihre Wirkungen auf den Menschen offenbaren den Menschen als offenes energetisches System, das an seine Umwelt und damit ökologisch gebunden ist. Nachgewiesen ist, daß die Toxine aus der Umwelt selbst in geringer Konzentration unsere Gesundheit relevant schädigen können.

Die Schulmedizin versucht seit neuestem im Bereich Umweltmedizin, der laut Weiterbildungsordnung im Fachbereich Hy-

giene angesiedelt ist, durch Projekte der verschiedensten Art
»Zusammenhänge zwischen ›unbekannten Krankheitsbildern‹
und Wirkungen von Schadstoffen zu klären«. So steht es im
Informationsblatt der Umweltmedizinischen Beratungsstelle in
Düsseldorf, einem Projekt des Landes Nordrhein-Westfalen.

Die zur Verfügung stehenden Mittel sind gering und die Ergebnisse der Projekte bisher nicht besonders ergiebig. Man untersucht Blut, Urin und Haare sowie die Ausatemluft auf toxische
Belastungen hin. Der Nachweis zum Beispiel von Quecksilber
im Morgenurin heißt offensichtlich noch nicht viel, wie man
dem Zentralblatt für Hygiene und Umweltmedizin entnehmen
muß:

»Definitive Kriterien zur Beurteilung eines Zusammenhangs
zwischen einer bestimmten Exposition (= Voraussetzung) und
dem Auftreten von Gesundheitseffekten sind für weite Bereiche
umweltmedizinisch-relevanter Konzentrationen noch nicht entwickelt.«

Immerhin hat man inzwischen festgestellt, daß die Hauptquelle
für Quecksilber im Körper des Menschen nicht die Nahrung ist,
sondern daß dies die Zahnfüllungen sind. Doch Quecksilber im
Urin reicht nicht als Begründung, um sie loszuwerden; es muß
eine neurologische oder eine Nierenbelastung vorliegen, damit
die Krankenkassen die Kosten für die Entfernung der Füllungen
tragen.

Die verwendeten Meßmethoden sind – unserer Meinung nach –
nicht fein genug. Findet sich eine toxische Belastung im Mikro-
grammbereich, kann diese in ihren Wirkungen nicht einge-
schätzt werden. Mit anderen Worten: Es gibt keine schulmedizinische Methode, mit der man beim Menschen die Zusammenhänge zwischen der Belastung durch die Umwelt und den
Auswirkungen auf die Gesundheit messen kann.

Dabei hat Susanne wie viele andere auch erfahren, daß da unmittelbare Zusammenhänge bestehen:

> *»Ich habe eigentlich hier auch immer nur Schmerzen bekommen, wenn so Umwelteinflüsse auf mich gewirkt haben, so wie da, als wir das Holz lasiert haben, da war also wirklich am nächsten Tag das Knie dick, und ich hatte Schmerzen. Dann habe ich hier die Blumen mit Gift besprüht, sofort war das Knie wieder dick.«*

Mit EAV dagegen läßt sich diese Belastung durch Umweltgifte, Strahlungsschäden und Elektrosmog nicht nur messen, sondern es läßt sich genau bestimmen, welcher Meridian vor allem belastet ist. Entscheidend aber ist, daß mit den durch EAV ausgetesteten Medikamenten eine Therapie möglich ist. Die homöopathisierten Toxine helfen dem Mesenchym dabei, die Schlacken abzutransportieren.

Nach unserem Kenntnisstand wäre es dringend erforderlich, nach Industrieunfällen die Menschen des betroffenen Gebietes mit EAV zu untersuchen und durch EAV zu therapieren. Folgeschäden könnten gemildert, in vielen Fällen verhindert werden. Lüscher sagt: »Jeder Mensch hat die Fähigkeit, selbst zu entscheiden, ob er den Himmel auf Erden oder die Hölle auf Erden hat.«

Angesichts der auch schicksalhaften Wechselbeziehungen und Vernetzungen des Menschen mit seiner natürlichen, sozialen und kulturellen Umwelt möchten wir diesen Satz dahingehend abwandeln: Jeder Mensch hat die Fähigkeit zu entscheiden, ob er sich und anderen Menschen durch sein Tun den Himmel oder die Hölle auf Erden bereitet. Die Fähigkeit des einzelnen, sein Schicksal zu korrigieren, ist immer gegeben.

311

6 Denken Sie systemisch!

Ein langes Schlußwort sparen wir uns. Nur soviel:

– Denken Sie systemisch!
  Dabei helfen Ihnen die sechs Systeme. Sie finden dort Symptome aufgelistet, die jeweils auf Störungen in einem der sechs Systeme Leber-Gallenblase, Herz-Dünndarm, Milz-Pankreas-Magen, Lunge-Dickdarm, Niere-Blase und Drei-Erwärmer-Kreislauf hindeuten. Denken Sie daran, für die Therapie gibt es ausgebildete Ärzte.
– Denken Sie ganzheitlich!
  Wenn Sie festgestellt haben, daß bei Ihnen Störungen in einem bestimmten Meridiansystem vorliegen, können Sie hier nachschlagen, können entdecken, welche Selbstgefühle dadurch möglicherweise beeinträchtigt sind bzw. durch welche Selbstgefühle die körperlichen Beschwerden hervorgerufen sein können. Einbahnstraßen gibt es nicht.
  Erkennen Sie und stärken Sie die gestörten Selbstgefühle. Lüscher zeigt in seinen Büchern, wie das geschehen kann.
– Denken Sie ökologisch:
  Sehen Sie sich und andere als Menschen, die in steter Wechselbeziehung mit ihrer natürlichen, sozialen und kulturellen Umwelt stehen.

System Leber-Gallenblase

- Augen (Schleier vor Augen; Brennen und Rötung)
- Augenflimmern
- Durchschlafstörungen
- Eckzähne (unterschwellige Schmerzen; Probleme damit)
- Gallenblasenbeschwerden
- Gallensteine
- Gelbsucht (chronisch)
- Gelenkbeschwerden (besonders am Hüftgelenk)
- Gelenkrheuma
- Gesichtsfarbe (grünlich)
- Haarausfall
- Haubenkopfschmerz
- Ischiasneuralgie (= Lumbo ischialgie, zur Seite ziehend)
- Kopfschmerzen (die seitlich über den Kopf ziehen)
- Krampfadern
- Lebererkrankungen
- Leberflecken (die jucken, bluten, nässen)
- Lichtempfindlichkeit
- Mandelentzündungen (häufig oder chronisch)
- Migräne (die seitlich über den Kopf zieht)
- Muskelrheuma
- Psoriasis
- Schlafstörungen (Aufwachen zwischen 23 und 3 Uhr nachts)
- Schuppen
- Sehkraft (Verschlechterung)
- Stühle (wechselfarbig)
- Trigeminusneuralgie
- Unterschenkelgeschwür (= Ulcus cruris)
- Wutanfälle (aufbrausend, zu Wutanfällen neigend)

System Herz-Dünndarm

- Angstgefühl
- Arm (Schmerzen, als ob er gebrochen ist)
- Arrhythmien des Herzens
- Atemnot (nach Belastung)
- Blutdruck (hoch)
- Bluthochdruck (unklarer Ursache)
- Carpal-Tunnel-Syndrom
- Engegefühl in der Brust
- Geruchsstörungen
- Geschmacksstörungen
- Gesichtsfarbe (rot)
- Halswirbelsäule (oft Schmerzen – Bewegungseinschränkung)
- Herzklopfen
- Herzrasen
- Herzschmerzen nach Belastung
- Herzstolpern
- Kopfleere
- Mittelohrentzündungen
- Morbus Crohn
- Ohnmacht
- Ohrensausen
- Schulterschmerz (hinten, oft mit Verrenkungsgefühl)
- Schwellungen am Unterkiefer
- Schwindel
- Taubheitsgefühle
- Tinnitis
- Unfähigkeit, den Kopf zu drehen
- Nervenschmerzen (periphere = endständige)
- Weisheitszähne (unklare Schmerzen oder Probleme)

System Milz-Pankreas-Magen

- Appetitlosigkeit
- Aufstoßen
- Backenzähne (Probleme mit den oberen Molaren)
- Bauchkrämpfe
- Brustentzündungen
- Erbrechen (häufig)
- Gesichtsfarbe (gelblich)
- Heißhunger auf Süßes
- Infektanfälligkeit (erhöht)
- Kieferhöhlenentzündung
- Lymphdrüsen (geschwollen)
- Magenkrämpfe
- Morgenmüdigkeit
- Parodontose (fortschreitend trotz guter Mundhygiene)
- Praemolaren (Probleme der unteren Vorderbackenzähne)
- Rückfluß aus dem Magen
- Scheitelkopfschmerzen
- Schilddrüsenüberfunktion
- Schilddrüsenunterfunktion
- Schmerzattacken (gürtelförmig nach dem Essen)
- Seitenstiche (links und häufig)
- Sodbrennen
- Unkonzentriertheit
- Unverträglichkeit von Kaffee und bestimmten Speisen

System Lunge-Dickdarm

- Akne
- Asthma
- Atmung (kurz und schnell)
- Auswurf beim Husten
- Bronchitis (chronisch oder häufig)
- Durchfälle
- Fließschnupfen
- Gesichtsfarbe (weiß)
- Hämorrhoiden
- Heiserkeit (andauernd)
- Heuschnupfen
- Kariesanfälligkeit
- Kreuzschmerzen
- Nasennebenhöhlenentzündung
- Neurodermitis
- Reizhusten
- Schlafstörungen (Aufwachen zw. 3 und 5 Uhr nachts)
- Schmerzen im Rücken
- Schulterschmerz vorn
- Schweißausbrüche (besonders nachts zw. 3 Uhr und 5 Uhr)
- Seitenstrangangina
- Traurigkeit (plötzlich auftretend und anhaltend)
- Verdauungsbeschwerden
- Verstopfung
- Völlegefühl
- Zahnschmerzen
  der oberen Praemolaren (unterschwellig, leichtes Druckgefühl, gelegentlicher Schmerz)
  der unteren Molaren

System Niere-Blase

- Achillessehnenentzündung
- Bandscheibenvorfall
- Bettnässen
- Blasenentzündungen
- Blasensteine
- Durchsetzungsvermögen (nachlassend)
- Eierstockentzündung
- Energielosigkeit
- Gebärmutterentzündung
- Gebärmuttersenkung
- Gesichtsfarbe (schwarzgrau)
- Harnwegsentzündungen
- Hodenentzündung
- Ischiasneuralgie (nach hinten unten ziehend)
- Kopfschmerzen (vom Nacken zur Stirn ziehend)
- Kniebeschwerden
- Knochen (chronische Probleme damit)
- Migräne (vom Nacken zur Stirn ziehend)
- Myom
- Nierenentzündungen
- Nierensteine
- Osteoporose
- Prostataleiden
- Reizblase
- Rückenschmerzen (in der Nierengegend oder über der Wirbelsäule in derselben Höhe)
- Schneidezähne (= Frontzähnen, Probleme damit)
- Sprunggelenksbeschwerden
- Sterilität (= unerfüllbarer Kinderwunsch)
- Stirnhöhlenentzündungen
- Weisheitszähne (Probleme mit den oberen Weisheitszähnen)
- Zehe (kleine Zehe wie gelähmt)

System Drei-Erwärmer-Kreislauf

- Anspannung (chronisches Gefühl der Anspannung)
- Auge (Erkrankungen)
- Blutdruck (niedrig, manchmal auch plötzlich hoch)
- Facialisparesen (Erkrankungen des Gesichtsnervs)
- Gefäßerkrankungen (Arterien und Venen)
- Hirnhautentzündung (= Meningitis)
- Hormonstörungen
- Immunschwäche
- Infektanfälligkeit (stark erhöht)
- Kehlkopfentzündung
- Kiefergelenkbeschwerden
- Kreislaufprobleme
- Lymphdrüsenschwellung (chronisch im Halsbereich)
- Migräne
- Neuralgien
- Ohr (Erkrankungen)
- Paraesthesien (= Störungen der Nerven)
- Psychosen (akute)
- Schläfenkopfschmerzen
- Schulter-Arm-Schmerz (der mitten über die Schulter zieht)
- Tennisellbogen
- Überforderung (chronisches Gefühl der Überforderung)
- Wachstumsstörungen
- Weisheitszähne (Probleme mit den unteren Weisheitszähnen)

Bücher

Beisch, Kurt: Systemdenken in Medizin und Zahnheilkunde, Phillip Journal 12/92

Capra, Fritjof: Wendezeit – Bausteine für ein neues Weltbild, Deutscher Taschenbuch Verlag, München 1992

Dethlefsen, Thorwald/Dahlke, Rüdiger: Krankheit als Weg – Deutung und Be-deutung der Krankheitsbilder, Bertelsmann, München 1993

Geesing, Hermann: Gegen Viren wehren, BLV, München 1991

Geo Wissen, (Sonder-)Heft 2 (1990): Chaos + Kreativität

Kaptchuk, Ted J.: Das große Buch der chinesischen Medizin, Otto Wilhelm Barth Verlag, München 1992

Kropiunigg, Ulrich: Psyche und Immunsystem, Springer Verlag, Wien, New York 1990

Leidholdt, R.: Pflanzenschutzmittel in EAV und Homöopathie, Medizinisch Literarische Verlagsgesellschaft, Uelzen 1990

Leonhardt, Horst: Grundlagen der Elektroakupunktur nach Voll, Medizinisch Literarische Verlagsgesellschaft, Uelzen 1977

Lüscher, Max: Der Lüscher-Test, Rowohlt, Reinbek 1971

Lüscher, Max: Das Harmonie-Gesetz in uns, Econ-Verlag, Düsseldorf 1993

Lüscher, Max: Die Lüscher-Farben, Mosaik Verlag, München 1989

Lüscher, Max: Aber ich muß nicht, Wilhelm Heyne Verlag, München 1991

Müller-Mees, Elke: Knaurs Schwangerschaftskalender, Knaur, München 1993

Nghi, Nguyen v.: Traditionelle chinesische Medizin, Medizinisch Literarische Verlagsgesellschaft, Uelzen 1989

Pischinger, Alfred: Das System der Grundregulation, Verlag K. F. Hang, Heidelberg 1976

Porkert, Manfred: Die chinesische Medizin, Econ Verlag, Düsseldorf 1989

Rosival, Vera: Wegweiser zur Naturheilkunde – mit homöopathischer Hausapotheke, Dr. Vera Rosival Verlag, ISBN 3-928355-007

Ruf, Ivor: Atlas der Elektroakupunktur nach Voll, Medizinisch Literarische Verlagsgesellschaft, Uelzen 1986

Thomsen, Joachim: Odontogene Herde und Störfaktoren – Diagnose und Therapie mittels Elektroakupunktur nach Voll (EAV), Medizinisch Literarische Verlagsgesellschaft, Uelzen 1985

Tietze, Henry G.: Entschlüsselte Organsprache – Krankheit als Ausdruck seelischen Leids, Knaur, München 1987

Ullmann, Dana: Homöopathie, Knaur, München 1992

Vithoulkas, Georgos: Medizin der Zukunft, Georg Wenderoth Verlag, Kassel 1992

Voll, Reinhard: Kopfherde, Diagnostik und Therapie mittels Elektroakupunktur und Medikamententestung, Medizinisch Literarische Verlagsgesellschaft, Uelzen 1974

Werner, Fritz/Voll, Reinhold: Elektroakupunktur-Fibel, Medizinisch Literarische Verlagsgesellschaft, Uelzen 1978

Register

Knaur ®

Heilung für Körper und Seele

Rüdiger Dahlke
Margit Dahlke

Die Psychologie des blauen Dunstes

Be-Deutung und Chance des Rauchens

ALTERNATIV HEILEN

(76025)

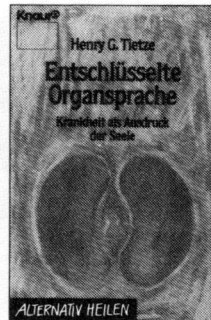

Henry G. Tietze

Entschlüsselte Organsprache

Krankheit als Ausdruck der Seele

ALTERNATIV HEILEN

(76023)

Rüdiger Dahlke
Robert Hößl

Verdauungsprobleme

Be-Deutung und Chance von Magen- und Darmsymptomen

ALTERNATIV HEILEN

(76026)

Rüdiger Dahlke

Gewichtsprobleme

Be-Deutung und Chance von Übergewicht und Untergewicht

ALTERNATIV HEILEN

(76024)

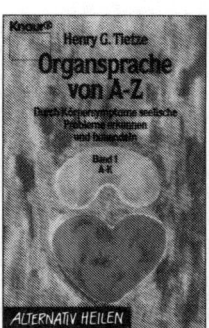

Henry G. Tietze

Organsprache von A–Z

Durch Körpersymptome seelische Probleme erkennen und behandeln

Band 1
A–K

ALTERNATIV HEILEN

(76029) in 2 Bänden

Rüdiger Dahlke

Herz(ens) Probleme

Be-Deutung und Chance von Herz- und Kreislaufsymptomen

ALTERNATIV HEILEN

(76010)

Knaur ®

ALTERNATIV HEILEN

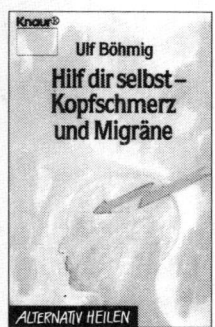

Ulf Böhmig

**Hilf dir selbst –
Kopfschmerz
und Migräne**

ALTERNATIV HEILEN

(76045)

Deepak Chopra

Die Körperseele

Grundlagen
und praktische Übungen
der indischen Medizin

ALTERNATIV HEILEN

(76009)

Benno Werner

Das Krebszeitalter

Die verschiedenen Ebenen
der Krebserkrankung

ALTERNATIV HEILEN

(76040)

Heinz Schiegl

Colortherapie

Heilung durch die Kraft
der Farben
mit 6 Farbfiltern

ALTERNATIV HEILEN

(76041)

Anette Frankenberger

**Die kalifornischen
Blütenessenzen**

Energien zur
Entfaltung der Persönlichkeit
Mit 72 Farbkarten

ALTERNATIV HEILEN

(76036)

Anne Maguire

**Hauterkrankungen
als Botschaften
der Seele**

ALTERNATIV HEILEN

(76039)

Die alternative
Hausapotheke

(76062)

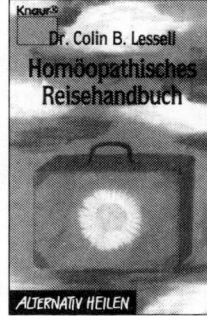

(76065)

(76064)

(76046)

(76058)

(76035)